# 人民监督员制度
# 实践与展望

RENMIN JIANDUYUAN ZHIDU SHIJIAN YU ZHANWANG

尹立栋　王林飞　等／著

中国检察出版社

图书在版编目（CIP）数据

人民监督员制度实践与展望/尹立栋等著. —北京：中国检察出版社，
2017.6
ISBN 978 - 7 - 5102 - 1907 - 8

Ⅰ.①人… Ⅱ.①尹… Ⅲ.①司法监督 – 研究 – 中国 Ⅳ.①D926.34

中国版本图书馆 CIP 数据核字（2017）第 116389 号

人民监督员制度实践与展望

尹立栋　王林飞　等著

出版发行：中国检察出版社
社　　址：北京市石景山区香山南路 111 号 （100144）
网　　址：中国检察出版社（www.zgjccbs.com）
编辑电话：（010）68630384
发行电话：（010）88954291　88953175　68686531
　　　　　（010）68650015　68650016
经　　销：新华书店
印　　刷：保定市中画美凯印刷有限公司
开　　本：710 mm ×960 mm　16 开
印　　张：19
字　　数：348 千字
版　　次：2017 年 6 月第一版　2018 年 11 月第三次印刷
书　　号：ISBN 978 - 7 - 5102 - 1907 - 8
定　　价：48.00 元

# 作者简介及写作章节说明

尹立栋，从事职务犯罪侦查工作近三十年，侦查实践理念一直创新，率先提出了"共性犯罪研究""线索长期经营""系统抓、抓系统、区域抓、抓区域""侦查一体化"等先进侦查理念，查办了一大批职务犯罪案件。多次荣立个人二等功、三等功。近年来撰写职务犯罪侦查、审讯个人专著三部，与人合著三部，在《人民检察》《中国检察官》《反贪指导》等期刊发表论文十多篇。应邀时常前往国家检察官学院等高校和检察机关授课，嘉兴学院文法学院挂职副院长、教授，浙江财经大学兼职教授。负责本书第三章和第六章第二节内容的撰写，并负责全书的修改、统稿工作。

王林飞，在职研究生学历。二十多年来长期在检察机关、司法行政机关工作，现任嘉兴市司法局党委委员，副局长，嘉兴市律师协会党委书记，分管人民监督员等工作，曾有多篇调研课题在《中国司法》发表。负责本书第四章内容的撰写，并负责全书的修改工作。

蒋科，南昌大学硕士研究生，2007 年通过国家司法考试，嘉兴市司法局法制处处长、兼任嘉兴市人民监督员选任管理方式改革试点工作领导小组办公室副主任，负责人民监督员工作。负责本书第二章内容的撰写。

孙超然，嘉兴学院讲师，先后获得中南财经政法大学外国语学院英语专业学士学位、南开大学法学院法律硕士（法学）学位、南开大学法学院法学博士学位。主要研究方向：刑法学、刑法社会学、刑事诉讼法学。负责本书第一章和第六章第一节内容的撰写工作。

潘秀鸿，西南政法大学硕士研究生。进入检察机关工作以来，积极探索思考，认真专研，多次参与浙江省法学会、省检察院等课题研究工作。在《中国检察官》《浙江检察》等期刊发表多篇论文，并在各类课题、论文评比中多次获奖。直接参与人民监督员监督评议案件工作，具有较为丰富的实践经验。负责本书第五章内容的撰写工作。

# 前　言

人民监督员制度承载着中国司法变革的希冀，是中国社会进程中多元化、平面化的必然选择，承载了政府和人民对司法民主、司法公正、司法监督、司法公信力等现代化法治理念的期待与向往。

人民监督员制度是最高人民检察院为深化检察体制改革于 2003 年推出的一项重大改革措施，于 2004 年 10 月 1 日开始正式试点，经过 14 年的探索砥砺，最高人民检察院于 2015 年 12 月 21 日通过《最高人民检察院关于人民监督员监督工作的规定》，并联合司法部于 2016 年 7 月 5 日印发《人民监督员选任管理办法》，其间还曾出台过《最高人民检察院关于实行人民监督员制度的规定》（现已失效）、《最高人民检察院关于人民监督员监督 "五种情形" 的实施规则（试行）》（现已失效）等文件。概言之，人民监督员制度作为我国法律适用过程中的必要监督手段，已经通过上述文件的沿革而固着在我国司法制度之中。

回溯以往，该制度自创建伊始，就引起了学界争论的热潮，例如制度本身的渊源、对宪法理念的贯彻、对公民宪法权利的维护等。经历了十多年的试点和摸索之后，无论从司法实践和司法体制的角度，还是从理论研究的角度，该制度已逐渐为 "法律界" 所认可，并取得了广泛的社会认同。作为我国司法改革浓墨重彩的一笔，人民监督员制度的确立为我国检察机关赢得了司法民主化、司法透明化的声誉。如今 "法律界" 对人民监督员制度的关注和讨论，已然从 "制度存立" 的论证转为 "制度修缮" 的设计上来。随着新规定的颁布，又恰逢国家监察委员会的建制，检察系统内部有必要把握机遇，以从实践出发返璞理论，继而指导新的实践之原则，对人民监督员制度进行体制意义上的梳理和展望。

本书以实务研究和理论探索为基本框架，以公民的监督权利为本，结合人民监督员制度的理论基础和新颁规定，深入解读该制度的架构设计、程序流程和监督范畴，并在此基础上提出对人民监督员制度改革走向的展望。

具体而言，全书共分为六章。

第一章，人民监督员制度概论。主要探讨人民监督员制度的法律渊源、基本概念和监督性质。同时，借助域外相关制度的比较研究，反观国内类似监督机制的实践经验，详细回溯人民监督员制度从试点到确立的历程，并对其间暴露出的问题和展现出的经验作出总结。

第二章，人民监督员的选任与管理。人民监督员的选任管理是人民监督员制度的基础性工作。改革人民监督员选任管理方式，由司法行政机关负责人民监督员的选任和培训、考核、奖惩等管理工作，是深化司法改革的一项重要举措，对于拓展人民群众有序参与司法渠道，建立公正、高效、权威的中国特色社会主义司法制度具有重要的意义。

第三章，人民监督员制度的管辖范围。职务犯罪侦查是检察机关的法定职能，是检察机关依法行使监督职能的重要组成部分。实行人民监督员制度，其监督的实际对象就是监督人民检察院办理的直接受理立案侦查的案件，从案件实体上和办案程序上进行监督，其管辖范围主要包括对职务犯罪侦查中的某些案件和出现的某些情节进行监督，也涉及监察范围内的案件和情形由哪个层级的人民监督员进行监督的问题。

第四章，人民监督员监督案件的程序。启动、评议和复议是人民监督员制度案件监督程序的主要环节。随着新规定的颁布，人民监督员制度依据新规，应当如何把握监督流程，并在合理合法的基本原则下，对纳入人民监督员监督范围内的案件进行评议。

第五章，人民监督员培训的知识撮要。随着人民监督员选任的去精英化，广大群众更广泛地参与到对检察工作的监督中来。基于检务工作需要一定的专业素养和法律技能，又鉴于新规定下人民监督员监督过程涉及诸多刑事程序法和实体法的问题，本书专开一章，就人民监督员监督工作中需要的基本司法原理和法律知识做些必要的补充和解释。

第六章，人民监督员制度的展望。法律定位和立法拓展是本章的主要内容。一方面，收束全文，为人民监督员砥砺前行的沿革历程进行总结式的宏观描述，从法律属性上梳理人民监督员制度的脉络。另一方面，畅想展望，基于公安机关不当立案、法院执行等问题，提出人民监督员制度视野下的对策和其监督范围拓展的可能性。

人民监督员制度的产生既是公民权利的贯彻，又是司法民主的需要，其制度的立法依据得到了宪法的保障。可以说，蕴载于人民监督员制度之上的法律价值与我国现行宪法和法律的基本精神完全契合。人民监督员制度的正式确立，使其在我国刑事司法体制中具有规范的效力，并且随着司法环境的日趋成熟，明确地作为法律规范来加以系统化、规范化人民监督员制度的时机已然到来。本书亦希望能以绵薄之力为这一改革方略助力前行，以回溯并展望的方式推动人民监督员制度在我国刑事司法制度中日臻成熟和完善。

# 目　　录

# 第一章　人民监督员制度概论

为了推进司法体制改革，加强检务工作的社会认可，提升人民检察院的司法公信力，最高人民检察院于 2003 年推出重大改革措施：人民监督员制度，并于 2004 年 10 月 1 日开始正式试点。自试点之初至今，已然经过了 14 年的探索砥砺。最高人民检察院于 2015 年 12 月 21 日通过《最高人民检察院关于人民监督员监督工作的规定》，并联合司法部于 2016 年 7 月 5 日印发《人民监督员选任管理办法》，其间还曾出台过《最高人民检察院关于实行人民监督员制度的规定》《最高人民检察院关于人民监督员监督"五种情形"的实施规则（试行）》等文件，人民监督员制度作为我国法律适用过程中的必要监督手段，已经通过上述文件的沿革而固着在我国司法制度之中。有鉴于此，我们需要结合新规定，重新认识和解读人民监督员制度的基本理论构建、设计框架和司法流程等问题。同时，为了更好地梳理人民监督员监督工作的经验和教训，也有必要对国内外先行制度进行探索和分析，并在此基础上重新指导新规定下人民监督员制度的具体工作。

## 第一节　人民监督员制度的理论基础

"每一种文化，由其结构和深刻信念所决定，都必须回答这样一个问题，社会共同体应在何种程度上并以何种方式参与法律过程。"① 对于行政司法系统而言，它的社会共同体即是公民群体，而公民群体最有效地参与法律过程的方式就是监督。

### 一、人民监督员制度的概念性质

"监督"在我国现阶段的时代内涵有很多，衍生物也有很多，如社会监督、人民监督、新闻监督、法律监督、纪委监督、群众监督等，将这些概念、理念加入我国行政司法工作和我国法律过程之中，便产生了诸如民主监督员、

---

① ［美］博西格诺等：《法律之门》，邓子滨译，华夏出版社 2002 年版，第 571 页。

党员廉政监督员、人民调解员、人民陪审员制度，还有本书的核心内容——人民监督员制度。

我们知道了监督的衍生物，那么，监督的定义是什么？要回答这一问题，我们需要回溯至概念产生和嬗变的源头，尽管"监督"在不同学术领域都有出现，但无论是政治学，还是法学、社会学，抑或经济学，对监督行为的描述都是类似的——"监管、督察"即是监督行为的概念，那么这样可否就算定义了监督？实则不然，对"监督"进行理解的困扰不在于定义某类监督行为，因为在任何领域，监督行为都是类似的，问题的关键在于对监督的性质权属进行甄别。

在法律领域中，"监督"行为的性质权属基本可以分为三类。第一类，以监督对象作为标准来区别，可以将监督行为的性质分为对公共权力运行的监督和对公民生活行为的监督。所谓对公共权力运行的监督，是指将监督的目标定位在监督国家行政权、司法权和立法权的行使；而所谓对公民生活行为的监督，则是指将监督目标定位在公民的民事、商事、行政等社会生活，以及基于个体行为而形成的法律关系的转化。第二类，按照监督者的不同来做区分，可以将监督行为的性质分为职权体系内部的监督和职权体系外部的监督。所谓职权体系内部的监督，是指监督者和被监督者身处相同的职务权力机构之中；而职权体系外部的监督，则是指监督者和被监督者分属于不同的职务权力机构，即二者的"领域"不同。在理论上，我国学者指出，外部监督具有三个优势：优势之一是独立性，即监督者和被监督者互不隶属、彼此没有所谓的权力交叉或位阶关系，因而使外部监督免于位阶压迫下出现的领导干预，亦免于有权力交叉产生时的同僚干扰，实现对被监督者行为的客观评议，去除监督行为的神秘化，提升社会公信力；优势之二是制约性，即各种监督方式在监督主体的职能范围内可以交叉适用，互相协调，从而使每个监督客体都处在外部监督的网络之中，受"越权无效"的限制；优势之三是权威性，即外部监督的内容、范围、方式及程序一般都由法律明确规定，因而具有确定性和强制性。[①] 第三类，以监督权的渊源来划分，可以将监督行为的性质分为权力监督和权利监督。所谓权力监督，是指基于职务权限或者制度设置造成的上级对下级进行的监督，其行使由权力位阶的差异进行保障；所谓权利监督，则是指基于法律文本的确定，一般以宪法为主，赋予组织或个人对其他组织或个人进行的监督，其行使由法律规定进行保障，属于其法律赋予的权利。

鉴于此，现在让我们来回答人民监督员制度的内涵定义。同任何其他监督

---

① 参见汤唯、孙季萍：《法律监督论纲》，北京大学出版社 2001 年版，第 13 页。

行为一样，人民监督员制度的概念定义是清楚而明确的，即由公民进行的对部分检务工作进行的参与、督察与评议。那么，人民监督员的性质该如何确定？目前争论颇多。①

由于"最高人民检察院在职务犯罪侦查权问题上饱受非议，问题的焦点就在于，作为法律监督者的人民检察院在行使自侦案件的各项权能之时，缺少有效的外部监督"，② 同时，随着法治进程的脚步，检察机关反躬自省也作出了长足的改革努力，其中，"近年来检察机关最重要的改革举措有内外两项：一是 2000 年推开的主诉检察官制度改革。这属于一种内部工作机制的调整。虽然这项制度受到制度环境与实际条件的限制，其功效有限，但它肯定了公诉检察官相对的独立性并加强责任机制的做法符合检察制度建设的基本要求，符合司法的规律，对这一改革应当予以肯定并在制度与实际条件允许的情况下进一步推进。二是具有所谓'外部性'的改革，即为目前正在推动的人民监督员制度。这项制度建立的意义不仅是它体现了司法民主，体现了人民群众参与司法的要求，更重要的是因为它是在我国目前的司法制度中，在基本制度框架的限制之下，为修补制度性缺陷而进行的一种有意义的努力。"③

不难看出，从诞生之初，人民监督员制度的设计理念即是满足"外部监督"的缺憾。因此，我们认为，人民监督员制度的性质则是，民主集中制下对公共权力运行进行的、职权体系外部的权利监督。

## 二、人民监督员制度的法律基础

一项司法制度的确立，必然基于或者需要国家强制力提供保证。鉴于此，有必要对人民监督员制度的法律基础进行梳理和探讨。有学者认为，"检察机关的监督权属于国家公权力，来源于宪法的授权，有法律强制力作后盾，而人民监督员对检察机关的监督权来源于检察机关内部的规范性文件的授权，没有

---

① 参见徐汉明：《人民监督员制度的根据、特征与功效》，载《法学评论》2006 年第 6 期；杨明：《人民监督员的地位思考》，载《沈阳师范大学学报》（社会科学版）2008 年第 1 期；龙宗智：《人民监督员制度有关问题探析》，载《国家检察官学院学报》2005 年第 1 期；唐文胜：《宪政视角下人民监督员制度的性质界定》，载《学术界》2011 年第 3 期；秦前红、周伟：《人民监督员制度在我国宪政框架下的性质定位》，载《法学评论》2009 年第 3 期等。

② 龙宗智：《人民监督员制度有关问题探析》，载《国家检察官学院学报》2005 年第 1 期。

③ 陈卫东：《人民监督员制度运行调研报告》，载《国家检察官学院学报》2011 年第 5 期。

法律的依托，监督权缺乏刚性，影响监督权的有效发挥，人民监督员制度的司法性不能充分体现。"① 故而，有学者将人民监督员制度称为"软性监督"制度。

我们认为，这样的断言有失偏颇，且过分抹杀了人民监督员制度试行 14 年的经验和成效。在法律语境中讨论"软性"或"刚性"的问题，实际上就是在讨论对象的法律条文化和国家强制力的保证问题。在有关人民监督员制度的法律条文化方面，目前在多个上位法及相关延伸出的决定、规定之中，已经形成了对人民监督员制度的存在基础、人员选任和职责安排、程序流程以及救济条款的规定。具体而言，在我国成文法律体系中，有关人民监督员制度有如下规定：

《中华人民共和国宪法》（以下简称《宪法》）第 3 条规定：国家行政机关、审判机关、检察机关都由人民代表大会产生，对它负责，受它监督。而其第 27 条又规定：一切国家机关和国家工作人员必须依靠人民的支持，经常保持同人民的密切联系，倾听人民的意见和建议，接受人民的监督，努力为人民服务。两者联合阐发了我国民主集中制下，要求对国家各机关部门给以群众外部监督的基本原则。基于宪法对人民监督员制度作出的原则性规定，我们可以看出两个方面，一方面，人民监督员制度是符合宪法要求的必要存在，是民主集中制在司法部门，尤其是检察机关的体现；另一方面，人民监督员制度在性质上不应隶属于我国任何司法或行政机构，而应从人民群众中来且直接对人民群众负责。

《中华人民共和国刑事诉讼法》（以下简称《刑事诉讼法》）第 6 条规定：人民法院、人民检察院和公安机关进行刑事诉讼，必须依靠群众，必须以事实为根据，以法律为准绳。对于一切公民，在适用法律上一律平等，在法律面前，不允许有任何特权。除在宪法中规定出检察机关应该密切联系群众之外，我国刑事诉讼法中还提出了"依靠群众"的刑事司法基本原则。基于检察机关本身就被宪法赋予了法律监督之职能，那么细化"依靠群众"原则也应着力于完善宪法所赋予的司法监督之使命。因此，刑事诉讼法中的总章规定也为人民监督员制度的确立给予了坚实的法律基础。

《中华人民共和国人民检察院组织法》（以下简称《人民检察院组织法》）第 7 条规定：人民检察院在工作中必须坚持实事求是，贯彻执行群众路线，倾听群众意见，接受群众监督，调查研究，重证据不轻信口供，严禁逼供信，正

---

① 王劲晓：《从美国大陪审团制度探究我国人民监督员制度的完善》，载《河南社会科学》2013 年第 10 期。

确区分和处理敌我矛盾和人民内部矛盾。各级人民检察院的工作人员，必须忠实于事实真相，忠实于法律，忠实于社会主义事业，全心全意地为人民服务。该法将群众路线、群众意见以及群众监督作为检察工作的指南，而人民监督员制度则当然成为这一指南引导下的具体措施；同时，作为对检察机关的组织构成、检务生活而进行的直接厘定，该法案中明确提出"群众监督"之概念，则是对未来我国的检务发展提出了明确的制度设计之要求。

此外，2013 年 11 月 12 日《中共中央关于全面深化改革若干重大问题的决定》提出，"建设法治中国，必须深化司法体制改革，加快建设公正高效权威的社会主义司法制度，维护人民权益。要维护宪法法律权威，深化行政执法体制改革，确保依法独立公正行使审判权检察权，健全司法权力运行机制，完善人权司法保障制度"，检察权的公正行使成为了法治中国的一项核心课题。同时，该决定又指出，"坚持用制度管权管事管人，让人民监督权力，让权力在阳光下运行，是把权力关进制度笼子的根本之策"。有鉴于此，为检察权赋之以监督制度，让人民群众得以清楚地了解检务流程，使检务工作在"阳光下运行"，则成为我国司法工作的主要任务之一。在这两项决定的要求下，人民监督员制度的深化发展，则成为检察院检务工作外部改革的必需步骤。2014 年 10 月 23 日《中共中央关于全面推进依法治国若干重大问题的决定》指出："加强对司法活动的监督。完善检察机关行使监督权的法律制度，加强对刑事诉讼、民事诉讼、行政诉讼的法律监督。完善人民监督员制度，重点监督检察机关查办职务犯罪的立案、羁押、扣押冻结财物、起诉等环节的执法活动。司法机关要及时回应社会关切。规范媒体对案件的报道，防止舆论影响司法公正。"更是针对性地提出了，拓展法律监督的途径。最后，基于最高人民检察院和司法部的相关文件，譬如司发通〔2014〕101 号、高检会〔2015〕1 号、高检发〔2016〕7 号、司发〔2016〕9 号等，也可以为人民监督员制度的存在作出支撑。

### 三、人民监督员制度的职能权限

人民监督员的性质及其职能虽然目前还没有标准化的法律规定，但是从相关文件给出的方向性指南，以及部分省市的司法实践，仍可窥一斑。目前基于学界的讨论和实践的反馈，有关人民监督员的职能权限问题，我们认为，可以从职能要求和监督范围两个方面来认识和解读。

根据《最高人民检察院关于人民监督员监督工作的规定》（高检发〔2016〕7 号），人民监督员的职能要求目前被规定为五项：

第一项，监督人民检察院直接受理立案侦查案件的 11 种情形，并启动人民监督员监督程序（《最高人民检察院关于人民监督员监督工作的规定》第2条、第8条）。具体而言，根据规定，人民监督员认为检察机关办理直接受理立案侦查案件工作中存在下列情形之一的，可以实施监督：应当立案而不立案或者不应当立案而立案的；超期羁押或者延长羁押期限决定违法的；采取指定居所监视居住强制措施违法的；违法搜查、查封、扣押、冻结或者违法处理查封、扣押、冻结财物的；阻碍当事人及其辩护人、诉讼代理人依法行使诉讼权利的；应当退还取保候审保证金而不退还的；应当给予刑事赔偿而不依法予以赔偿的；检察人员在办案中有徇私舞弊、贪赃枉法、刑讯逼供、暴力取证等违法违纪情况的；拟撤销案件的；拟不起诉的；犯罪嫌疑人不服逮捕决定的。

第二项，启动监督程序的异议权与获得法律释明（《最高人民检察院关于人民监督员监督工作的规定》第10条）。异议权，仅仅在于是否启动监督程序的检察机关决定；对评议表决是否得到检察机关的采纳，只能提出复议权；且少数不同意见无法表述在评议表决的结果之中。也就是说，此处人民监督员的异议权仅限于监督程序的相关决定。

第三项，评议表决与获得法律释明（《最高人民检察院关于人民监督员监督工作的规定》第14条）。监督评议工作是人民监督员工作的核心任务，根据最新规定和试点经验，人民监督员评议的范畴同时涉及案件事实、相关证据、法律适用、办案程序、拟处理意见和案件的社会反映。同时，在需要时，可以向检察机关要求出示相关案件资料、证据等，并要求检察机关作出必要的法律释明工作。

第四项，复议与获得法律释明（《最高人民检察院关于人民监督员监督工作的规定》第21条）。此处的复议权同我国刑事诉讼法中的复议权不同，其复议的对象仅仅是人民监督员形成的监督评议意见而非案件的裁判、裁决或决定之结论。同时，复议决定不能得到人民检察院最终同意时，复议权可以转变为要求检察机关给出相应的法律释明。

第五项，参加人民检察院对相关案件开展的跟踪回访、执法检查、案件评查、案件公开审查工作（《最高人民检察院关于人民监督员监督工作的规定》第29条）。值得注意的是，这项工作要求并非人民监督员的必然履行的义务，其履行需要受到检察机关基于相关理由而提出的邀请，人民监督员亦不能主动提出开展此类业务工作，因而不应纳入人民监督员工作考评体系之中。但是，人民监督员具有广泛群众性的特点，参与跟踪回访、执法检查、案件评查、案件公开审查等活动，有助于拓宽人民监督员监督案件的途径，作为监督工作的一项内容，亦可以纳入对人民监督员日常管理的考评体系之中。

# 第二节　人民监督员制度的比较研究

人民监督员制度是检察制度改革的新举措，需要有一个不断探索和发展的过程。"古为今用、洋为今用"，毛泽东思想博大精深，他曾多次阐明了这样的一个道理。也就是说，要在坚持社会主义核心价值观的基础上，用马克思主义唯物辩证法的方法，批判地吸收古今中外好的制度、观点，为完善和健全人民监督员制度服务。

## 一、国外相关制度的比较研究

国外的制度往往是处于改革进程中的中国司法参考和学习的素材，综观2003 年以后有关人民监督员制度的研究文章，对与人民监督员制度相关的研究主要集中在美国的大陪审团制度和日本的检察审查会制度上，[①] 也有部分学者介绍了英国的治安法官制度。[②] 鉴于同人民监督员制度的联系性，我们重点剖析下述部分国外制度的组织结构、选任、监督范畴和程序以及效力等问题。

### （一）日本检察审查会

日本检察审查会是根据《检察审查会法》设立的独立性机构，检察审查会设置在法规规定的地方法院及地方法院支部所在地，在各地方法院的管辖区域内必须至少要设置一处（《检察审查会法》第 1 条），不受检察机关管辖。全日本原来共设有 215 个检察审查会，从 2009 年 4 月 1 日开始，将 50 个检察审查会进行统一、废除及合并，再编成在 149 地的 165 个检察审查会，下设事务局，负责检察审查会的日常工作（《检查法》第 19 条）。[③] 检察审查会事务局长必须在每年的 9 月 1 日之前将检察审查员的候补名额分配到辖区内的市町村，并且通知给市町村的选举管理委员会（《检查法》第 9 条）。市町村的选

---

① 参见王玄玮：《日本检察审查会制度之启示——兼与我国人民监督员制度比较》，载《云南行政学院学报》2012 年第 5 期；杨志：《日本检察审查会制度与中国人民监督员制度之比较——以完善中国人民监督员制度为视角》，载《社科纵横》2012 年第 6 期；王迎龙：《论人民监督员制度的完善——以日本检察会制度为分析蓝本》，载《江苏警官学院学报》2013 年第 3 期；王劲晓：《从美国大陪审团制度探究我国人民监督员制度的完善》，载《河南社会科学》2013 年第 10 期等。

② 参见周永年主编：《人民监督员制度概论》，中国检察出版社 2008 年版，第 61—75 页。

③ 甄贞等：《检察制度比较研究》，法律出版社 2010 年版，第 403 页。

举委员会在接到通知后，必须从登记到该市町村的选举名簿的选民中，通过抽签选定所属候补者，并登记在选举人名簿，之后在同年度 10 月 15 日前将名簿送交本辖区检察审查会事务局。检察事务局应当制作记载，通知检察审查员候补者，并且对候补者是否有参加检察审查会的资格以及是否能够执行职务进行审查。[①] 检察审查会事务局长在每年 12 月 28 日之前通过抽签的方式，从检察审查员候补者中选出检察审查员及其补充员（《检查法》第 13 条）。检察审查员的任期为 6 个月，在任期开始时，要迅速召开各群的检察审查会会议，通过互选的方式选出检察审查会长（《检查法》第 14 条、第 15 条）。截至 1998 年 4 月末，检察审查会制度实施的 50 年内，全国共有 45 万人被遴选为检察审查员或者检察审查员候补（在正式的检察审查员缺席的时候，进行补任）。[②]

关于日本检察审查会的组成，其每个检察审查会均由 11 名检察审查员组成，其中一人担任会长；另有 11 名候补成员，在正式审查员缺席时进行补任。检察审查员和候补成员在日本普通民众中随机抽选产生，每届任期 6 个月。[③]凡具有日本众议院议员选举权者，均有资格被选任为检察审查员，但也有四类事由用以阻却和排除选任人员的资格：第一类，"欠格事由"，即小学未毕业者，但具有小学毕业同等以上学历的不在此限；破产后未恢复权利者；聋、哑、盲人；判处监禁或惩役 1 年以上者。第二类，"不适格事由"，即虽然具有担任审查员资格，但基于身份或职务上的原因不能担任审查员的若干情形，包括日本皇室成员；国务大臣、法官、检察官、法务省官员、警察、自卫官、监狱官员；税收、海关、专卖官员；各都、道、府、县知事及市、町、村长；律师、辩护士、公证人及司法书士；邮政、电信、铁路职员及船员；等等。第三类，"除斥事由"，即需要回避而不能担任审查员的若干情形，例如检察审查员是犯罪嫌疑人或被害人；是犯罪嫌疑人或被害人的亲属、法定代理人、监督人、保佐人、辅助人；是犯罪嫌疑人或被害人的同居人或受雇人；是该案件的检举人、证人或鉴定人；曾为犯罪嫌疑人的代理人、辩护人；曾为该案件的检察官或警察。第四类，"职务辞退事由"，即一些可以辞去检察审查员职务的情形，如年龄超过 60 岁以上；在会期中的国会或地方议会议员；国会职员、官吏、公吏以及教师；学生以及学徒；因患重病、到海外旅行等检察审查会认

---

① 王迎龙：《论人民监督员制度的完善——以日本检察审查会制度为分析蓝本》，载《江苏警官学院学报》2013 年第 3 期。

② 甄贞等：《检察制度比较研究》，法律出版社 2010 年版，第 403 页。

③ 参见日本《检察审查会法》第 10—12 条。王玄玮：《日本检察审查会制度之启示——兼与我国人民监督员制度比较》，载《云南行政学院学报》2012 年第 5 期。

可的辞职理由。

上述检察审查员产生后，在正式执行职务之前必须由地方法院法官告诫其应注意事项，并带领他们进行就职宣誓。宣誓时首先由法官宣读宣誓书，主要内容是表示保证公平地行使审查职权，认真履行职责范围内的义务，然后由审查员和候补审查员在宣誓书上签字盖章。如果审查员在职务活动中违反誓言，实施了与身份不相符的行为，将被追究责任。

从日本检察审查会的监督范畴和程序来看，日本检察审查会的主要监督范围就是一项，即检察官作出不起诉决定的案件。根据《检察审查会法》，检察审查会对其管辖区域内的检察厅行使两项职权：一是对检察官作出的不起诉决定是否适当进行审查，作出独立的审查评议结论；二是对改进检察事务向有关的检察厅长官提出建议和劝告。除日本《刑法》第 77 条规定的内乱罪、第 78 条规定的预备或阴谋内乱罪、第 79 条规定的前两种犯罪的帮助犯罪，以及违反禁止私人垄断和确保公平交易法律的犯罪案件以外，检察审查会对其他案件均有审查权。① 检察审查会的审查程序通过两种方式启动：第一种是根据案件检举人、被害人的申诉请求启动；第二种是在没有申诉人的情况下依职权进行审查。检察审查会根据新闻、告密或者其他无申请人的检举材料，经超过半数审查员同意后，依职权进行审查。② 申诉启动的情况下，如果刑事案件的告发者、告诉者和犯罪的受害者不服检察官的不起诉决定，有权向该检察官所属检察厅所在地的检察审查会提出申诉。申诉应以书面形式提出，申诉书须载明下列内容：申诉人的基本情况；提出申诉的目的；案件犯罪嫌疑人的情况；案件主要事实；不起诉决定的日期；作出不起诉决定的检察官的姓名及职务；不起诉决定不当的理由；证人的姓名及住所。关于此类申诉，日本立法中并没有为提出申诉设置时间限制，但是对同一案件已经有检察审查会作出决议的，不得再次提出申诉。

最后，让我们再了解下日本检察审查会的职权以及其作出决议的法律效果如何。检察审查会在审查中可以行使以下职权：一方面，可以要求有关的检察官提出供审查使用必要的资料，也可要求其出席会议陈述意见，有关检察官有义务予以协助。另一方面，向有关国家机关和公私团体发出照会，请求提供必要事项的报告；同时，检察审查会还可以传唤申诉人和证人，询问审查中的有

---

① 参见江华礼：《日本检察制度》，中国人民公安大学出版社 1996 年版，第 123—126 页。

② 参见王玄玮：《日本检察审查会制度之启示——兼与我国人民监督员制度比较》，载《云南行政学院学报》2012 年第 5 期。

关问题。如果证人不接受传唤，可请求检察审查会所在地法院根据刑事诉讼法关于传唤证人的规定予以传唤。传唤效果和我国诉讼制度类似。此外，在审查中如遇到专门的或复杂的法律问题，可以请求有关的法律界人士出席会议，征求他们的意见和建议。通过这些职权的行使，检察审查会即综合各方形成自己的论断：一是"不起诉适当"，即检察官作出的不起诉处分正确；二是"不起诉不适当"，即认为检察官不起诉依据的证据不充分，不起诉处分难以令人信服，应当再行侦查；三是"应当起诉"，即认为不起诉处分不妥当，应当提起公诉。前两种决议经检察审查会过半数通过即可，第三种决议需经 8 名以上审查员同意方可作出，另外，检察审查会作出审查决议后，要制作决议书，载明决议的内容及理由，将决议书副本送达申诉人、作出不起诉决定的检察官、对该检察官有监督指挥权的"检事正"。① 2004 年以前，检察审查会的审查决议并没有强制性法律拘束力。"检事正"接到"应当起诉"的决议书以后，应当认真参考，但不受该决议限制：既可以对该不起诉案件重新审查、决定起诉，也可以维持原来的不起诉决定。由于缺乏法律效力，导致检察审查会对起诉裁量权的监督作用受到局限，过去在实践中起诉决议的采纳率并不高。日本法学界对此也多有批评，如早稻田大学田口守一教授就指出："检察审查会制度也存在问题。第一，检察审查会的决议仅仅作为'参考'，对检察官并无约束力。有人主张，如果检察审查会的决议是民意的反映的话，这个决议就应该对检察官有约束力。"② 2004 年，日本国会修改了《检察审查会法》，修正后的该法第 40 条规定：对于检察审查会第一次作出的应当起诉决议，检察官应尽快考虑原不起诉决定是否适当。如果三个月内检察官仍未起诉，检察审查会可以进行第二次审查。再次审查时，应通知检察官出席会议陈述意见。在此基础上，如果仍有 8 名以上审查员认为应当起诉，则再次作出的"应当起诉"决议具有法律效力。第 41 条进一步规定，检察审查会作出具有法律效力的"应当起诉"决议后，应将决议书副本送达对该案件拥有管辖权的地方法院。受理决议书副本的地方法院应当指定律师代替检察官提起公诉，承担追诉

---

① "检事正"为日本地方检察厅的首长。日本检察机构分为最高检察厅、高等检察厅、地方检察厅、区检察厅，分别与日本最高法院、高等法院、地方法院、简易法院相对应设置。各级检察厅的首长称谓分别是：检事总长、检事长、检事正、首席检察官。参见王玄玮：《日本检察审查会制度之启示——兼与我国人民监督员制度比较》，载《云南行政学院学报》2012 年第 5 期。

② 王玄玮：《日本检察审查会制度之启示——兼与我国人民监督员制度比较》，载《云南行政学院学报》2012 年第 5 期。

责任。①

## (二) 美国大陪审团

美国大陪审团（Grand Juries）起源于英格兰法，它最初的表现形态似乎出现在 10 世纪末。当时，起着领导作用的市民被传唤到法院，报告他们的社区里出现了何种犯罪行为。多数学者按图索骥，认为一个更加直接的先例是 1166 年基于英王亨利二世颁布的《克拉灵顿诏令》而建制的参加审讯的克拉伦斯陪审团。它由英王亨利二世在其治下的每个社区建立，是由 12 个忠实守法的男性组成的控诉团体。据记载，当时由拥有爵士爵位者将克拉伦斯陪审团的管辖区域内所有犯罪案件轮流向巡视的皇家官员或法官提呈报告，是亨利二世时代开启刑事诉讼程序的关键文件。② 到 14 世纪中期，英国司法体制上开始产生了大陪审团（Grand Juries）和小陪审团（Petit Juries）之分立。至于我们要讨论的美国大陪审团制度之滥觞，则是继承了克拉伦斯陪审团精神意志的，由英王爱德华三世在 1368 年建制的 24 人（均男性组成）大陪审团，这一陪审团形式存在于当时英格兰各郡的审讯和控诉机构之中。历经 300 年的发展，大陪审团具有了它最为重要的职能：保护市民免受未授权的恶意的和政治上的控诉，此亦为大陪审团的基本价值和正当性基础。③

而随着英国殖民地的扩张，陪审团制度传入美国，并成为主要的诉讼制度。1635 年，弗吉尼亚建立了大陪审团制度，大陪审团负责指控刑事案件与调查犯罪并享有案件移送法院的决定权。而随着美国作为殖民地，与其宗主国的冲突加深，美国人开始利用大陪审团制度来为自己的权利提供保护，其中最为著名的即是美国独立战争胜利后，作为《权利法案》的组成部分，1791 年美国《宪法》第 5 条规定，"非经大陪审团提出报告或起诉，任何人不受死罪或其他重罪的惩罚"；而随后的第 7 条修正案则更为明确地规定了美国陪审团的权利，从法律上给予了确认。随着美国对陪审团制度的不断创新、完善，逐渐扩大了陪审团成员的范围，消除了种族歧视，使美国大陪审团在美国得到了很好的发展与适用，在美国的司法制度中发挥着重要的作用。它不仅有效地捍卫和保护了公民权利的自由，制约其他权力，而且起到了造法的功能。"作为社会共同体良心的人民权力，制约着政府公权力，它体现于成为陪审员并限制

---

① 王玄玮：《日本检察审查会制度之启示——兼与我国人民监督员制度比较》，载《云南行政学院学报》2012 年第 5 期。

② 参见［美］克米特·L. 霍尔主编：《牛津美国联邦最高法院指南》，许明月、夏登峻等译，北京大学出版社 2009 年版，第 370—371 页。

③ 参见 Westlaw 案例辑录，1681 年 colledge 案和 shaftesburg 案判决文书。

政府滥用自由裁量权的能力。"①

关于大陪审团的人员选任问题，根据法律规定，美国大陪审团人员通常由16—23名陪审员组成。② 陪审员条件也很苛刻，首先必须是本土居民、达到一个基本年龄；其次与案件或当事人有关的人员、有前科、无阅读或书写能力、不通晓英语及听力有缺陷的人等不得担任陪审员。陪审团的组成成员的选任主要通过两种方式，一种是"抽签法"，即从符合条件的公民中随机挑选若干名作为候选人；另一种是"评选法"，即由一名或数名法官从符合条件的候选人中用评议的方式选定。根据美国各州法律上的规定，不管采用何种方法，被挑选出来的陪审团成员候选人必须同时得到辩方律师和检方的认可，才能真正成为陪审团的一员。

关于大陪审团的监督范围问题，由于美国是联邦制国家，各州法律制定不一致，但部分州刑事诉讼中适用大陪审团审查重罪起诉案件，有少数州也包括一些轻罪。大陪审团在刑事诉讼程序中，其性质相当于检察院，其主要职能一是审查起诉的权利，即审查检察官所提交的证据材料，作出是否批准提起公诉的决定；二是调查取证的权利，在审查证据材料时，可以决定是否需要继续调查，并享有强制传唤证人、调取相关书证、物证的权利。大陪审团通常对事实部分进行认定，在作出裁决以后就自动解散，然后由检察官接手，负责案件的法律适用问题。

关于大陪审团的监督效力和自身权力问题，早在1974年的"合众国诉卡兰德拉案"（United States v. Calandra）中，美国法院即明确了大陪审团拥有特别的审判权力和广泛的诉讼程序权力这一司法初衷，具体而言，诸如1973年的"霍洛维茨对物（对事）诉讼案"（In re Horowitz）中，法院宣布大陪审团有强制目击证人出庭、提供口头证言和记录调查结果等广泛的权力，又如1972年的"布兰兹布恩诉海斯案"（Branzburg v. Hayes）中，法院指出，即便是提供信息的新闻记者，基于其报道，大陪审团也可以经由传票要求其出庭作证，再如，1977年的"合众国诉王某案"（United States v. Wong）中，大陪审团甚至可以免除控诉机关告知或提醒被告人免于自证其罪的义务。③ 可见，作为一种特殊的监督主体，在审判的环节，大陪审团已经在某种程度上凌驾于司法原则之上。

---

① ［美］博西格诺等：《法律之门》，邓子滨译，华夏出版社2002年版，第595页。
② 周永年主编：《人民监督员制度概论》，中国检察出版社2008年版，第54页。
③ ［美］克米特·L. 霍尔主编：《牛津美国联邦最高法院指南》，许明月、夏登峻等译，北京大学出版社2009年版，第371页。

审慎分析美国大陪审团制度可以看出，一是大陪审团制度的优势。大陪审团成员涉及领域广、范围较大，能够充分体现制度的民主代表性，不易被操控并且能起到制约检察机关的内部权力，扩大外部监督权，分割检察权充分保证司法公正，同时对公民起到再次普法的作用。二是大陪审团制度的缺陷。因为陪审团的确定程序烦琐，环节一旦出错就得重新再来，案件审理期限必然延长，同时大量的陪审团成员需要大量的经费做保障，增加了司法成本。三是如前文所述，大陪审团的某些权力超越了审判监督或者审判原则的基本界限，是相当危险的；公民介入司法系统时被赋予的权力应当有必要的原则对其限制，其边界应当存在。基于我国人民监督员制度并不具备审判职能，所以有必要关注大陪审团和一般司法监督制度的区别。

（三）公民审查委员会

前述的日本检察审查会制度主要在于对起诉进行公民监督、美国的大陪审团的监督行为也集中发生在审判阶段，而与侦查行为有关的群众性监督制度，国内研究并不多。因而，本书着重介绍起源于美国的公民审查委员会制度。虽然公民审查委员会的主要监督工作是针对全美的警察在侦办案件或日常警务活动中的行为进行监督，但基于我国刑事诉讼体制，检察院在部分类型的案件中享有侦查权力；且根据 2015 年 12 月通过的《最高人民检察院关于人民监督员监督工作的规定》第 2 条，人民监督员可以对检察院直接受理立案侦查案件的侦查工作进行监督，故有必要对公民审查委员会制度作出补充介绍。

公民审查委员会（Civilian Review Board），是指在西方国家中设立的、由普通公民组成的、专门负责审查市民投诉警察案件或对警察其他不当行为进行指控的民间监督组织。它起源于 1928 年的洛杉矶。当时洛杉矶酒吧协会自行创建了一个投诉委员会，其职责主要是关注公民宪法权利受到警察不当行为侵害的投诉案件。这是公民审查委员会产生的最初形态，虽然当时它只是一个没有权力的、不受官方承认的组织，但却开启了民间监督警察活动的新视角。后来在 1948 年，华盛顿哥伦比亚特区出现了第一个得到官方承认的公民审查委员会。但在那时，该审查委员会所能发挥的监督作用仍然很弱小。根据 1966年相关报告统计，它在 1948 年到 1964 年的近 20 年间总共只处理过 54 件相关案件。公民审查委员会密集出现是在 20 世纪 60 年代后。由于立法者在制定法律时，无法完全预见警察在执法时可能会遇到的各种情况，于是立法者往往在法律中规定，允许警察享有一定的自由裁量权来保证这些法律的实施。因此，法律赋予了警察相当多的自由裁量权，这种权力在为警察灵活执法提供便利的同时，也为警察执法活动埋下了潜在的不公平执法和歧视性执法的可能性。

20 世纪 60 年代，美国很多地方都持续不断地发生了警察不当行为事件，警察经常滥用自由裁量权，对某些种族的人采用歧视性的执法措施，并由此导致了严重的社会危机。而传统警察内部的监督部门并没有足够的能力来消除这些危机，特别是水门事件后，人民对政府机构自我监管更加担忧；再加上由于法律规定过于模糊，使司法机关对于警察广泛的自由裁量权也不可能有效地进行监管。因此，需要构建一个新的有效的监督方式来约束警察的不当行为，而此时美国一部分民权活动家提出的由公民监督警察的观念得到了支持。于是，为了使警察活动更加规范化，越来越多的公民都赞成从外部建立民间组织加强对警察不当行为的监管。于是美国很多城市都设立了类似公民审查委员会的机构，只是名称有所不同。80 年代后，这种趋势渐渐在其他国家出现，到 2000年左右，世界上出现了超过 100 多个公民审查委员会，越来越多的国家，如加拿大、澳大利亚、英国、瑞典等，都建立起这种新的民间监督组织对警察执法活动进行监督。①

关于公民审查委员会的选任，在公民审查委员会形成初期，由于没有相应的法律规定，为了能得到官方的正式承认，公民审查委员会成员基本上都是由警察机关或政府部门推荐。因此其往往由警察和普通民众按一定比例构成。但是，这样的组合使该机构的独立性和公平性受到质疑，因为它会形成"被监督者自己监管自己"的怪圈，难以取得民众信任，其作用也无法发挥。后来直到加拿大多伦多市设立的公众投诉委员会的出现，这一状况才有所改变。1981 年，加拿大多伦多市制定了法律，并根据法律设立了"多伦多公众投诉专员"，专员全部由市议会任命，而且全部由普通市民构成。②

关于公民审查委员会的权属问题，一般而言，各国的公民审查委员会均结构独立。具体包括委员会成员独立、办公场所独立和经费独立。其中，成员的独立主要是强调公民审查委员会的成员不得来自国家机关，特别是不能来自警察机关，否则容易陷入自己监督自己的尴尬局面。③ 办公场所独立则是指公民审查委员会必须有自己独立的办公场所，不能设在警察局内或其附近。如果公民审查委员会设立在警察局内或其附近，警察局会对投诉公民起到震慑作用，从而使有投诉意愿的公民不愿或不敢到公民审查委员会申诉。因此，西方国家

① 唐杏湘：《论我国人民监督员制度的完善——与西方公民审查委员会的对比研究》，载《中国社科院研究生院学报》2016 年第 5 期。

② Maeve Mcmahon, Police Accountability：The Situation of Complaints in Toronto, Contemporary Cries, 1988, Vol. 12, p. 302.

③ 唐杏湘：《论我国人民监督员制度的完善——与西方公民审查委员会的对比研究》，载《中国社科院研究生院学报》2016 年第 5 期。

基本上都不把公民审查委员会的办事机构设在警察局内或其附近，而是设立一个远离警察局的办公场所，以此来达到强化公民审查委员会独立性的目的。经费独立是指公民审查委员会受理投诉案件、调查投诉案件等所有日常活动的开支均由议会审议通过后统一拨付，而不从警察局的办公费用中支出，这样一来，公民审查委员会在经济上就可以处于独立地位，无须受制于警察机关。

关于公民审查委员会的启动程序，各国规定的不尽一致，但综合说来主要以公民的申诉为审查程序的启动开端。① 因而此处不予过多着墨，一个可以为我国人民监督员制度所特别引进和参考的制度是，公民审查委员会制度中的"公众沟通机制"：第一，采用信息资料公开制度，公开的内容包括公民审查委员会的各种工作报告、年度报告和各种特殊会议记录。对于这些公开的内容，公民可以通过两种途径取得，一是公民可以随时向公民审查委员会办公室索取书面材料，二是通过网络获取，公民审查委员会通常会把这些公开资料放到网上，供有需要的公民自行查阅。第二，定期出版刊物，有的国家为了扩大公民审查委员会的影响力和知名度，还采用了定期出版刊物的形式来加强公民审查委员会与外界的接触和联系。通过这样的举动，加强了监督组织和群众的联系性，因为尽管是监督机制，但作为准行政权力或司法权力机构，监督组织的本身应当有相应的监管机制。然而遗憾的是，在这一问题上，目前无论是立法还是研究，国内目前都没有得到应有的关注度。

（四）小结

上述三种制度并非完全罗列了可供人民监督员制度参考的制度设计，其他诸如，基于对职务犯罪检察机构再监督的我国香港地区廉政公署的咨询委员会；更神似于我国人民陪审员的英国治安法官制度；我国台湾地区的"刑事参审制度"，以及德国传统的公民参审制度，也可以很好地为我国人民监督员制度提供参考。但基于这些制度多数仅仅集中在审判这一环节，而在程序流程上多有重复，故在此不再赘述。

概言之，这些类似我国人民监督员制度的制度在自身的发展过程中，也经历了批评和相应的修缮，并渐入佳境。例如，就日本的检察审查会制度而言，日本检察审查会所起主要作用体现在司法民主上，对被害人利益救济发挥有限。日本检察审查会已经运行半个多世纪，其效果可以从两个角度进行考察，一是司法民主的角度，即检察审查会在防止检察官官僚主义和接受大众参与司

---

① 唐杏湘：《论我国人民监督员制度的完善——与西方公民审查委员会的对比研究》，载《中国社科院研究生院学报》2016 年第 5 期。

法上的效果；二是通过重新审查不起诉决定从而维护被害人利益的效果。① 对于前者，日本的司法界和学术界都对这种民主制度给予了肯定的评价，认为这是促进司法民主，防止司法垄断的一个很好的制度设计。"正是为了能在公诉权的行使中正确反映民意而设计了检察审查会制度，它作为国民参与司法的一种重要制度，具有重要的意义。虽然有人指出，事实上这一制度还存在各种问题，但它确实起了相当大的作用。"② 有学者统计，检察审查会对检察事务的影响力较小，尤其体现在对检察官的起诉建议上或劝告其起诉上，从 1948 年到 2004 年仅有 540 例，近几年多为一两例，或者干脆不存在建议或劝告情况的发生；对于检察官不起诉处理是否妥当案件，在整个案件中的比例也是比较小的，从 1948 年成立检察审查会制度到 2004 年，已受理 126057 件案件，相对于每年日本约 360 万的案件而言，对于启动审查监督程序的案件，最后被提起公诉的案件也占不起诉案件总数的四千分之一左右，通过审查会变更起诉的案件可以说极少。③ 以 2002 年为例，在 80 万件不起诉案件中，有 2300 件被害人提出申请，要求检察审查会对检察官作出的不起诉决定重新审查，其中 150 件经检察审查会审查后认为存在一定问题，应当起诉，但送交检察官后，仅有 50 件变更为提起公诉。④ 正因如此，如前文所述，日本国会在 2004 年之后对《检察审查会法》进行了修改，赋予了检察审查会就同一案件第二次提出起诉变更的司法强制力。因而，需要我国的人民监督员制度考虑的问题，则回到了人民监督员的监督效力以及它的性质上来，如果我国的人民监督员制度能在建立之初，吸收这些制度的前车之鉴，尽早赋予其司法程序上的国家强制力保障，可能会少走些制度改进上的弯路。

## 二、国内相关制度的经验借鉴

目前，国内现行制度中，有部分制度在名称上或者职能上与人民监督员制度类似，在制度设计的初衷上也与人民监督员制度一致，如人大监督制

---

① 杨志：《日本检察审查会制度与中国人民监督员制度之比较——以完善我国人民监督员制度为视角》，载《社科纵横》2012 年第 6 期。

② 丁相顺：《日本检察审查会制度的理念、实施与改革》，载《国家检察官学院学报》2005 年第 3 期。

③ 顾永忠、薛峰、张朝霞：《日本近期刑事诉讼法的修改与刑事司法制度的改革——中国政法大学刑事法律中心赴日考察报告》，载《比较法研究》2005 年第 2 期。

④ 顾永忠、薛峰、张朝霞：《日本近期刑事诉讼法的修改与刑事司法制度的改革——中国政法大学刑事法律中心赴日考察报告》，载《比较法研究》2005 年第 2 期。

度、人民陪审员制度，以及检务督察制度。① 有鉴于此，本书在此就各个制度之间的联系与区别以及可提供给人民监督员制度予以借鉴的部分，做出必要的概述。

（一）人大监督制度

在当前的制度格局中，针对司法机关以及司法活动的监督并不匮乏。正如本章第一节所述，来自纪委、监察、人大、政协、媒体、群众等不同主体的监督力量，构建了一套立体、多维的监督体系。在这一体系中，自 2006 年 8 月《各级人民代表大会常务委员会监督法》颁行之后，人大监督司法的职能开始受到关注。概言之，各级人民代表大会及其常委会对司法工作的监督，在理论上具有诸多特质：一方面，与其他监督主体相比，监督司法工作是宪法和法律赋予国家权力机关的法定职责，对于"由其产生，受其监督"的司法机关，各级人大及其常委会的监督具有最高权威性和严格法定性；另一方面，在"用权不越权，到位不越位"的监督思路指导下，各级人大及其常委会在具体监督方式上具有刚柔并济、虚实结合的监督效力特征。②

"人大监督司法"是指各级人民代表大会及其常务委员会对各级司法机关，包括对各级人民法院和各级人民检察院，行使审判权和检察权所实行的法律监督。人大监督司法是各级人大及其常委会所享有的重要职能之一。③ 之所以要赋予人大以监督司法的职能，其目的在立法中有明确昭示。《各级人民代表大会常务委员会监督法》第 5 条规定："各级人民代表大会常务委员会对本级人民政府、人民法院和人民检察院的工作实施监督，促进依法行政、公正司法。"可见，促进公正司法，是人大监督司法的基本目标所在。

从人大司法监督的法律渊源来看，人大及其常委会作为国家权力机关，缘何能够监督司法？这在我国宪法中可获明确结论。我国《宪法》第 3 条第 3款规定：国家行政机关、审判机关、检察机关都由人民代表大会产生，对它负责，受它监督。为此，《人民检察院组织法》第 10 条第 1 款规定：最高人民检察院对全国人民代表大会和全国人民代表大会常务委员会负责并报告工作。地方各级人民检察院对本级人民代表大会和本级人民代表大会常务委员会负责并报告工作。《人民法院组织法》第 16 条第 1 款规定：最高人民法院对全国

---

① 周永年主编：《人民监督员制度概论》，中国检察出版社 2008 年版，第 93 页。

② 杨子强：《论人大监督司法的功能结构与模式兼容》，载《政治与法律》2013 年第 5 期。

③ 汤维建：《论人大监督司法的价值及其重点转向》，载《政治与法律》2013 年第 5 期。

人民代表大会和全国人民代表大会常务委员会负责并报告工作。地方各级人民法院对本级人民代表大会及其常务委员会负责并报告工作。由此可知，人大监督司法不仅是人大及其常委会履行职能所必需，而且就司法机关本身而言，其接受人大的法律监督，也属其职能的有机组成部分而显得不可或缺。

从我国司法进程的契机来看，目前司法系统和人大系统正处在相互需要的最佳发展时机。人大需要通过对司法的监督展示和发掘新的职能优势，从而强化其存在的正当性和合理性，与此同时，司法也较之于以往任何时候都更需要人大的监督。这主要是因为司法的权威性和公信力受到了质疑，它需要通过人大的监督来强化其公信力、权威性和正当性。有了人大对司法的充分有效监督，司法机关就无形中强化了司法裁判的权威性和正当性，由此也增加了公信力。表现于此的原理基本上可以概括为：将人大素有的较高权威移植或嫁接到司法身上，从而产生了"一加一大于二"的效果。尤其是，与既成的检察机关监督职能迥异其趣的是，人大是司法的母体，母体的监督具有天然的正当性，司法接受人大的监督也就具有自然的可接受性。司法接受人大的监督不会因监督的产生和作用而削弱其自身的权威性和公信力；它们之间的权威比例不是此消彼长的关系，而是相得益彰的关系。加之，民众对司法公正的强劲需求以及相应地对司法不公和司法腐败的不满状态，也渴求包括人大监督在内的监督系统和监督体制、监督机制的完善与强化。随着依法治国方略的不断深化推进，人们对司法寄托的希望日益增多，将纠纷交给司法解决，并依赖司法来最终定分止争，逐渐成为人们的生活常态和理性方式。然而，由于种种缘故，司法供应合格的司法产品的能力还远远跟不上实践的需要，其中，一个典型的表征乃是司法终而不了，涉法上访信访的案件大量增加。利用司法外的途径来解决纠纷，显然与法治建设的目标背道而驰，实非长久之道。因此，一个明智的选择就是将纠纷回归于司法路径加以消化，在司法的范围内实现公平正义。这样就有必要强化对司法监督制度的系统化建设，而完善人大监督司法制度也正是为了实现这种回归的需要。人们对司法现状出现不满情绪，也常常对人大监督提出诉求，人大对司法的监督由此变得不可推卸。毕竟，人大产生了司法机关，司法机关需要对人大负责，这就决定民众对人大监督司法的愿望具有天然的正当性；人大理应强化对于司法的监督来回应民众的此种强劲需求。

在谈完必要性与法律渊源之后，我们有必要来检视一下人大监督，尤其是人大监督司法，在程序运行上体现出的实践特点。自2006年之后，我国部分城市在人大监督司法上展开并取得了实质性的进展。司法实践表明，检察院的法律监督常常处于疲弱状态，对于法院的审判实施法律监督即便处在强有力的推进之中，仍存在障碍。一个经常出现的最令检察监督尴尬不已的现象乃是：

检察院要行使法律监督权，必须首先取得作为被监督者的法院的真诚配合，否则检察监督就可能难以顺利进行。尤其是在监督者和被监督者出现监督争议时，由谁来作为中立的裁断者呢？有学者认为，此时便是目前"人大监督司法"登场的最佳契机；而2008年北京市人大常委会为了解决这一问题推出《关于加强检察机关实施法律监督的决议》，从而使两院障碍一扫而空，更是为此提供了"鲜明的例证"。①

然而，这并不是我国目前人大监督制度的常态。从实践状况来看，人大监督的现实困境还是存在的，主要表现为：

1. 有关人大监督的立法规范不够统一

各级人大监督司法工作必须以明确的法律规范为监督依据，从规范分析的层面而言，宪法、法律以及相关司法解释等关于人大监督司法工作的规定存在明显冲突。作为国家根本大法的宪法规定全国人大常委会有权"监督国务院、中央军事委员会、最高人民法院和最高人民检察院的工作"，而对于监督方式，仅仅提到可以组成针对"特定问题的调查委员会"。《地方各级人民代表大会和地方各级人民政府组织法》（以下简称《地方组织法》）则规定地方人大常委会受理人民群众对司法机关的申诉和意见，地方人大常委会组成人员可以向常务委员会书面提出对司法机关的质询案，并规定了较为详细的质询程序。在《人民检察院组织法》和《人民法院组织法》中都有"两院"向本级人大和人大常委会报告工作的规定，《人民检察院组织法》还规定了在检委会上"如果检察长在重大问题上不同意多数人的决定，可以报请本级人民代表大会常务委员会决定"的特殊个案监督方式。在最高人民检察院和最高人民法院各自出台的司法解释中，又出现了交办案件、要求复查案件、旁听审理、调卷审查、听取疑难案件汇报、代表评议等监督方式。但这些介入性较强、带有创新性质的监督方式，并没有被具有更高效力的《各级人民代表大会常务委员会监督法》（以下简称《监督法》）吸纳。这部2006年颁布的法律对监督方式进行了体系化的梳理，仅仅提出了监督方式中的专项工作报告、执法检查、询问与质询、特定问题调查、听取和审议撤职案等监督方式。可见，不同的立法文件中，人大监督的具体程序还并未统一。

2. 监督手段乏力，且监督的针对性不强

就《监督法》明确规定的几种监督手段而言，审议撤职案、特定问题调查、质询等监督手段，相比听取专项报告、执法检查、询问，针对性更强、监

---

① 汤维建：《论人大监督司法的价值及其重点转向》，载《政治与法律》2013年第5期。

督力度更大、介入程度更深。但实践中，各级人大对于司法工作的监督，基本都采用听取专项报告、进行执法检查等监督力度较弱的方式，尤其是地方人大常常将质询、特定问题调查、审议撤职案等监督方式束之高阁，使人大监督司法工作的效果大打折扣。除了在监督方式的选择上存在偏好外，地方人大对司法机关的监督关系尚未形成深层次的互动模式，对于司法机关的专项报告、针对询问的回答以及工作汇报等缺乏合理的评价机制、反馈机制和责任机制，使得司法机关关于监督事项的陈述是否真实、汇报是否具有针对性、工作是否因监督而有所改进等问题缺少应有的牵制力，监督工作存在流于形式的可能。据部分学者观察，实践中，人大行使监督权使用最多的方式是听取专项报告、执法检查等方式。[①] 这些方式的共同特点，就是必须以人大常委会确定的监督专题为前提。可见，地方人大对于监督专题的选择是针对性的、实质的，抑或泛泛的、形式的，直接决定监督工作的效果。这一方面涉及监督信息的获取渠道是否畅通，另一方面涉及地方人大的监督能力尤其是对具有专业性质的核心问题的把握能力是否强大。现实状况是，不同级别之间、不同地域之间的地方人大监督的水平参差不齐，紧贴司法实践、突出矛盾问题的监督专题虽有所增加，但跟风式的、敷衍式的、隔靴搔痒式的不得要领的监督专题也并不少见。一般而言，在级别较高、经济发展较快、民主法治意识较强的区域，地方人大的监督能力更强，这与人大常委会委员、专门委员会的人员结构和专业水平有关，也与该地区人大本身在区域事务中的地位和发言权密切相关。

（二）人民陪审员制度

鉴于对人民陪审员制度的研究已然比较充分，且在我国审判程序中，人民陪审员又有相应的明确的立法规定以及司法解释，因而，此处仅以司法实践过程中人民陪审员遭遇到的发展困境为素材，加以分析，为人民监督员制度未来的进路设计提出警示。

早在 1998 年，最高人民法院就提出积极探索人民陪审员制度。[②] 何谓人民陪审员，简单地说就是在审判环节加入与案件无涉、与司法权无涉的普通公民的参与，并参考或依赖其评议意见。从世界范围来看，公民参与审判的形式主要有陪审团和参审制。这一制度虽然源自国外，但引进我国以后，经过多年的演进积淀，已经逐步成为政治民主嵌入司法制度中的重要表征，且其中诸多

---

①　杨子强：《论人大监督司法的功能结构与模式兼容》，载《政治与法律》2013 年第 5 期。

②　参见《最高人民法院工作报告（1999）》，转引自彭小龙：《人民陪审员制度的复苏与实践：1998—2010》，载《法学研究》2011 年第 1 期。

要素还呈现出鲜明的"中国特色"。2005 年 5 月 1 日，全国人大常委会制定的《关于完善人民陪审员制度的决定》正式施行。其后，最高人民法院、司法部、财政部等部门或单独或联合出台了一系列文件。2010 年 6 月，最高人民法院还制定发布了《关于进一步加强和推进人民陪审工作的若干意见》。2015 年 4 月，经中央全面深化改革领导小组第 11 次会议通过，最高人民法院、司法部制定了《人民陪审员制度改革试点方案》。2015 年 5 月，继而出台《人民陪审员制度改革试点工作实施办法》，指定了北京等 10 个省（自治区、直辖市）共 50 个中级、基层法院作为改革试点法院，推行部分创新举措，我国人民陪审员制度正式进入新的发展时期。

紧随其后的人民监督员制度，大抵也含有法院、检察院并驾齐驱的监督制度设计理念，因而，我们更有必要在人民陪审员制度中找到其多年试点中获得的经验教训，以及需要加强的环节，并以之为鉴。

人民陪审员制度在我国的发展，从形式上来看还是颇有成效的。统计数据甚至显示出巨大的成就：据 2012 年最高人民法院工作报告显示，2011 年人民陪审员总数达到 8.3 万人，全年参审案件 111.6 万件，占一审普通程序案件的 46.5%；据 2013 年最高人民法院工作报告显示，2012 年人民陪审员数量达到 8.5 万人，参审案件 148.7 万件，比 2007 年分别上升 52.7% 和 294.5%；在此基础上，2013 年《最高人民法院关于切实践行司法为民大力加强公正司法不断提高司法公信力的若干意见》中提出：两年内实现人民陪审员数量翻一番的"倍增计划"，依法拓展人民陪审员陪审案件的范围，明确人民陪审员的权利和义务，加强人民陪审员的培训工作，提高人民陪审员的能力水平，强化人民陪审员的责任意识，保障人民陪审员充分行使陪审权利。[1]

然而，这样的成绩是否就毫无问题了呢？实则不然。对于"人民陪审员"这一职务的属性，从普通民众志愿性的广泛参与，逐渐演变为专职化和依靠司法资源支撑的法院雇员；其主要功能从参审转变为法院辅助功能（书记员、特邀调解员、助理法官等）；实现司法民主和公正方面的功能，让位于减轻法院压力（包括在组成合议庭和调解方面人力或能力的不足）的功利的作用；人大代表、技术专家、律师和法学家、高学历的社会精英以及各种社会团体的代表等成为人民陪审员的主体，为数不多的人民陪审员每人年均参与陪审约 17 次；70% 的人民陪审员用于普通民事案件，但在一些社会公众广为关注的敏感案件中却很少看到人民陪审员的身影。即使在少数人民陪审员参审的刑事

---

① 参见范愉：《人民陪审员制度与民众的司法参与》，载《哈尔滨工业大学学报》（哲学与社会科学版）2014 年第 1 期。

案件中，其作用也似乎并不尽如人意，如社会各界对 2012 年"故宫盗窃案"的消极评议。不仅敏感的媒体和律师完全无视陪审员作用的存在，从社会公众的角度而言，似乎也很难感受到人民陪审员制度与自身参与司法的权利和义务之间的关系，普遍对人民陪审员存在怀疑、漠视和观望态度。因此，该制度的存在并没有有效减少或遏制公众对于司法无序参与的需求、方式和程度。从这一角度去审视，问题还是明显的。

那么，产生这些问题的根源为何？我们认为，基本可以从三个方面去概括：

1. 人民陪审员的性质，究竟是"平民化"还是"精英化"

无论是中国式还是"西洋式"，虽然通说认为陪审员来自平民，但这也并非不言而喻的原则。因为在陪审制度发展的早期，一些国家（如 18 世纪末至 19 世纪初的法国、英国）曾经实行过税收选举制，即根据缴纳税收的多少来确定是否具有担任陪审员的资格；也曾实行过所谓的精英陪审制，即担任陪审员要有严格的学历、学科及收入限制。但按现行的立法规定，无论是法国、德国，还是英国、美国，陪审员的资格大抵与选民资格相同。以美国为例，不管是大陪审团审判还是小陪审团审判，陪审员都来自平民，他们通常是按照车牌号码或者社会保险证号码随机抽取产生的。除非心智不健全或有重罪前科，无论名门望族还是贩夫走卒，都有可能成为陪审员的候选人。就中国而言，如果单从陪审员命名上看，我国的"人民陪审员"毫无疑问应该是平民性的，但无论从人民陪审员的选任资格、选任方式上看，还是从人民陪审员的培训、任期、工作方式等方面来看，时下多数学者都认为我国的人民陪审员是精英性与专业性的。[①] 其理由如下：

首先，从人民陪审员的选任资格、选任方式上看，人民陪审员是精英性的。《关于完善人民陪审员制度的决定》（本节简称《决定》）第 4 条规定："担任人民陪审员，一般应当具有大学专科以上文化程度。"这实际上意味着人民陪审员的选任并不是完全向普通公民开放的，这是基于我国教育水平的阶段特征决定的，而且，按照最高人民法院发布的《关于人民陪审员选任、培训、考核工作的实施意见》（本节简称《意见》）中提出的选任人民陪审员的工作要求，"各基层法院应优先考虑提名那些文化素质高，特别是有一定法律知识的公民，把好人民陪审员的业务素质关"。不难看出，《决定》所规定的"一般"在《意见》中被提升到了更高的要求，只有在"执行该规定确有困难

---

① 吴丹红：《中国式陪审制度的省察——以〈关于完善人民陪审员制度的决定〉为研究对象》，载《法商研究》2007 年第 3 期。

的地方，以及年龄较大、群众威望较高的公民"，担任人民陪审员的文化条件才可以适当放宽。事实上，各地法院基本上贯彻了《意见》的精神，甚至把人民陪审员的素质要求提到更高，更有甚者以人民陪审员的高学历化为选任人民陪审员的导向。这多少寄托着立法者和司法者对人民陪审员的良好期望，希望这些"精英"能更好地发挥陪审员的作用。但是，《决定》显然违背了《人民法院组织法》第38条关于"有选举权和被选举权的年满二十三岁的公民，可以被选举为人民陪审员，但是被剥夺过政治权利的人除外"的规定。人民陪审员的精英化，无形中剥夺了大多数选民的权利。而且，《决定》第8条还规定了人民陪审员的产生要经过单位"推荐"、本人"申请"、上级"审查"、院长"提出"以及同级人大常委会"任命"五个步骤。这样，人民陪审员与其说是由选举产生，不如说是行政程序运作的结果，其任用权取决于单位、司法行政机关、基层人民法院院长以及人大常委会。如果其中任何一个部门投了反对票，即使其具备担任人民陪审员的条件，本人也提出了申请，其愿望也可能落空。"选民"的概念在这里被"上级"所取代。因此，虽然《决定》并没有硬性地限制人民陪审员的资格，但实际上已经使平民担任人民陪审员变得异常艰难。

其次，现行人民陪审员的培训、任期、工作方式体现了人民陪审员的专业性。《决定》第15条规定："基层人民法院会同同级人民政府司法行政机关对人民陪审员进行培训，提高人民陪审员的素质。"《意见》也强调，"人民陪审员经任命后、依法参加人民法院的审判活动前必须经过培训"。也就是说，在执行面上，培训成为人民陪审员上岗的必经程序。《意见》还规定："基层人民法院根据本院审判工作的实际情况，制订人民陪审员的培训计划，征求同级人民政府司法行政机关意见后，由人民法院法官培训机构具体承办。"而事实上，由于受培训资源和条件的限制，这些基层法院的人民陪审员，通常都是由上级法院进行培训的。按照《意见》的要求，"上级法院特别是各高级人民法院要抓好本辖区人民陪审员培训规划的制定和相关管理、协调工作，承担本辖区人民陪审员的初任培训工作任务"。为此，最高人民法院政治部和国家法官学院编写了人民陪审员专用培训教材。培训的内容包括法律基础知识、审判工作基本规则、审判职业道德和审判纪律等。这样的培训虽然不能与法官培训相提并论，但与国外平民陪审团相比，却算得上是一种正式的职业培训。通过这样的培训而获得人民陪审员的资格，据说需要"半年的苦读、三天的封闭式训练和两个半小时的艰苦考试"。对于普通公民而言，其难度可想而知。在《决定》出台之前，人民陪审员没有固定任期，而《决定》则规定"人民陪审员的任期为五年"。任期制给了陪审员一个长期的"名分"，使人民陪审员由传统的"一案一审"机制变成了常设的职位。这对于有固定工作的陪审员来说是一种"兼职",对于没有固定工作的陪审员而言则成为一种"专职"了。陪审员任期制的先例,除了德国以及一些社会主义国家有过类似的规定外,在其他国家还真是难觅。任期制使陪审员身份得以固定,陪审员变成了"非职业法官",被称作"不穿法袍的法官"。《决定》规定人民陪审员"参加审判活动,应当遵守法官履行职责的规定","人民陪审员的回避,参照有关法官回避的法律规定执行"等,使人民陪审员在形式上已经等同于法官。而《决定》赋予人民陪审员对事实认定、法律适用的独立表决权,也使人民陪审员拥有与专业法官同等的权力。合议庭评议案件时的"少数服从多数原则""意见保留原则"以及陪审员要求将案件提请审判委员会讨论的权力,也使人民陪审员在具体案件的审判中能与法官相抗衡。

2. 人民陪审员在合议庭中的审理,究竟是在事实认定的方面起到更大的作用还是在法律适用的方面起到更大的作用

综观各国的陪审制度,陪审员的职能也主要在于事实认定和法律适用这两个方面。英美陪审团制度中的陪审员只具有事实认定的职权,法律适用由法官决定;而以法国为代表的大陆法系国家则实行"参审制",规定陪审员和法官共同拥有事实认定和法律适用两方面的职权。从目前来看,我国的人民陪审员职能既然已经等同于法官,那么其审理案件的职权自然同时包括事实审和程序审,即与法国的职权主义审判制度类似。问题是,这样一种制度设计,究竟合理吗?

不同的国家赋予陪审员不同的职权并非偶然,很大程度上乃是受制于陪审员的素质。如果陪审员是在普通公民中不加甄别地加以挑选的,而且没有进行法律专业的培训,那么陪审员只能拥有事实裁断的权力,因为这才被认为是其知识范围所能及的事情;如果陪审员被定位为非职业法官,且具有一定的法律知识,则可能委以法律适用的大权。当然,法律体系的性质对此也有影响。普通法极为烦琐细致,判决往往因循复杂的判例,判决书也极尽论证说理之能事,普通人很难体会其中的微妙差别。虽然对于事实的裁判,陪审员可以凭着经验和逻辑完成,但是法律适用方面的裁判却不太适宜由陪审员来决定。而大陆法系的审判则往往归结为三段论式的推论。虽然法律本身比较复杂,但在法律明确和事实清楚的情形下容易获得正确的裁判,因而往往不再对事实裁判和法律适用职能作进一步划分。与大陆法系一脉相承,我国传统的陪审制度顺理成章地赋予了陪审员不限于事实问题的裁判权。《决定》明确规定人民陪审员"对事实认定、法律适用独立行使表决权"。问题在于我国人民陪审员制度的模式,在创设之初,既没有经过长期的酝酿和试验,也没有经过审判实践的长

期考察和检验，只是脱胎于一种国家立法的规定。因此，现在我们要反思的问题是，赋予人民陪审员法律程序裁判的权力，究竟是否合适？

陪审员拥有对事实认定的权力是毋庸置疑的。无论是大陆法系的参审制度还是英美法系的陪审团制度，都赋予了陪审员这项权力。这项传统的权力来源于作为现代陪审团雏形的"邻人审判"，即由知情人士（实际上是证人）组成陪审团，协助法官裁决当事人之间的纠纷。后来知情陪审团消失了，但陪审员对事实进行认定的权力保留了下来，因为即使没有亲身经历案件事实，普通人也能凭借智力、理性和良心来判断事实的是与非。① 当"邻人审判"完全被陌生人组成的陪审团取代，审判职能的划分也渐渐明确化了。在英美法系国家，哪些属于陪审团审判的事项，哪些属于法官审判的事项，被划分得清清楚楚。法官的职权被认为是不可逾越的，在法律专业的领域中法官享有绝对的权力，陪审员无从置喙，他们只是"事实裁判者"。法律事实来源于生活的各个方面，需要贴近社会的生活经历，来自普通公民的生活常识、经验法则、逻辑法则在处理这些案件的事实问题上，足堪重任，甚至胜于法官。那么法律适用方面，人民陪审员也要参与审理的时下模式合理吗？事实上，宪法并没有赋予人民陪审员审判权，特别是法律适用的权力；宪法仅赋予法院独立审判的权力，《宪法》第126条规定：人民法院依照法律规定独立行使审判权，不受行政机关、社会团体和个人的干涉。从某种角度讲，人民陪审员分享审判权的做法，是违背宪法规定的。事实上，1954年宪法曾经规定过陪审制度，后来在1982年宪法中被取消了。虽然立法机关这样做的原因我们不得而知，但至少一个基本的事实是，《决定》将审判权赋予人民陪审员并无宪法上的直接依据。我们基本可以认同这样一个命题，即法治社会的要求是私权利的行使以法无明文规定为合法，公权力的行使则以法无明文规定为违法。规避宪法规定的法院享有独立审判权的原则，完全不具备正当性。对于我国的人民陪审员而言，其不但拥有事实认定权，而且拥有法律适用权。人民陪审员的这种审判权在刑事诉讼中甚至可以影响量刑。以"佘祥林"案为例，如果佘祥林本罪不至死，但人民陪审员认为"不杀不足以平民愤"，那么等待他的就是死刑立即执行。人民陪审员参与法律适用过程，立法的初衷可能在于司法公正，但作为经过法律职业训练、通过司法考试并且有多年审判经验的法官，要在法律适用这种专业问题上受制于"速成"的人民陪审员，是否反而有影响法官公正裁判之嫌？而且，法律"素质"参差不齐的人民陪审员，法律适用的能力也参差不齐，这

---

① 吴丹红：《中国式陪审制度的省察——以〈关于完善人民陪审员制度的决定〉为研究对象》，载《法商研究》2007年第3期。

是否会造成个案裁判的更大不公正也是值得考虑的问题。就法官与人民陪审员而言，前者长于抽象思维，后者长于社会经验；前者对法律甚为精专，后者对世故颇为练达；前者理智地把持正义，后者感性地明断是非。因此，如何让法官和人民陪审员各司其职，发挥其所长，抑制其所短，是立法需要认真思考的一个问题。

3. 人民陪审员制度对我国司法效率和司法民主的作用

陪审制度之滥觞，无疑体现在司法民主上。陪审制度的起源最早可追溯至古罗马时期，当时的公民 500 人陪审团就是古代民主制度的最佳范例。把人民陪审员制度归结为提升民主的一项举措，无论在起源理念上还是在现实目标上都是有根据的。陪审制度的出现，对司法民主是一种促进。在有陪审员参与审判的案件中，裁判权不再为专业法官所垄断，与当事人有着同等社会地位的社会成员也成为裁判者的一分子，这无疑使审判更具亲和力和可信度。司法的公开、公正和民众参与性，在陪审制度中体现得淋漓尽致，它让曾经神秘的、黑暗的、武断的司法成为"看得见的正义"。参与陪审的公民，来自社会的各阶层，代表着普世的社会价值观念。他们不一定懂得法律对犯罪构成要件的规定，也不一定懂得民事法律行为的定义，但他们对事实有着最敏锐的感觉，对是非有着最公正的判断，因此可以在盖然性上获得较为正确的裁断。陪审员的见证，使法院的公正经受了一次世俗的检验。

法国政治家托克维尔曾指出："民主的法制一般趋向于照顾大多数人的利益，因为它来自公民之中的多数。公民之中的多数虽然可能犯错误，但它没有与自己对立的利益。"① 中国的陪审制度在"照顾大多数人的利益"方面，固然有过较好的体现，但是，在相当长的一段时间内，人民陪审员的代表性已徒具虚名。一份在《决定》出台之前发布的调研报告显示，广东省人民陪审员的主要来源是：来自各级人大代表 160 人，占人民陪审员总人数的 10.8%；来自政协委员 96 人，占人民陪审员总人数的 6.5%；来自公务员系列 598 人，占人民陪审员总人数的 40.4%；来自企业、事业单位 197 人，占人民陪审员总人数的 13.3%；来自其他行业（主要是妇女联合会）428 人，占人民陪审员总人数的 29%。② 代表大多数人利益的农民阶层已经消失在人们的视野之

① ［法］托克维尔：《论美国的民主》，董果良译，商务印书馆 1988 年版，第 264 页。
② 参见广东省高级人民法院"人民陪审员制度改革调研"课题组：《广东省人民陪审员工作现状、存在的问题及深化改革的意见》，载 http://www.gdcourts.gov.cn/dyzd/dcyj/t20040326 3839.htm. 转引自吴丹红：《中国式陪审制度的省察——以〈关于完善人民陪审员制度的决定〉为研究对象》，载《法商研究》2007 年第 3 期。

中，人口众多的普通工薪阶层也逐渐淡出人民陪审员行列。那么，现行的人民陪审员制度是否对此有所改观呢？一方面，宪法赋予公民依法参与管理国家事务的权力，而司法事务是国家事务的重要组成部分。实行人民陪审员制度是人民群众参与司法活动最直接、最重要的形式，是健全社会主义民主政治制度的重要内容，是我国社会主义司法民主的重要体现。另一方面，《决定》对人民陪审员资格的限定，以及各地在挑选人民陪审员人选时的倾向性做法，仍然使所谓的"大多数人的利益"处于边缘化。《决定》发布后，乃至若干年践行后的当下，这个问题仍然存在。那么，人民陪审员为"保障公民参与司法"的设计初衷，经历了十多年的运行，仅在制度开口和程序流程上得到了形式的许可，至于实质的理念践行，尚有进步和发展的空间。

建构人民陪审员制度，旨在贯彻民主，而这又在一定程度上对我国的诉讼效率提出了挑战。那么，人民陪审员制度实行至今，于司法效率而言究竟利弊如何？答案在某种程度上是肯定的。在过去几年里，我国的司法机关面临着空前的审判压力。全国各地基层人民法院受理的案件呈现"井喷"式增长，以致一线法官审理案件的压力骤然加大，很多地方的法官已经不堪重负；在有的基层法院，有时甚至都没有办法凑足组成合议庭的人数。① 这无疑影响了合议庭的审判质量。而在法官之外增设的人民陪审员，拥有与法官一样的审判职权，且又不占法院的编制和经费预算，当然受到法院的欢迎。《决定》虽然规定人民陪审员的任期为 5 年，但既未规定是否可以连任，也未规定陪审员的数额，因此从理论上说，法院可以长期聘任一定人数的人民陪审员来充当"编外法官"，以缓解审判人员不足的问题。但是，这些选任的人民陪审员真的能提升诉讼效率吗？目前还未有学者作出实证考察，故不可一概而论。然而，以下的现状确是不能忽视的存在：由于人民陪审员通常都是兼职的，而拥有较高学历和工作能力的人民陪审员本身的工作可能就是比较重要的，因此，陪审与本职工作就产生了一定的冲突。试想，人民陪审员会舍本职工作而参加案件的陪审吗？答案显而易见。另外，安排人民陪审员参与审判的案件，反而比一般案件的进度慢很多，且当法官与人民陪审员意见相左时因为要提交审判委员会讨论，所以人为地拖延了诉讼时间。由于人民陪审员不是法院的工作人员，当其推诿或者怠于参加审判时，法院也束手无策，给法院的管理工作带来很多不便。审判活动被这种疲于奔命的工作方式所耽搁，可能效率也所剩无几了。

（三）检务督察制度

在进行检务督察改革之前，检察机关内部对检察权的监督制约主要是通过

---

① 参见 2009—2015 年"两高"出台的系列工作报告。

三个方面进行的：一是设置中间环节，通过各检察部门间的分权，将检察权分解，防止一个部门在办案中权力过大，同时设置办案人员承办、部门负责人审核、检察长批准或者检委会决定的层层把关的办案模式，防止办案人员错误办案甚至以案谋私，这是检察机关目前进行内部监督的基础；二是通过内部的纪检监察部门查处违法违纪的办案人员，教育办案人员严格遵守办案纪律，在办案中保持廉洁；三是上级检察机关对下级检察机关的监督，包括工作上的指导检查制、专项执法检查制、大案要案线索的备案审查制，以及职务犯罪案件撤销、不起诉的上级审批制等。① 2007 年 10 月，最高人民检察院制定出台了《最高人民检察院检务督察工作暂行规定》（以下简称《暂行规定》），这是自 2001 年由下级检察院尝试开展检务督察工作以来，最高检第一次以单行规定形式明确检务督察的主体、对象、职责及工作方式，对全国检察机关检务督察工作具有原则性的指导意义。② 后经 2011 年《〈最高人民检察院检务督察工作暂行规定〉实施办法》的颁布，以及最高人民检察院相继制定了《最高人民检察院检务督察委员会议事规则（试行）》《最高人民检察院检务督察暗访工作规则（试行）》等规范性文件，并汇编了《检务督察工作实用手册》，检务督察制度体系框架已初步形成。③

从这些既成的规范性文件体系中，我们可以从检务督察的主体、客体、内容以及程序等方面来把握其特征，并为人民监督员制度提供必要的参考素材。

1. 检务督察机关的主体，即实施督察的机构或部门

它构成了检务督察制度中的组织机构体系。按照《暂行规定》以及实践中的具体做法，检务督察的主体包括决策主体和执行主体两部分。两个主体的分立既能强化检察长对检务督察工作的领导，也遵循了决策与执行相分立的要求，体现了决策对执行的监督制约，有效避免乱作为和无作为。其中，决策主体是指对检务督察工作进行领导，以及对督察工作的重大事项作出决定、决议的组织机构。它的职责主要是在检务督察工作中，领导和组织检察机关检务督察工作，制定检务督察工作制度，审查和批准检务督察工作年度计划和执行情况报告，研究处置督察中发现的违法违纪问题并作出决定等。这一主体具有鲜

---

① 林贻影、张铆：《检务督察制度研究》，载《国家检察官学院学报》2009 年第 4 期。

② 陆洋：《检务督察制度的运行实践及模式建构》，载《国家检察官学院学报》2008 年第 5 期。

③ 孙洪坤：《检务督察之廉政风险防控机制：模式、评价与建议》，载《法治研究》2014 年第 11 期。

明的领导、组织、指挥职能和作用。在《暂行规定》的第5条第1款中就规定了检务督察工作的决策主体，即检务督察委员会。检务督察委员会设督察长1名，由院领导担任；设副督察长2名，分别由政治部和纪检监察部门负责同志担任；设委员若干名，分别由相关部门主要负责人担任。在各地的实践中，有的地方也存在检务督察的决策主体，名称多为检务督察领导小组。检务督察工作的执行主体，则是指在检务督察决策主体的领导下，负责执行、实施决策主体的各项指示、决定和决议，具体指导和协调检务督察工作开展，处理检务督察日常事务的办事机构。它的主要职责是指导、协调检务督察工作，起草检务督察工作决定和工作制度，开展检务督察的各项具体工作，处理检务督察委员会交办的任务以及其他日常事务。在《暂行规定》第5条第2款中规定，最高人民检察院检务督察委员会下设检务督察室，是检务督察委员会的常设办事机构。检务督察室设主任1名、副主任2名、工作人员若干名。在实践中，执行主体的设立主要有两种形式，一是建立专门的督察机构，二是建立以监察部门为主体，相关部门人员参加督察的机构。这两种形式各有不足，第一种为了保证监督的权威性和超然性，避免工作人员之间不敢监督或不愿监督的现象，但是这一专门监督机构仍是检察机关内部的一个职能部门，仍难避免上述弊端的出现，同时随着新的监督机构设立，又不符合机构精简的改革趋势；第二种尽管能够一定程度避免前种形式所产生的不足，但也存在缺陷。因为从当前各地监督部门的实际情况来看，普遍存在人力不足、业务素质欠缺的问题，对办案的具体流程和案件质量的监督需要更强的专业性，监察部门也很难担当这一重任，最后导致的结果是检务督察实际上成了监察工作的另一种表达方式，难以取得实效。

2. 检务督察工作的客体，即检务督察制度所要保护的各种内部及外部关系

这些关系涉及检察工作的方方面面、各个领域。它包括：检察业务工作之间的运行关系，这一关系主要表现为检察权是否得到了正确行使，业务工作流程间是否严格依法、依规程有序进行，案件质量是否得到了切实保证；上下级检察院之间及本级院内部的领导关系，这一关系主要表现为上级院及其本级院作出的各项检察工作决定决议以及制定的规章制度，下级院及本级院检察人员是否认真地贯彻落实；与人民群众之间的和谐关系，这一关系主要表现为执法作风、检容风纪是否端正、严谨，检察机关和人员的形象以及与人民群众的联系是否得到了维护和巩固。其中，由于业务工作是整个检察工作的中心，检察权的正确行使与否又关系到法律监督职能发挥，直接为社会输出公平与正义，所以应当成为检务督察中最重要的客体。

3. 检务督察工作的内容，即检务督察工作的主要职责和范围

根据部分学者的实际调研，检务监督工作的内容主要包括：

（1）检察业务督察。重点应放在具体的执法办案和诉讼活动方面的督察。坚持实体监督与程序监督并重的原则，强化对执法程序、执法质量、执法行为等执法情况的督察；将督察"关口"前移，督察"触角"延伸，做到检察权行使到哪里，督察措施就跟进到哪里，做到督察不留死角；对案中、案后全过程的案件质量、办案程序、办案纪律以及落实办案安全防范措施等情况进行全方位的督察，纠正违法办案，保证办案质量，促进依法、文明、公正执法，确保检察权的正确行使。

（2）决定、决议、制度执行情况的督察。对本级和下级检察院及其检察人员执行上级或本级检察院决议、决定、制度和重大工作部署的情况进行督察，保证检令畅通，有令必行，有禁必止，促使切实转变工作作风，提升检察工作效能，促使整体执法效率的提高。

（3）执法作风和检容风纪的督察。对检察人员公正执法、文明执法情况如有无官僚主义、拖拉作风、推诿扯皮，对群众颐指气使、冷硬横推等特权思想、霸道作风等问题进行督察。对违反检容风纪规定如不按规定穿着制式服装；着检察制服在公共场所时，举止不端，有损检察人员形象；着检察制服在公共场所饮酒；着检察制服到高消费娱乐、洗浴场所以及其他有损检容风纪行为进行督察，促使干警始终保持文明办案，廉洁从检，树立良好的检察形象。①

4. 检务督察工作的督察程序和工作方式

依照检务督察的性质及其工作规律，它的工作程序设置应当包括：一是事中、事后监督程序。在这一程序中，依据督察事项的不同，具体程序可以略有区别，如对于一般性案件，采取部门制约、环节制约在先，专门督察后置的程序；对于重点案件，采取事中同步监督与事后专门督察相结合的程序；对于检察工作决定、决议执行情况的督察，亦可以采用事中与事后相结合的程序；对于办案安全、检容风纪的督察，则往往是要进入事中现场监督的程序。二是建议及处理程序。对于监督程序中发现的问题，督察机构应根据不同情况进行处理，对于存在严重质量问题的案件、决定决议执行不力造成严重后果以及执法作风粗暴、检容风纪不端造成恶劣影响的情形，督察执行机构应向检察长或检察委员会提出建议或意见。三是决定及执行程序。督察的领导决策机构可以对

---

① 陆洋：《检务督察制度的运行实践及模式建构》，载《国家检察官学院学报》2008年第5期。

督察工作重大事项直接作出决定，也可以研究执行机构提出的建议、意见并作出督察决定，这点毋庸置疑。特殊之处在于执行机构可以依据授权对哪些情形自行作出决定并执行。根据《暂行规定》第 11 条规定及实践中的做法，对于存在一般质量问题的案件以及其他事项，督察执行机构则可以采用建议、催办、督办等形式直接向相关部门和人员下达督察文书，督促其纠正整改；对于正在发生的违法违纪行为或者有损检察机关形象的行为进行现场处置，要求行为人停止错误行为并说明情况，必要时通知其所在单位领导到场协助处置；对于违反枪支、警械、车辆等警用装备使用规定的，暂扣其枪支、警械、车辆等。

5. 检务督察制度的保障机制

这是人民监督员制度中相关研究中较少关注的，所谓保障机制，就是实践中，要确保检务督察制度高效运转并有效发挥作用，必须具备强有力的保障、衔接机制。鉴于"互联网＋"的提倡，信息化技术保障机制成为当下最为迫切需求的保障机制。传统业务管理体现出明显的部门化、分散化、案件信息集中化程度低。为了更好地开展检察业务督察，必须以信息化技术作为保障。信息化技术在检务督察制度中的运用主要就是开发出功能实用、操作简便的业务督察管理软件模块，通过网络管理软件的运行，解决对案件的有效监控和对宏观执法活动的分析预测。从目前各地运用办案软件系统的情况来看，基本的功能包括：案件信息录入；控制操作程序；办案期限预警提示功能；案件数据汇总分析。[1]

（四）小结

国内相关机制中，除了本书罗列的部分类似制度之外，还有一些专项性、行政性的监督机制，如廉政监督员制度。因为此类制度并不涉及司法权力的分配问题，其体现出的民主公平与司法效率之间的冲突亦不强烈，在此不予赘述。通过上文对与人民监督员制度相关或者相似的制度进行比较研究，不难看出，在面临的问题上，人民监督员制度也有可能触及如人民陪审员一样的选任精英化与平民化的博弈；在人民监督员的监督范畴上，也涉及法律划定的界限问题；同样，也可能遭遇所谓"雇员化"等系统内化吸收而丧失体制外监督的基本设计初衷；以及类似人大监督司法过程中浮现的监督表面化、缺乏有效监督手段等问题。凡此种种，都是人民监督员制度在今后的实践中需要时刻警惕的。

---

[1]　孙洪坤：《检务督察之廉政风险防控机制：模式、评价与建议》，载《法治研究》2014 年第 11 期。

# 第三节　人民监督员制度的实施评述

从 2003 年到 2017 年，人民监督员制度已然探索了 14 个年头。在该制度试水的十年之际，我国学界对其展开了大量回溯性的考察和分析。鉴于研究跨度的问题，本节也将视野主要集中在人民监督员制度变迁的第一个十年期，至于最近四年着眼于司法行政部门和人民检察院就人民监督员制度程序环节进行的补充与优化，将在后面几章进行重点阐述。

## 一、人民监督员制度的宏观回顾

人民监督员制度初始于 2003 年 9 月 2 日最高人民检察院制定和颁布的《关于人民检察院直接受理侦查案件实行人民监督员制度的规定（试行）》。上述规定颁布后，最高人民检察院决定在天津、辽宁、河北、内蒙古、黑龙江、浙江、福建、山东、湖北、四川 10 个省、自治区、直辖市试点，其中，四川、福建、湖北全面试点。其时，全国共有 10 个省院、105 个地市院、510 个区县院，共 625 个单位实行人民监督员制度。2004 年 7 月 5 日，最高人民检察院对《关于人民检察院直接受理侦查案件实行人民监督员制度的规定（试行）》作出修改，颁布了新的《关于实行人民监督员制度的规定（试行）》，同时发布的文件有：《关于适用〈最高人民检察院关于实行人民监督员制度的规定（试行）〉若干问题的意见》和《最高人民检察院关于进一步扩大人民监督员制度试点工作的方案》。《最高人民检察院关于进一步扩大人民监督员制度试点工作的方案》要求试点工作在全国各省、自治区、直辖市检察机关推行。省级检察院全部进行试点，区、州、市和县级检察院的试点范围，由省级检察机关决定并报最高人民检察院备案。先行试点省、自治区、直辖市检察机关从 9 月开始按修订后的《关于实行人民监督员制度的规定（试行）》《关于适用〈最高人民检察院关于实行人民监督员制度的规定（试行）〉若干问题的意见》实行人民监督员制度，其他检察机关 9 月进行启动准备工作并制定具体的实施方案，选任人民监督员，10 月 1 日起，全面开展监督工作。至此，人民监督员制度进入全面实施阶段。

人民监督员制度从试点到全面实施，仅仅用了一年时间，这一方面反映了最高人民检察院急切引进外部监督机制，对各级检察院长期遭人诟病的自侦案件缺乏监督的状况进行弥补和改革的决心；但同时也暴露了因试点工作太短，问题还没有充分显露就匆忙在全国全面试行的种种弊端。到 2013 年，人民监督员制度已经全面试行了 10 年时间。毋庸置疑，人民监督员制度确实发挥了作用，也取得了斐然的成效。据最高人民检察院统计，至 2012 年 10 月底，全国已有 3137 个检察院进行了试点，占各级检察院的 86.5%，先后选任人民监督员 3 万多人次，共监督案件 32304 件，不同意检察机关审理意见的 1635 件，检察机关采纳的 899 件；对相关规定情形提出监督意见的 1000 余件，大部分已经办结，并向人民监督员反馈。①

虽然是有成绩的 10 年回溯，然而，这里也存在部分值得思考的司法现象。检察院查办属于相关规定情形的犯罪案件，应该远远超过 32304 这个数字，为什么更多的属于类型中的案件未能被监督呢？此外，上述人民监督员监督的 32304 件案件中，不同意检察机关审理意见的 1665 件，仅占监督案件的 5%，说明人民监督员意见与检察官的审理意见有高度的一致，这种比例反映了两种状况：一是人民监督员监督意识与监督技能不强，专业知识不足，对检察官的审理意见提不出不同的意见；二是检察院通知人民监督员进行监督的相关规定情形案件，检察官应该都是胸有成竹的案件，相对外行的人民监督员不可能对内行的、办案经验充足的检察官的审理意见提出不同的看法，高度一致的状况自然就不难理解了。

根据一些学者的走访调查，人民监督员制度运行的实际情形是，人民监督员只能听办案检察官介绍案情，而检察官在介绍案情时，肯定是有某些选择性的介绍，人民监督员很难真实了解案情的全部，当然也很难提出不同意见；而对于拟不起诉的案件，办案检察官自然会详细阐述其不起诉理由，人民监督员对这类案件的了解可能比较全面，也容易作出监督判断，但人民监督员即使提出了不同意见，检察机关也会反复进行解释，甚至通过二次监督，直至人民监督员与检察机关的意见取得一致为止，这也是为什么人民监督员不同意检察机关审理意见的 1635 件案件中，检察机关采纳的只有 899 件的原因之一。②

## 二、人民监督员制度的微观"瓶颈"

我们认为，讨论人民监督员的微观"瓶颈"，首先需要明确的是，人民监督员制度的顶层设计和愿景都是良好、正义且符合群众利益与国家司法行政工作需要的，而十多年的制度试点也取得了卓越的成就和效果。我们既不能因为人民监督员制度在施行过程中存在一定的细节缺失而否认制度本身的价值与成果，也不能因为这些硕果的存在而选择忽略制度运行下已然触碰到的"瓶颈"或问题。

①　参见《检察日报》2013 年 3 月 13 日发文。
②　参见张兆凯：《人民监督员制度十年回顾与前瞻》，载《湖南社会科学》2014 年第 2 期。

（一）法律制度不够完善和明确

人民监督员制度的确立是存在法律依据的，在目前我国的法律体系中，对其明文规定的是《宪法》第 2 条和第 27 条、《人民检察院组织法》第 7 条，以及《刑事诉讼法》第 6 条。比如，《宪法》第 2 条规定：中华人民共和国的一切权力属于人民。人民依照法律规定，通过各种途径和形式，管理国家事务，管理经济和文化事业，管理社会事务。而第 27 条则规定：一切国家机关和国家工作人员必须依靠人民的支持，经常保持同人民的联系，倾听人民的意见和建议，接受人民的监督，努力为人民服务。《刑事诉讼法》《人民检察院组织法》《检察官法》中都确立了依靠群众的基本原则，这些条文都可以成为人民监督员制度的法律依据，所以，尽管目前明文法典中的规定还是分散式的为人民监督员制度进行原则性奠基，但根据部分学者的调研，"最高检方面还是对于人民监督员制度纳入立法有所希冀的，甚至还有制定《人民监督员法》的远期憧憬"。[①]

至于人民监督员法律规定上的"瓶颈"，则是尽管拥有了原则性的成文法规定，但从条文的明确性和可操作性来看，仅仅依靠这些上位法律条文，尚不足以支撑人民监督员制度的发展，且对人民监督员制度进行规制和细化主要在于行政司法机构颁布的部分规定，对其在立法上进行程序化的细化定则一直处于消极态势。有些学者指出，我国的立法机关认为，"人民监督员没有必要写入刑事诉讼法，由于人民监督员所涉及的监督领域较为宽泛，对立法技术提出了很高的要求。如果在刑事诉讼法中加以体现，要么只作泛泛的规定，依然不具有可操作性；要么就要对其涉及的诉讼环节均加以修改，使之散见于具体程序之中，陡然增加修法的工作量和难度。因而，法工委对于人民监督员制度纳入刑事诉讼法律体系中是持消极态度的。"[②]

根据试点阶段的反应，人民监督员制度在细则程序上缺少法律依据，成为当地人民监督员制度负责机关的主要实践障碍。尽管人民监督员制度在刑事司法实践之中已然成为既成事实，其存在亦获准于我国的最高领导机构和司法机关，原则性的法律基础也通过宪法、刑事诉讼法等上位法得以确立，然而，"法律的生命在于实践"，刑事司法实践中，人民监督员以"钦定"的方式笼统出现，却也为已成秩序的诉讼程序造成困扰，而这种困扰却因缺少明确的法律规定而使其解决陷入窘境。以诉讼程序中的期间为例，目前我国刑事诉讼法

---

① 陈卫东：《人民监督员制度运行调研报告》，载《国家检察官学院学报》2011 年第 5 期。

② 陈卫东：《人民监督员制度运行调研报告》，载《国家检察官学院学报》2011 年第 5 期。

中对各类案件不同阶段的诉讼期间都有明确的规定，而在但书或特别条款中尚未加入以人民监督员监督为由而延长诉讼期间的条款。有鉴于此，强行在既有的期间中分配一定时间给人民监督员或者被迫拖延诉讼时间，无论对于办案部门，抑或是对于我国司法体系中一直在追求的"效率"原则，都会带来司法实践过程中的困难。因而，不难想象，部分省份检察院提供的人民监督员施行反馈中，必然会存在侦办部门对人民监督员之介入颇有微词这一现状。

基于 2016 年印发的《最高人民检察院关于人民监督员监督工作的规定》中第 7 条规定：人民检察院应当根据案件诉讼程序、办案期限等情况，及时接受人民监督员的监督，不得因人民监督员的监督而超过法定办案期限；犯罪嫌疑人在押的，不得因人民监督员的监督而超期羁押。同时，又基于"效率"原则已然和"公平"共同成为我国刑事司法追求之目标，而单就人民监督员制度的细化措施仍未以立法文本的形式出现在我国刑事诉讼程序中，那么，人民监督员监督程序的"简易程序"一定会在司法实践中大行其道，人民监督员的有效监督也将受到根本性的挑战，甚或形成监督者与被监督者之间关系的矛盾冲突或者内化妥协。倘若在法律上不能予以协调，矛盾就会长期存在下去、内化就会不断滋生，对人民监督员制度的存在产生持续的负面影响，人民监督员制度的价值将无法得到合理的体现。我们认为，对于这样的风险，单单依靠最高检的文件和各地检察机关的自觉是无济于事的，只有通过立法的模式才能解决。

此外，对于人民监督员监督效力的争论，在本质上也是由立法缺失所决定的。从实践回眸反观学界的评议，每每谈到监督不具刚性效力的话题时，"法无明文规定"都是最主要的回应理由。按照学界形成的通说，并不是我国检察机关不想使人民监督员的监督具有法律效力，而是法律上根本没有这样的规定，检察机关不能去"主动违法"。毕竟检察机关所拥有的是法律赋予的公权力，而人民监督员的决议效力连准公权的性质都不具备，是地地道道的公民权利，而非"权力"。不难看出，法律依据缺失的问题已经成为人民监督员制度发展的一大"瓶颈"。纵然这项制度还处在探索阶段，缺少具体的法律依据，尤其是刑事诉讼法的协调，总会给其发展带来一定的阴影。

（二）监督机制与司法实践未能有效契合

有关监督过程中的法律释明机制，在人民监督员制度的设立之处，就有建立有效的法律释明机制之观点提出。① 随着《最高人民检察院关于人民监督员

---

① 周永年：《人民监督员制度中的法律释明问题研究》，载《政治与法律》2008 年第 3 期。

监督工作的规定》（高检发〔2016〕7号）的出台，法律释明虽未以这样的名称出现在规定文本中，却将机制效果以该规定的第15条第2款、第26条确定下来。① 何谓法律释明？历史沿革上，释明制度实际上源于民事诉讼而非刑事诉讼。1877年的德国民事诉讼法中便开始有对法官释明的规定。20世纪80年代以来，各国民事司法的改革都注重两大诉讼模式的融合。作为职权主义的积极内容，法官释明制度也成为对英美当事人主义的有益补充和修正。从法律释明的含义和价值追求来看，法律释明，一般认为是指在民事诉讼中，当事人的主张或陈述的意思不明确，或者当事人提供的证据材料不够充分或存在矛盾，法官对当事人进行发问、提醒，启发当事人予以澄清、补充、修正，以便查明案件事实的行为。释明权最重要的价值是对公正的追求。在民事诉讼中，释明的主体为法官，释明权只能由法官向原告、被告和第三人及其诉讼代理人行使。法官对证人、鉴定人等其他诉讼参与人明示相关诉讼规则，不属于释明。释明的对象为原告、被告和第三人及其诉讼代理人。同时，法官的释明应当遵循以下几个原则。其一，尊重私权自治的原则。民事诉讼是一个私权利的救济过程，立足点始终是围绕着当事人私权利的行使和处分。其二，中立原则。法官在释明时应与当事人保持对等距离，应平等地向双方当事人行使释明权，并听取各方的补充意见。其三，必要限度原则。法官释明应以必要为限度，如果当事人的陈述或主张已经清楚或完整，或当事人自己已经意识到这一点，则无须释明。法官不能代替当事人作决定。其四，有利于诉讼原则。法官行使释明，目的在于最大限度地保证当事人充分参与诉讼，促使当事人对不利于自己的事实主张进行充分攻击和防御，及时、充分地提出诉讼资料或陈述必要意见，避免诉讼突袭事件的发生。

在人民监督员制度的语境下，法律释明就是司法工作人员，主要是检察部门，向人民监督员提供法律适用，或部分涉及案件事实上的阐释与信息提供工作。根据《最高人民检察院关于人民监督员监督工作的规定》，目前人民监督员制度的释明程序分散在评议阶段和复议阶段，但仅仅是提供了法律释明程序的启动窗口。有鉴于此，我们认为应当构建我国人民监督员的释明制度的基本规则，具体如下：首先，释明的主体。释明的主体只能是人民监督员办公室工作人员，不能是案件承办人或犯罪嫌疑人及其委托的人。后者是监督案件的当

---

① 《最高人民检察院关于人民监督员监督工作的规定》（高检发〔2016〕7号）第15条第2项：案件承办人向人民监督员介绍案情和当事人、辩护人意见，说明拟处理意见（决定）的理由和依据；第26条：复议决定与人民监督员的表决意见仍不一致的，负责复议的人民检察院应当向提出复议的人民监督员说明理由。

事人或诉讼一方，不宜作为释明的主体，但是对需要释明的内容可以提出一定的建议。其次，释明的内容。释明的内容只能是法律、司法解释、证明标准等，既包括实体法问题，也包括程序法问题，还包括证据规范问题。如对犯罪未遂、中止、单位犯罪、共同犯罪、累犯、自首、正当防卫、紧急避险、意外事件、法条竞合、吸收犯、牵连犯等实体法律问题的释明；对逮捕条件、撤销案件条件、不起诉种类、起诉条件等程序法律问题的释明；对证明标准、非法证据排除规则、证据种类及其可采性、证人条件等证据法律问题的释明；等等，但不能涉及具体的案件事实和证据分析问题，否则就有可能失去释明的客观中立性。最后，释明应遵守客观公正，反对诱导的原则，或者刻意提供偏向性较强的信息。关于这个问题，《最高人民检察院关于人民监督员监督工作的规定》第33条也特别提出："人民检察院应当严格按照本规定接受人民监督员的监督，不得诱导、限制、规避人民监督员对案件的监督、不得干扰人民监督员对案件的评议和表决，不得泄露人民监督员的评议、表决情况"。略有可惜的是，由于法律释明制度未被明确出来，第33条规定的适用范畴只能及于监督程序的启动和表决。

有关监督员制度中的"听证"机制，就目前实施人民监督员制度的程序步骤来看，流程上要求首先由检察官介绍案情、主要证据，然后说明与案件相关的法律适用情况。人民监督员可以提问，对重大复杂案件，必要时才由案件承办人提供本案的有关材料和录音录像资料。根据上述规定，对于一般案件，人民监督员了解案情和法律适用的情况只是听取案件承办人的介绍。只有当人民监督员听取案件承办人案情介绍，提出问题仍然无法厘清案件事实或情节时，案件承办人才会出示相关证据和视听资料。这种规定，使人民监督员对案件的了解主要来源于承办检察官介绍的情况。这种做法，可能妨碍监督员"兼听则明"。为此，可以作两点改进：一是规定人民监督员可以查阅有关的案卷材料。因为这些监督人员有"较高的政策、法律水平"，而且有的还具有法律知识背景，因此，让他们能够直接查阅案卷材料，有助于他们作出正确判断。这里，在检察机关方面可能的顾虑是担心泄密，损害案件侦查。然而，案卷材料本身就应当是可公开的诉讼材料（除本身涉及国家机密以外），而且人民监督员负有保密的义务。如果担心损害侦查，可以对不服逮捕的案件（因为此时侦查正在进行），查阅可能影响侦查的某些"敏感"材料作适当限制。二是规定对于有争议的案件（而不一定是"重大复杂案件"），原则上应当采用"兼听"意见的方式，即采取一种比较简易的"听证"方式，让控辩双方同时到场发表意见，也可以先后听取双方意见，以帮助人民监督员作出正确判断。

　　将目前的"听证机制"转化为确实的"听证程序",是有价值的:① 一方面,有利于保障当事人的程序参与权,实现程序公正。人民监督员的监督意见虽然不能直接作出是否不起诉的法律效力,但仍具有非常高的效力,能引起一定法律程序。因为人民监督员制度是法定的防止滥用不起诉的程序设置,对犯罪嫌疑人、被害人的权利产生重大影响。而程序正义最基本要求之一就是当事人有陈述和被倾听的权利,犯罪嫌疑人、被害人应当有权参与对其具有重大影响的司法程序。"根据程序正义的理念,应当允许犯罪嫌疑人充分发表意见。"同理,我国被害人作为刑事诉讼中的当事人也应当有权参与人民监督员的审查程序。所以,人民监督员听取犯罪嫌疑人、被害人的陈述。这不应当是人民监督员"可以"取舍的权力,而应当成为当事人的重要权利。而且,无论案件是否重大复杂,犯罪嫌疑人、被害人都有权向人民监督员陈述案情和证据。采取听证方式进行公开审查时,就为犯罪嫌疑人、被害人参与程序提供了一个平台,保障了犯罪嫌疑人和被害人的程序权利,实现了刑事诉讼法追求的程序正义目标,客观上增强了犯罪嫌疑人、被害人对人民监督员裁决结果的可接受性。另一方面,防止人民监督员怠用或滥用监督权。任何权力都可能滥用,人民监督员制度同样会产生如何监督人民监督员权力滥用的问题。人民监督员监督评议过程中,如果采取公开听证方式有助于使人民监督员对案件的审查置于外部监督的基础上。人民监督员通过集中、公开的审查,能够感受到自己职责的重大和来自当事人各方的监督,从而能够更加慎重地履行自己的义务。同时,公开透明是最好的"防腐剂",审查程序的阳光化能够使各方对利益主张,诉讼行为置于一个理性的程序空间内防止违法现象的发生。人民监督员不仅受到了犯罪嫌疑人、被害人的制约,也受到了社会公众的监督。可见,人民监督员审查拟不起诉案件的听证审查无疑能有效地监督制约人民监督员,防止其怠用或者滥用监督权。

　　有关监督程序的启动机制,有学者认为,人民监督员制度目前存在的程序问题,"其实问题并不在于最高检设定了怎样的范围,而在于并没有明确如何去发现这五种情形……缺乏一种明确的启动或是发现机制。既然寄希望于人民监督员去监督立案、超期羁押等违法违纪现象,就应该提供专门的渠道使人民监督员们能够及时准确地发现问题,也要提供程序化的机制使监督能够落到实处,而不是让人民监督员们如大海捞针一样从道听途说中发现问题。"② 尽管

---

① 参见谢小剑:《公诉权制约制度研究》,四川大学 2007 年博士学位论文。
② 陈卫东:《人民监督员制度运行调研报告》,载《国家检察官学院学报》2011 年第5 期。

人民监督员监督范围在 2016 年的新规中得到了有效和审慎的扩大，但被监督案件的来源依旧主要依靠社会民众的举报、监督员的发现、案件参与人的申请以及上级检察院的责令。① 一方面，基于人民监督员的权限设计，而侦查不在其列；另一方面，基于目前人民监督员的办公单位被检察院吸收，其对于监督员发现的问题也只能起到一个信息传递的作用，仅能做到及时将检察院给予的信息反馈给人民监督员，而获取监督案源的渠道并不具备。这种被动的启动机制，其监督的全面性不足是"瓶颈"之一，而更需注意的是，这样的启动机制会让人民监督从初始阶段就丧失其"权力体系外的监督"这一基本特征，因而有必要对其加以完善。

（三）选任模式存在"内部化"风险

我们认为，目前的选任模式经历十几年的试点与反馈，已然自成体系，有效、完整且颇具成果，此处仅就仍然存在的试点阶段颇受微词的部分进行论述。从目前反映出来的情况来看，学界和舆论界对人民监督员机制普遍的关注点和争论点之一，即是其选任程序的设计和实践。人民监督员制度在试点过程中主要有两种选任模式：一种是由基层人民检察院在其所辖行政区域内对人民监督员进行选任及管理；另一种则是由上级院对人民监督员进行统一的选任和管理，前一种选任模式易造成检察机关陷入"自选自监"的非议窘境之中，后一种选任模式的建立与检察机关系统内部的现有领导体制相适应，且"在一定程度上可避免司法区域化、地方保护化'操纵'选任的弊端，但在这种选任模式中，人民监督员的选任通常是由党委、人大、政协等机关单位推荐，然后由相应的检察机关审核决定是否选任，从根本上来说与前一种模式一样"，② 同样存在将监督主体内化为检察机关自身的风险。

有鉴于此，2010 年在最高人民检察院制定的《关于实行人民监督员制度的规定》提出，"省级、地市级人民检察院可以商请机关、团体、企业事业单

① 《最高人民检察院关于人民监督员监督工作的规定》（高检发〔2016〕7 号）第 8 条：人民监督员认为人民检察院办理的案件具有本规定第二条第一款情形之一，要求启动人民监督员监督程序的，由人民检察院人民监督员办事机构受理。当事人及其辩护人，诉讼代理人或者控告人、举报人、申诉人认为人民检察院办理的案件具有本规定第二条第一款情形之一，或者第三款第三项情形，申请启动人民监督员监督程序的，由人民检察院控告检察部门受理。第 13 条：上级人民检察院发现下级人民检察院应当接受人民监督员监督而未接受监督的，可以责令下级人民检察院依照本规定启动人民监督员监督程序。

② 刘邕麟：《对我国人民监督员制度运行情况的调查分析——以 A 市 B 区人民检察院为范本》，载《广西大学学报》（哲学社会科学版）2012 年第 4 期。

位和基层组织推荐人民监督员人选；公民个人可以向本人工作单位所在地或者住所地的人民检察院自荐报名"，①而 2016 年最高检和司法部印发的《人民监督员选任管理办法》（以下简称《选任管理办法》）更是将前者规定中的选择性条款，即"省级、地市级人民检察院可以商情"，变为"司法行政机关应当发布人民监督员选任公告，接受公民自荐报名，商情有关单位和组织推荐人员报名参加人民监督员选任"，② 一方面扩大了选任的主体，由单纯的检察机关更改为"司法行政机关"；另一方面则将选择性条款更改为"应当"履行的行为义务。两部文件共同确认了目前我国人民监督员以"自荐与推荐相结合"这一"极具中国特色的民意代表选拔方式的成员选任模式"。③ 在 2010 年的《关于实行人民监督员制度的规定》中，自荐后选任有一次筛选程序，而这一筛选是由选任机关自由裁量的，这使最后选定的人民监督员的代表性大大降低，④ 同时，有学者指出，由检察机关商请机关、团体、企业事业单位和基层组织推荐人民监督员人选，一方面使人民监督员成为这些组织与检察机关加强"合作"的产物，另一方面难以排除这一监督制度在个别地方沦为司法地方"垄断"工具的可能，最终削弱该制度应有的功能。⑤ 因此，《选任管理办法》特别加入了选任过程中行政司法机关之外的群众意见，要求"司法行政机关应当采取到所在单位、社区实地走访了解、听取群众代表和基层组织意见、组织进行面谈等多种形式，考察确定人民监督员人选，并进行公示"。⑥ 只是，虽然现在的选任阶段加入了群众的监督环节，但是基于《选任管理办法》第18 条的规定："司法行政机关应当建立人民监督员履职台账，对人民监督员进行年度考核和任期考核。考核结果作为对人民监督员表彰奖励、免除资格或者续任的重要依据。"人民监督员仍然存在陷入"检察院雇员"之可能，其外部监督主体的地位有可能遭到一定程度的弱化，应当加以防范。

---

① 《最高人民检察院关于实行人民监督员制度的规定》（高检发〔2010〕21 号）第 9 条。

② 《人民监督员选任管理办法》（司发〔2016〕9 号）第 10 条。

③ 刘邕麟：《对我国人民监督员制度运行情况的调查分析——以 A 市 B 区人民检察院为范本》，载《广西大学学报》（哲学社会科学版）2012 年第 4 期。

④ 《最高人民检察院关于实行人民监督员制度的规定》（高检发〔2010〕21 号）第11 条："省级、地市级人民检察院根据本规定第四、五、六条的规定，组织对推荐和自荐人选进行考察，提出拟任人民监督员人选并向社会公示，公示时间不少于七日。公示中发现有不符合人民监督员选任条件的，应当取消其拟任资格。"

⑤ 参见刘邕麟：《对我国人民监督员制度运行情况的调查分析——以 A 市 B 区人民检察院为范本》，载《广西大学学报》（哲学社会科学版）2012 年第 4 期。

⑥ 《人民监督员选任管理办法》（司发〔2016〕9 号）第 11 条。

# 第二章　人民监督员的选任与管理

人民监督员的选任管理是人民监督员制度的基础性工作。改革人民监督员选任管理方式，由司法行政机关负责人民监督员的选任和培训、考核、奖惩等管理工作，是深化司法改革的一项重要举措，有利于充分发挥司法行政职能，提高人民监督员制度公信力，加强对检察权力运行的监督制约，提升检察机关法律监督能力，对于拓展人民群众有序参与司法渠道，建立公正高效权威的中国特色社会主义司法制度具有重要的意义。

最高人民检察院、司法部于2014年9月4日联合下发了《关于人民监督员选任管理方式改革试点工作的意见》（以下简称《意见》），对人民监督员原先由人民检察院自行选任管理的方式改变为由司法行政机关负责，并决定在北京、吉林、浙江、宁夏等10个省、自治区、直辖市进行试点。《意见》第一点在"充分认识人民监督员选任管理方式改革的重要意义"中指出：人民监督员制度是人民检察院主动接受社会监督的一种外部监督制度。符合条件的公民通过选任程序成为人民监督员，人民检察院采取随机抽选的方式，组织人民监督员对直接受理立案侦查案件提出意见，进行监督，促进司法公正。

2015年3月7日，最高人民检察院、司法部又联合印发了经2015年2月27日中央全面深化改革领导小组第十次会议审议通过的《深化人民监督员制度改革方案》（以下简称《方案》）。《方案》在指导思想和总体目标中指出：以党的十八大和十八届三中、四中全会精神为指导，深入贯彻习近平总书记系列重要讲话精神，按照中央关于全面深化改革、全面推进依法治国的战略部署，以健全确保依法独立公正行使检察权的外部监督制约机制为目标，改革人民监督员选任和管理方式，扩大人民监督员范围，完善人民监督员程序，进一步拓宽人民群众有序参与司法渠道，充分保障人民群众对检察工作的知情权、参与权、监督权，推进人民监督员制度法制化，提高检察工作透明度和司法公信力。并决定在全国范围内实行人民监督员制度。

2016年7月5日，最高人民检察院、司法部制定了《人民监督员选任管理办法》（以下简称《选任管理办法》），进一步规范了人民监督员选任的条件、方式、程序以及管理的具体内容。

# 第一节　人民监督员的任职条件

人民监督员作为一个特殊身份的群体，对其任职资格条件是两方面的，既要符合社会外部监督的广泛性需要，也要符合司法监督专业性需要。故其任职资格条件应当从广泛、中立、公平出发，同时，在尊重监督权利和司法规律的基础上有一定的限制。

## 一、人民监督员的选任原则

### （一）广泛性原则

任何权力都必须置于相互监督制约的机制之中，否则将导致权力的滥用和腐败，这是人类文明和发展亘古不变的经验总结。检察机关职务犯罪侦查权也不例外。2003 年 8 月最高人民检察院为探索建立有效的检察机关直接受理侦查案件外部监督机制，促进依法正确行使检察权，报告全国人大常委会并经中央同意，在 10 个省、自治区、直辖市检察机关开展人民监督员制度试点工作。人民监督员制度设立的本意在于通过系统外部监督，增强整体监督效能。我国《宪法》第 2 条开宗明义地规定：中华人民共和国的一切权力属于人民。人民依照法律规定，通过各种途径和形式，管理国家事务，管理经济和文化事业，管理社会事务。这就决定了人民监督员资格的广泛性，人民对于公权力的监督的权利不受学历、身份、职业等条件的限制，并且监督群体越是多元化，越能体现出监督的全面性，这是符合我国宪法和法律精神的。

### （二）客观公正原则

在监督广泛性的基础上，限定监督者的角色，是客观公正的要求，一些特殊群体自然不能成为监督者，例如本身属于司法系统或者与诉讼程序相关的公职人员，本身承担着公权力监督的人大常委会成员等不能成为人民监督员。其他与职务犯罪案件不存在利害关系或者不承担检察机关职能工作等人员，在符合"品行良好、公道正派"的条件时，都可以成为人民监督员。客观公正是监督者的首要品质。《刑事诉讼法》第 6 条规定：人民法院、人民检察院和公安机关进行刑事诉讼，必须依靠群众，必须以事实为根据，以法律为准绳。《人民检察院组织法》第 7 条规定：人民检察院在工作中必须坚持实事求是，贯彻执行群众路线，倾听群众意见，接受群众监督。《检察官法》第 8 条规定：检察官应当接受法律监督和人民群众监督。由此可见，人民监督员监督的内容，包括查清案件事实和准确适用法律，其本身要求是客观的、准确的、公平公正的，身为监督者必须要有中立、客观、理性的立场，方能发挥出真正的监督作用。否则不仅无法发挥监督制度的应然作用，反而还会给司法程序带来不利的影响。

（三）社会公信原则

社会公信力，主要是指人民监督员的选任应当在社会上具有公信力，这不仅对人民监督员本身的素质提出了要求，也对选任的过程提出了程序正义的要求。人民监督员的选任应当在社会上公开进行，其组织申报应当建立在广泛的群众基础上，由各行各业的群体自荐或者组织推荐。初步审核以后要通过公开渠道予以公示。人民监督员的公示不仅是审核选任人员填报资料是否属实的一种渠道，更是对备选任人员是否具备履职能力、是否可能存在利害关系的一种社会监督。另外，经过公示的人民监督员在社会上被大众认可，既有利于人民监督员制度在社会上的普及，也有利于人民监督员监督权的行使。

（四）适当限制原则

人民监督员选任的广泛性并不是无规则、无条件的，而是建立在科学的人员比例之上的。实践中，人民监督员的结构应当具有一定的年龄限制和职业分布限制，一方面这是广泛性的需要，另一方面也是保证人民监督员队伍结构科学、履职有效的需要。在年龄方面，人民监督员的年龄除了需要年满 23 周岁以外，我们认为应当设定上限，例如男性 65 周岁以下，女性 60 周岁以下。现行退休年龄为，男性 60 周岁，女性 50 周岁。考虑到部分人员在退休后的 5 年内，仍然具有较好的履职条件，甚至比工作时有更为宽裕的时间，故参照退休年龄推后 5 年。在职业方面，一些较为特殊的职业应当作出限制，例如律师、法学专家、公职人员等的比例应当限定在一定的范围之内。《选任管理办法》第 11 条"人民监督员人选中具有公务员或者事业单位在编工作人员身份的人员，一般不超过选任名额的 50%"的表述过于笼统，拟作适当细化。例如规定律师不能超过本地区人民监督员人数的 10%，公职人员不能超过本地区人民监督员人数的 15% 等。一方面，这部分人员其人民监督员的身份容易与本职职业混淆；另一方面，司法要取信于民，就是需要以普通的社会大众作为监督者，来对案件的公平正义与否作出自己的判断。

## 二、人民监督员的选任条件

2016 年最高人民检察院、司法部联合发文的《选任管理办法》，对人民监督员选任应当具备的条件和不适宜条件作出了明确的规定。

（一）必备条件

根据《选任管理办法》第 8 条的规定，要成为人民监督员，必须具备以下条件。

1. 具有中国国籍，拥护中华人民共和国宪法

人民监督员首先是中国公民，并且维护我国宪法，这是对人民监督员的政治品格的基本要求。宪法是人民监督员制度据以产生的基本法律依据。宪法规定了国家的根本制度和根本任务，具有最高的法律效力。人民监督员的设立，也符合《宪法》第 2 条和第 41 条的规定，"中华人民共和国的一切权利属于人民。人民依照法律规定，通过各种途径和形式，管理国家事务，管理经济和文化事业，管理社会事务"；"中华人民共和国公民对于任何国家机关和国家工作人员，有提出批评和建议的权利；对于任何国家机关和工作人员的违法失职行为，有向国家机关提出申诉、控告或者检举的权利"。人民监督员通过行使法律赋予的职权，对国家司法机关的执法活动进行监督，并且介入刑事诉讼程序，能够影响职务犯罪案件的查办过程，其首先应当政治立场正确，方能正确地行使权力。

2. 品行良好、公道正派

《选任管理办法》从品德要求上对人民监督员设立了条件。相对而言，对人民监督员的素质要求应当是宽泛的，是为在社会大众中选取监督者提供的条件，故而关于此项业务素质的要求也是经过了多次改动。人民监督员制度试行之初，《关于人民检察院直接受理侦查案件实行人民监督员制度的规定（试行）》第 5 条规定对人民监督员政治素质的要求是"作风正派，坚持原则，有良好的政治素质和较高的政策、法律水平"。经过一段时间的试行，将其修改为"公道正派，有一定的文化水平和政策、法律知识"。《选任管理办法》第 8 条则规定"品行良好、公道正派，应当具有高中以上文化学历"。逐步突出了人民监督员选任广泛性的特点，将不具备法律专业知识，但是符合一定道德标准的一般人民群众也纳入了人民监督员的范围。

3. 身体健康

这是人民监督员履职的基本身体保障。根据人民监督员的职责，在履行监督权利时，应当查阅案件、听取承办人对案件的汇报、学习各项法律适用规定，同时还可能参与到案件评议、听取有关人员的陈述、听取律师的意见的过程中去。人民监督员的工作针对性强，但涉及的内容较为广泛，本身作为人民监督员这一特殊身份，他们又具有自己的本职工作，故而要求身体健康，以保证充分履职。

4. 年满 23 周岁，具有高中以上文化学历

它是人民监督员的年龄和学历条件。实际上，这两项条件从社会阅历和文化水平来限定的是人民监督员的业务能力水平。年龄太小或者文化水平过低，对政策、法律知识欠缺，就难以胜任人民监督员的工作要求，并且其有限的人生阅历和社会经验不足以理解复杂的职务犯罪行为。但过于强调人民监督员的文化水平和政策、法律知识，将文化程度一般的基层群众挡在门外，则有违"大众化"的原则。故年满 23 周岁和具有高中以上学历，决定了人民监督员能够应对较为复杂的职务犯罪案件特点，能够对法律适用进行一定的分析，其适应和理解能力符合人民大众的普遍观点。

（二）禁止条件

禁止条件又称消极条件，即不得担任人民监督员的条件。具有禁止条件的人员，不得担任人民监督员。这是从另一个角度对人民监督员选任条件的限制，其目的同样在于保证人民监督员的素质和人民监督员的监督效果。主要体现在《选任管理办法》第 8 条和第 20 条的规定之中。

1. 因犯罪受过刑事处罚的人员

人民监督员制度是检察机关主动接受社会监督的一种制度创新，是不断提升检察公信力的一种有力举措，这就要求监督者本身必须具有良好的社会群众基础，能够体现出社会公信力。因犯罪受到刑事处罚，是指因实施犯罪行为被人民法院依法判处刑罚。刑事处罚既包括管制、拘役、有期徒刑、无期徒刑、死刑等主刑，也包括罚金、剥夺政治权利、没收财产等附加刑。受过刑事处罚的公民在一定程度上其社会公信力受到了影响，选任这些人员担任人民监督员，难以实现人民监督员制度的设计目的，同时也不利于人民监督员制度的发展。

2. 被开除公职的人员

开除公职，系行政纪律处分的内容，是最为严厉的行政纪律处分。人民监督员本身对职务犯罪案件的办理过程履行着监督职责，不仅仅是从社会公信力的角度出发，禁止其成为人民监督员。从其本身的价值观、权力观出发，在履行公职过程中违反行政纪律的人员本身在职业道德上存在履职缺陷，自然无法成为监督他人、履行法律监督职责的监督者。

3. 丧失行为能力的

行为能力是指能够以自己的行为依法行使权利和承担义务的能力。这里既包括在选任为人民监督员之前就已经不具有行为能力的人，也包括在履职过程中，因为突发原因丧失了行为能力的人，即失去了履职的能力，应当终止其人民监督员资格。

4. 在选任中弄虚作假，提供不实材料的

在选任中弄虚作假，提供不实材料的人，使司法行政机关无法掌握人民监督员的真实情况，即使其本身不属于受过刑事处罚或者被开除公职的人员，但在品行素质上，其本身不符合人民监督员"品行良好、公道正派"的道德品质要求，自然不允许作为人民监督员承担公平公正、客观理性的监督者身份。

5. 在上年度考核中不合格的

这是指在人民监督员资格存续期间，出现了继续成为下一任人民监督员的禁止性条件。或者针对已经被选任为人民监督员，但在上年度的监督履职过程中，未能尽到履职职责，被考核为不合格时，应当终止其人民监督员的资格。人民监督员资格存续期间，应当是具有考核评价的，从履职能力方面来讲，如果出现了履职考核不合格的情况，则不能继续担任人民监督员。

（三）不宜条件

不宜条件主要从特殊身份的角度，规定了不宜担任人民监督员的情形，该部分人员并非出现了履职能力或者道德品行等方面的绝对禁止情况，其本身符合成为人民监督员的任职条件，也具有履职能力，但是由于其在社会上的特殊身份、地位、职务原因可能影响其履行人民监督员职责。确定不宜担任人民监督员的人员范围，主要应考虑以下几点因素：一是是否不利于检察机关依法独立行使检察权；二是是否不利于体现人民监督员社会监督、民主监督、外部监督的性质；三是是否不利于实现检察机关依法惩治职务犯罪、切实保障人权的执法目标[1]。

1. 人民代表大会常务委员会组成人员

人民代表大会是国家的最高权力机关，检察机关本身要受人大监督，对人大负责。而人大的监督与人民监督员的监督分属于不同的监督类型。人大的监督权属于运用国家权力进行监督的范畴，属于外部监督，也属于事后监督；但人民监督员的监督权的设立，虽然也是外部监督，但其更多地具有公民监督权的性质，属于权利的范畴，两者有着本质的区别，故而为防止监督权的混淆，不宜选任人民代表大会常务委员会组成人员成为人民监督员。基于同样的理由，有些学者认为现任的各级人大代表和政协委员也不宜担任人民监督员。我们认为，根据我国的实际情况，不宜作宽泛限制，但是在实际选任过程中，可以适当限制比例。

---

① 周永年主编：《人民监督员制度概论》，中国检察出版社 2008 年版，第 135 页。

2. 人民法院、人民检察院、公安机关、国家安全机关、司法行政机关的在职工作人员

人民法院、人民检察院、公安机关、国家安全机关、司法行政机关分别行使审判、检察、侦查、监管等司法职能，而这些部门之间分工明确、相互配合、相互制约，在刑事诉讼的流程中还存在"上下游"的顺序关系，由这些单位的在职人员直接介入检察机关查办职务犯罪的活动，一方面其本身的工作职责可能会影响监督者中立、公正的倾向，有意无意地提出带有倾向性的意见；另一方面混淆了各个职能部门的职责分工，也不利于检察机关依法独立办案。所以人民法院、人民检察院、公安机关、国家安全机关、司法行政机关的在职工作人员不宜成为人民监督员。

3. 人民陪审员

人民陪审员制度，是指国家审判机关审判案件时吸收非职业法官作为陪审员，与职业法官或职业审判员一起审判案件的一种司法制度。这一制度借鉴外国的陪审团制度和参审制度，让普通民众以陪审员的身份对审判工作进行民主监督，以保障司法公正，抑制司法腐败。人民监督员制度与陪审员制度在意义上有相似之处，但是作为法院审判环节的陪审员，最终将影响案件裁判结果，并且人民陪审员所要求的价值立场，必须是中立、客观的，若前期已经作为人民监督员参与到案件的讨论中去，就会形成预设立场，在案件再次进入同一人视野中时，难以真正做到客观、中立，两者角色的混淆将会对人民陪审员制度和人民监督员制度带来较大冲击，故人民陪审员不宜选任为人民监督员。

（四）人民监督员人选广泛性的思考

1. 适当限制国家工作人员名额

国家工作人员可以成为人民监督员，但是应当在名额上予以适当限制。国家工作人员一般具有较高的学历、素质，对公权力运行也较为了解，这部分人员能够很好地担当起监督检察权运行的职责，但其特殊身份也会影响监督成效。一方面，检察机关职务犯罪侦查职能，主要是对公职人员的公权力的行使开展法律监督，从整体职能上来看，国家工作人员自然是检察机关予以监督的对象，其成为人民监督员在一定程度上会造成监督者与被监督者角色的混淆。另一方面，作为国家工作人员，在了解职务犯罪案件查办的涉案人员、企业的过程中可能产生或者会与之产生千丝万缕的联系，例如行政职权、部门协作、同一个项目前后审批程序等，这样就可能影响人民监督员的中立立场。适当限制国家工作人员的名额，有利于人民监督员制度充分发挥系统外部监督的效能。

## 2. 适当邀请法学专家学者

现有的人民监督员队伍已经逐步多元和科学，一些职务犯罪案件和检察工作体现出一定的专业性和复杂性，无论是人民监督员的培训还是案件监督，适当的引入法学专家能够提高人民监督员队伍的整体素质。同时，引入专家学者能够促进理论和实践更好的结合，对检察公信力在社会中的建立有较好的促进作用。但与人民监督员群体里广泛性相适应，法学专家学者的比例也应当有适当的限制，以保证人民监督员队伍群体的普遍性。

## 3. 适当吸纳律师人选

《关于人民检察院直接受理侦查案件实行人民监督员制度的规定（试行）》第6条规定执业律师不宜担任人民监督员，现行《最高人民检察院关于人民监督员监督工作的规定》（以下简称《规定》）则未作限制规定。实践中，已经将一定数量的律师选任到人民监督员队伍中去，律师的介入，一方面，可以以其专业知识和丰富的法律工作经验发挥监督职能，他们对案件办理的程序、事实的认定、证据分析和法律适用有着专业的知识，能够抓住案件重点，也能对科学、合理的监督起到引导作用。另一方面，将其吸纳人民监督员中，也为律师能够更加了解检察工作提供了平台，可以让律师群体参与到日常办案过程中和检务公开的相关活动中来。但是律师和检察机关同属于法律共同体，他们在刑事诉讼中承担着不同的角色，相互制约、相互监督，在一些观点和利益上处在较为对立的位置，为了保障人民监督员群体的中立性，律师的数量必须要限制在一定的范围内。在发挥外部监督职能的同时，减少人民监督员群体与案件办理存在利益关系或者不利影响的情况出现。

## 4. 适当选配社会精英

人民监督员选任对象中呈现的"精英化影像"不利于人民监督员制度外部、广泛监督实效的发挥。但完全杜绝高学历、高智商或者在本地有影响的杰出人才，也不利于人民监督员队伍整体素质和监督作用的充分发挥。在社会上通过"精选出来的少数"或"优秀人物"应当在人民监督员队伍内占有一定的比例。这部分人群可以控制在20%—30%，按照人民监督员数量一般在3—5人来计算，每次监督案件参与人数中有1人左右为社会少数的"精英"人群；能够很好地发挥组织、统筹作用，并且能够以其较高的文化水平优势，写好意见建议，做好必要的交流、解释工作。

## 5. 公职人员的家属

这部分人员特指符合不宜担任人民监督员条件的人员的配偶及子女。对公职人员的家属进行一定的限制，主要还是从防止出现利害关系和防止出现类似回避情况考虑，但对该部分群体的限制是极为谨慎的。一方面，公职人员的家属其立场带有一定的倾向性，虽然其利害关系并不如公职人员自身如此明显，但整体来看其中立性较之于一般社会大众群体有所欠缺，因此应当在选任时，对人民监督员近亲属是否为公职人员的情况有一定的了解。另一方面，对公职人员家属的限制应当尽可能的谨慎。公职人员家属的范围非常广泛，应当限定在近亲属范围内，且重点应把握公职人员系公检法司部门工作人员的近亲属，其他部门人员的近亲属在一般情况下不应予以限制。另外，对于该部分人员的限制应当以允许成为人民监督员为条件，只有当其比例过高，例如已经达到了20%以上的范围限制时，应当进行一定的删选，在一般情况下，应当尊重社会大众的意愿和人民监督员广泛性原则，不进行过多的人为控制。

### 三、人民监督员的职责

人民监督员要履行监督职责，法律必须赋予一定的权利和责任。《规定》第3条和第4条分别规定人民监督员依法、独立、公正履行监督职责；人民监督员行使监督权受法律保护。人民检察院应当保障人民监督员履行监督职责，认真对待人民监督员提出的意见和建议。

（一）人民监督员享有的权利

根据人民监督员监督权行使的需要，人民监督员应当被赋予以下权利。

1. 提请监督权

提请监督权是人民监督员履职应当予以保障的最根本的权利。《方案》既然提出拓展人民监督员的监督案件范围，明确人民监督员可以对检察院办理直接受理立案侦查的11种情形的案件实施监督，那么要切实将监督范围的拓展付诸实际行动，在启动监督权方面，应当给予人民监督员充分的便利和保障。一方面，提请监督权包括了人民监督员主动要求提出监督时，人民检察院应当依法受理，高度重视人民监督员提出的履职要求，不得变相拖延、阻碍人民监督履职。另一方面，当检察机关出现必须经过人民监督员监督的情形时，应当及时商请司法行政机关予以安排，并通知人民监督员，保证其依法、及时、有效地履职。

2. 知情权

知情权是人民监督员能够据以开展监督活动的前提，无论是人民监督员可以主动提起监督的情形还是检察机关启动监督程序的情形，都需要保障人民监督员的监督权，具体来说又有以下几个方面。

（1）知悉案件事实的权利。在实施监督的过程中，案件承办的人民检察院必须向参加监督评议的人民监督员提供拟处理意见（决定）书及证据目录等有关材料，案件承办人应当全面、客观地向人民监督员介绍案件事实情况。同时，《规定》第16条规定"案件监督评议中，案件承办人可以向人民监督员出示相关案件材料，或者播放相关视听资料"，根据案件情况，人民监督员可以查阅案件或者同步录音录像等资料，一定情况下还可以听取案件其他有关人员的陈述、听取案件律师意见，客观上给予了人民监督员更为"居中"的位置，在案件事实和证据采纳方面，可以综合了解更多意见，以期更加全面地保障人民监督员的知情权。

（2）知悉法律适用的权利。人民监督员多数不具法学背景，在提供给监督员的材料中应当一并附有法条摘录及必要的解释。承办人除了要全面介绍案件事实以外，在评议的过程中，还需要对法律及适用情况作出详细的解释，包括罪与非罪、轻罪与重罪、此罪与彼罪以及强制措施、刑事政策的适用情况。同时，人民监督员还有向承办人提问的权利，《规定》对该权利作出了明确的规定，以此能够更好地保障人民监督员在案件事实和法律适用方面的知情权。

3. 独立评议的权利

《规定》第 17 条规定，"人民监督员根据案件情况独立进行评议和表决"，"人民监督员在评议时，可以对案件事实、证据和法律适用情况、办案程序、是否同意检察机关拟处理意见（决定）及案件的社会反映等充分发表意见"，"人民监督员进行评议和表决时，案件承办人应当回避"。人民监督员在进行案件监督的过程中，应当为其营造一个言论相对自由的环境，特别是在形成评议表决前对案件发表意见的特定阶段，检察机关工作人员不仅应当回避，更应当为其提供一个畅所欲言的言论环境。这是为了保障人民监督员在作出决议时能够免去后顾之忧，能够大胆地提出与检察机关拟处理意见不同的决意或者对检察工作提出中肯的意见建议，独立评议的环节是组织人民监督员监督评议程序的核心环节。人民监督员在进行独立的讨论和评议后，应当形成《人民监督员表决意见书》，以书面材料形成最终的表决意见。人民监督员的评议表决意见作为检察机关最终处理决定的参考意见，无疑具有非常重要的意义。故人民监督员最终评议表决意见的作出，应当是公平、客观、独立的，它是建立在前期知情权、评议权的基础之上的。

4. 提请复议的权利

《规定》第 20 条规定："组织案件监督的人民检察院人民监督员办事机构应当在本院或者承办案件的人民检察院作出决定之日起三日以内，将决定告知参加监督评议的人民监督员。决定与人民监督员表决意见不一致的，人民监督员办事机构应当会同案件承办部门向参加监督评议的人民监督员作出必要的说明。"第 21 条规定："人民检察院的决定经反馈后，参加监督评议的多数人民监督员仍有异议的，可以在反馈之日起三日以内向组织案件监督的人民检察院提出复议。"复议的权利是监督权的保障和救济。

5. 提出意见的权利

人民监督员作为国家公民，自然享有公民政治民主权利带来的提出批评建议的权利。一方面，人们监督员可以就《规定》规定的"八种情形"提出要求监督的权利，并且在所有监督评议过程中就检察机关的工作提出意见建议。另一方面，人民监督员相对于普通百姓而言，对检察机关的认识更为深入，对获取检察工作的各个方面信息也具有更为多样的方式，其提出意见、建议的渠道更为便捷、宽广。故人民监督员享有提出意见、建议方面的权利能够发挥其更大的监督作用。

（二）人民监督员履职的保障

1. 人民监督员履职的权利保障

对人民监督员履职的保障主要体现在保障人民监督员对具体参与评议的案件以及对检察工作的知情权、监督权等权利保障方面。《规定》第三章第27条规定："人民检察院应当向人民监督员通报检察机关重大工作部署、决策和其他检察工作情况。"第28条规定："人民检察院应当对直接受理立案侦查案件的立案情况，对犯罪嫌疑人采取强制措施情况，查封、扣押、冻结涉案财物的处理情况，以及刑事赔偿案件办理情况等程序性信息建立台账，供人民监督员查阅。"第29条规定："人民检察院对直接受理立案侦查案件开展跟踪回访、执法检查、案件评查工作，或者举行案件公开审查等活动，可以邀请人民监督员参加。"这些规定，都为人民监督员进一步参与到监督检察工作，为检察工作提出更好的意见建议，更加深入了解检察机关办案情况提供了根本保障。

同时，《规定》也为人民监督员的监督权得到切实履行和保障作出了规定。第30条规定："人民检察院在办理直接受理立案侦查案件中，应当在第一次讯问犯罪嫌疑人或者对其采取强制措施时告知犯罪嫌疑人有关人民监督员监督事项。人民检察院在接待属于本院办理的直接受理立案侦查案件的控告人、举报人、申诉人时，应当告知其有关人民监督员监督事项。"第31条规定："被告知人向案件承办部门提出人民监督员监督申请的，案件承办部门应当及时将该申请事项及相关材料移送本院控告检察部门按照本规定办理。"通过对犯罪嫌疑人、控告人、举报人、申诉人知情权的保障，从程序启动上保障人民监督员的监督权得以顺利行使。

2. 人民监督员履职的物质保障

人民监督员履职的物质保障既包括了履职所必需的基本办公条件，也包括了给予人民监督员履职的必要的差旅补贴。实践中，人民监督员参与案件监督工作都是自行前往检察机关或者司法行政机关，并且占用了自己的本职工作时间，无论从精力上还是从成本上，都有付出。《规定》第32条规定："人民检察院应当为人民监督员提供履行监督职责所必需的工作场所以及其他必要条件。"主要包括符合汇报、提问及独立评议要求的办公室，必要的电脑或者视频播放等设备。《选任管理办法》第 23 条规定："司法行政机关应当将人民监督员选任管理及履职相关工作经费申报纳入同级财政经费预算，严格经费管理。人民监督员因参加监督评议工作而支出的交通、就餐等费用，由司法行政机关按相关规定予以补助。"履职补贴通常包括监督案件和参加培训、听证、会议、检察院开放日等活动所产生的误工费、交通费、通讯费、伙食补助费、办案费等。实践中，人民监督员参加案件监督时，监督的案件不止一件，但每次只产生一次误工，故不宜按监督案件的件数发放补贴，而应该以参加监督的次数或天数发放更为科学。以 A 市为例，办案补贴每人每次（天）600 元，包括：（1）误工费：参照《2015 年 A 市中级人民法院人身损害赔偿细化参照标准》中城镇居民或城镇无固定职业居民，按 150 元/日计的标准；（2）交通费：参照 A 市地区交通费的平均值 50 元，同时考虑参照省内交通费的平均值；（3）通讯费 50 元/次：参照 A 市公务员工杂费；（4）伙食补助费：参照 A 市公务员出差补贴标准，100 元/天；（5）办案费：250 元/天。参加相关会议、听证、教育培训等活动补贴：每人每次（天）200 元。表彰、奖励补贴：每年按一定比例评出优秀人民监督员，并发放奖励 800 元/人。参照 A 市优秀公务员标准发放。

（三）人民监督员应尽的义务

1. 公平公正履行监督职责

公平公正是刑事诉讼活动的首要目标，也是人民监督员履职的基本要求。公正的实现取决于两个方面的要素，一方面取决于案件处理机关及其工作人员的业务水平和自身的约束力，另一方面取决于外部权力对案件处理机关及其工作人员所从事活动的监督。人民监督员公平公正的履职应当体现在监督的整个过程之中。第一，人民监督员的公平公正首先要尊重事实和法律，虽然他们不是司法工作人员，但也要以事实为依据，以法律为准绳，这是任何案件办理的原则，不可逾越。第二，人民监督员的公平公正还要体现法律效果和社会效果。人民监督员作为外部监督群体，他们的评价，是案件办理社会效果是否优良最直观的体现。多元化的人民监督员群体正是为检验案件的社会效果提供了天然的优势，公平、公正地进行社会效果评价也是人民监督员的职责之一。

2. 保守国家秘密和检察工作秘密

人民监督员在对职务犯罪案件侦查活动开展监督时，能够查阅案件讯问、询问笔录，能够了解掌握案件查办的过程和某些细节，并且对其他涉案人员的具体涉案细节、数额都会有一定的了解，必然会接触到大量的检察工作秘密。

这些秘密一旦泄露，会给案件查办工作带来极大的损害，例如一些还未成案的案件线索或者尚未正式接触的涉案人员的信息一旦泄露，就有可能造成当事人串供、毁灭证据等行为的出现；一些讨论意见或者个人意见等非正式的结论如果通过人民监督员的途径泄露出去，则可能误导社会舆论，引起社会大众的不理解，给案件查办工作带来不必要的压力。同时，在其履行职务的过程中，每一位人民监督员都可以充分发表自己的意见，而这些意见有可能成为处理案件的理由之一。因而，人民监督员在履职过程中发表的意见应当被保密，否则，一旦泄露有可能对其他人民监督员的工作与生活带来消极影响。因此，保守国家秘密和检察工作秘密以及其他秘密，应当是人民监督员进行案件监督时所必须遵守的硬性条件。针对违规泄露侦查、案件秘密的行为，应当对人民监督员设立一定的规制措施。

3. 不得对其他人民监督员施加不正当影响

人民监督员有权独立评议、发表意见并作出最后决定，但人民监督员最终的结论性意见是按照少数服从多数作出的，这可能会导致个别人民监督员为了追求有利于自身或者利益相关人的最终结果，而不恰当地给其他人民监督员施加影响。这里的施加影响并非指在讨论、评议过程中发表自己的意见时给他人带来的影响，在讨论评议时相互交换观点，产生一定的影响均是正常的现象。需要予以规制的是在正常的评议过程外，通过使用法律监督以外的手段，例如职务影响、经济利益、名誉损毁等不正当的手段人为左右其他人民监督员的意见，这不仅偏离了公平公正监督的本质，还可能出现违法违规现象，理应禁止。

4. 不得私自会见案件当事人及其委托的人

人民监督员虽然不是司法工作人员，但是其享有的权利却与司法工作人员有类似之处，例如可以查阅案件、询问相关人员、听取律师意见。但相对而言，人民监督员为系统外人员，其受到的纪律约束和责任追究都较少。如果私自会见案件当事人或委托人，无论其出于何种目的，脱离了司法行政机关的管理和检察机关办案纪律的约束，极易对案件造成不良影响。甚至可能会出现人民监督员角色异化，摒弃公平公正的价值原则，出现徇私偏颇的情况。故人民监督员不得私自会见案件当事人及其委托的人，既是保证案件公平公正办理，保证程序正义的需要，也是保护人民监督员自身的需要。

5. 具备特定情形时自行回避

在人民监督员选任管理工作改革以后，人民监督员的选任管理和开展案件监督工作的通知工作交由司法行政机关开展。可以说这样的外部监督方式更为科学合理，也厘清了人民监督员对检察机关进行外部监督的独立地位。由于检察机关仅掌握案件事实情况和相关涉案犯罪嫌疑人情况，而司法行政机关也仅掌握人民监督员的身份情况，在监督案件工作开始前，即使检察机关知晓了参与案件监督的人民监督员的姓名，也不易发现人民监督员与涉案人员之间是否存有联系。对于司法行政机关而言，在案件监督前，从检察机关处知晓的信息也停留在监督案件数量、监督地点、时间等要素上，也不可能知晓具体案件内涉案当事人或利益相关人的情况。由此也无法判断所通知参与案件监督的人民监督员是否与本案涉案人员存有利益关系，无法做到一定情况下人民监督员的回避。回避制度是为了防止因为存在的利益关系或其他影响而对本应该处于中立、客观、理性状态的监督者"失控"，现有制度还没有很好地完善人民监督员的回避制度，为了防止人民监督员与案件当事人存在利益关系的情况出现，一方面，可以在案件监督前请人民监督员签署无回避情况的承诺书，在人民监督员与涉案人员之间存在利益关系、亲属、上下级关系，与涉案事项存在职权联系等情形出现时，应当主动予以说明，自行回避。同时，可以商请司法行政机关完善管理制度，对刻意隐瞒利益关系的人民监督员作出一定的处理，视情形予以停止监督职责或让其卸任人民监督员职务。另一方面，检察机关可以商请司法行政机关通过进行异地交叉监督的方式防止利益关系的发生。同时，检察机关在案件需要监督，知晓了参与案件监督的人民监督员身份后，应当提前进行身份审查。另外，对于人民监督员所在单位情况有初步的掌握，可以防止出现一些较为明显的利害关系情形。

## 第二节　人民监督员的选任

人民监督员分为省级人民监督员和设区的市级人民监督员，不设县（市、区）级人民监督员和国家级人民监督员。省级人民监督员和设区的市级人民监督员分别由省级司法行政机关和市级司法行政机关按照《选任管理办法》的有关规定和有关程序予以选任和管理，人民检察院予以配合协助。

### 一、人民监督员选任管理机关的设置

《选任管理办法》规定了人民监督员的选任管理机关和配合协助机关，但未对其具体的名称、性质和职责作出明确的规定。

（一）司法行政机关人民监督员工作机构的性质及职责

根据《选任管理办法》第4条第2款的规定，司法行政机关应当健全工作机构，选配工作人员，完善制度机制，保障人民监督员选任和管理工作顺利开展。迄今为止，各地司法行政机关将此项业务具体归口哪个内设机构，还是设立独立的部门各有做法。我们认为，配套原先人民检察院人民监督员办公室

的称谓，可以统一命名为××省或××市司法局人民监督员办公室较为妥当。条件允许的可以设立一个独立的内设机构，条件不允许的可以归口于法制处，具体负责人民监督员的选任和管理工作。其工作职责主要包括：

1. 负责人民监督员的选任工作

包括成立人民监督员选任工作领导小组，开展选任人选摸底调研，出台具体选任实施方案，发布选任公告、认真组织推荐、接受公民自荐、进行资格审查、确认候选人名单、发布文件等一系列选任活动。

2. 负责人民监督员的日常管理

包括搭建平台，建立制度，加强联系，强化保障，及时更新人民监督员信息，收集汇总人民监督员反馈的意见建议，了解人民监督员履职需求和发展需要，适时增补人民监督员队伍。

3. 组织人民监督员开展监督评议活动

根据人民检察院的提请，随机抽取人民监督员人选，并及时予以通知，在人民监督员因故未能参加监督评议会议时，及时补选参会人选。主持人民监督员监督评议会议。维持会场秩序。接收人民监督员的评议表决票，并及时转交给人民检察院。

4. 做好人民监督员的保障工作

协助人民监督员参加案件监督评议活动，受理人民监督员要求提请监督的议案以及要求复议的评议意见。为人民监督员参加监督评议活动和其他工作提供经费保障，并为人民监督员的履职提供必要的工作场所。

5. 人民监督员的考核评价

建立奖惩机制，提高人民监督员履职效能。根据履职表现进行奖惩，对产生特定情形的人民监督员，进行解职、免职和劝诫。

6. 负责人民监督员的培训工作

以初任培训和专项培训等形式多样的方法开展人民监督员的培训工作，为人民监督员自主学习提供必要的学习书籍和资料，努力提升人民监督员的监督能力。

7. 与人民监督员职责相关的与检察机关的对接、联系

通过联席会议、交流座谈、检察开放日等活动，加强人民监督员、司法行政机关、检察机关之间的联系。结合工作实际，加强工作衔接，优化监督程序，及时将人民监督员履职需求和意见建议反馈给检察机关，不断提升监督效果。

8. 完成上级司法行政机关布置的其他任务

县级不设立人民检察院人民监督员，县级司法行政机关不直接承担人民监督员的选任管理工作。然而，省级和市级人民监督员都是从基层遴选上来的，

县级司法行政机关对他们更为了解。为了便于向人民监督员通知有关事项，解决一些工作中的实际问题，《选任管理办法》要求县级司法行政机关应当按照上级司法行政机关的要求，协助做好本行政区域内人民监督员选任和管理的具体工作。

　　（二）检察机关人民监督员办公室的性质和职责

　　人民监督员制度试行之初，大多采取的是人民检察院直接选任和管理人民监督员的同级管辖模式，省、市、县三级检察机关相应地都成立了人民监督员办公室。《规定》与《选任管理办法》下发以后，取消了县级人民检察院人民监督员，只剩下省、市两级人民监督员办公室。虽然人民监督员的选任管理工作改由司法行政机关直接负责，但是人民监督员监督的案件仍然是检察机关直接受理立案侦查的案件或情形，作为履行人民监督员制度为主要职能的人民检察院人民监督员办公室当然应当配合协助司法行政机关做好人民监督员的选任和培训、考核等管理工作。结合《规定》第36条有关人民检察院人民监督员办公室的职责规定和实践运作的经验，人民检察院人民监督员办公室应当履行下列职责：

　　第一，协助司法行政机关做好人民监督员选任管理工作，建立人民检察院与司法行政机关之间的协调配合机制，起草规范性文件，完善保障人民监督员履行监督职责的工作制度。

　　第二，受理并审查案件监督材料，组织人民监督员监督案件，通报案件监督情况，反馈监督案件处理结果，负责报送人民监督员提请的复议，落实人民监督员对终结案件的回访工作，协调解决人民监督员在监督过程中遇到的困难，切实保障人民监督员履行监督的权利。

　　第三，协助做好人民监督员参加检察机关组织的案件跟踪回访、执法检查、执法评查、检务公开、检察宣传等活动的相关工作，听取人民监督员的意见、建议，反馈落实改进结果。

　　第四，协调相关检察业务部门接受人民监督员监督工作，对相关业务部门落实人民监督员监督工作的情况进行督促、检查，向检察长报告并向相关业务部门反馈人民监督员监督工作的情况，定期对人民监督员工作进行总结分析，开展人民监督员制度的工作调研和理论研究。

　　第五，承办检察长和上级人民检察院人民监督员办事机构交办的其他相关工作。

　　基层人民检察院虽然不设立人民监督员办公室，但由于接受监督的案件绝大多数属于基层人民检察院承办的案件，基层人民检察院应当指定专门的业务部门或专职人员积极配合同级司法行政机关做好人民监督员的选任与管理工作。同时，积极支持上级人民检察院人民监督员办公室的工作，履行好相关工作职责。

## 二、人民监督员选任办法

司法行政机关是人民监督员选任的主体责任单位，人民检察院予以配合协助。根据《选任管理办法》第9—12条的规定，人民监督员的选任需经历确定名额、公告、报名、考察、公示、异议、决定等多个环节，概括地讲由确定名额、组织报名、审查公示、公布名单四个阶段组成。

（一）确定名额

省级和设区的市级司法行政机关应当与同级人民检察院协商，根据本辖区案件数量、人口、地域、民族等因素合理确定人民监督员的名额及分布。《选任管理办法》第9条对人选名额的底限作了明确规定："司法行政机关应当会同人民检察院，确定人民监督员的名额及分布，辖区内每个县（市、区）人民监督员名额不少于3名。"

1. 省级人民监督员名额的确定

省级人民监督员的名额不宜过多，因为省级人民检察院自行查办的直接受理立案侦查的案件极少，需要监督市级人民检察院直接受理立案侦查的案件也不会太多。如果省级人民检察院在每个县级辖区内均设置省级人民监督员，那么省级人民监督员的队伍就会过于庞大，可以考虑以市级辖区作为设置标准，在每个市级辖区内遴选1—2名省级人民监督员。

2. 市级人民监督员名额的确定

基层人民检察院承担着85%以上职务犯罪案件的侦查任务，从需要实行监督的案件总量上来说占据绝大多数。底限当然不能少于每个县（市、区）3名人民监督员的名额，但对上限也应该有一个大体的框定，一般以辖区内每个县（市、区）人民监督员不超过10名为宜，以免市级人民监督员队伍过于庞大而疏于管理。

总体而言，人民监督员的名额确定应当充分考虑广泛群众性的原则，既要充分考虑本辖区案件数量、人口、地域、民族等综合因素，又要充分满足案件监督的实际需要，更要争取让每一位人民监督员都有机会切身体验到案件监督的历程。

3. 一人不得担任两个人民监督员

根据《选任管理办法》第6条第2款的规定："人民监督员不得同时担任两个以上人民检察院的人民监督员。"此种情况的出现有两种情形：一种情况是，人民监督员同时担任两个互不隶属的人民检察院人民监督员，如某民营企业家代表在经营地担任了人民监督员，同时，又回到原籍担任了人民监督员。在这种情况下，虽然对案件监督可能不会产生太大的影响，但是它是《选任管理办法》所明文禁止的。另一种情况是，人民监督员在担任了省级人民检察院的人民监督员的同时，又担任了有隶属关系的市级人民检察院人民监督员。人民监督员的产生与人大代表的产生不同，人大代表的产生需要在担任下级行政区划人大代表的基础上遴选出上一级人大代表，而人民检察院实行上下级领导关系，人民检察院在办理案件的过程中存在报请批准和报备制度，人民监督员同时担任有隶属关系的省级人民检察院人民监督员和市级人民检察院人民监督员，势必对案件的最终处理带来影响，显然有失公允。

（二）组织报名

确定了应当产生的人民监督员名额以后，接下来的工作就是组织报名。组织报名的前置条件是省级和设区的市级司法行政机关应当最迟在选任工作开始前一个月，向社会公告所需选任的人民监督员的名额、选任条件、推荐（申请）期限、程序等相关事项。报名的方式具有两种形式。

1. 民主推荐

民主推荐是保证人民监督员具有广泛代表性和社会群众基础的关键环节。人民监督员的选任，必须反映社会民众的意愿，选出社会公众所认可的代表来承担监督职责。检察机关接受人民监督员的监督，实质是接受其所代表的广大人民群众的民主监督。省级和设区的市级司法行政机关应当协调有关机关、团体、企事业单位和基层组织推荐人民监督员人选。在具体的操作过程中，司法行政机关应当广泛发动有关单位，推荐人民监督员的单位应当通过一定的形式，向本单位内所有成员介绍人民监督员制度的基本情况和担任人民监督员应具备的条件，积极发动群众推荐人民监督员人选，必要时可以采取投票表决的方式，选出具有广泛群众基础的人民监督员人选。

2. 个人自荐

自己认为能够满足人民监督员选任条件的任何公民，在了解了人民监督员选任公告的内容以后，在规定的时间内，可以主动向司法行政机关报名，申请成为人民监督员。

值得强调的是，司法行政机关在接受民主推荐和个人自荐人选以后，应当主动地征询其本人意见，这是一个必经的程序。担任人民监督员是公民行使民主权利的一种形式，并非是法定的义务。由于人民监督员制度实行的时间不长，无论是民主推荐还是个人自荐的人民监督员人选，都有可能存在对人民监督员制度不甚了解的情况。选任人民监督员，既要尊重人民群众的意愿，更要尊重人民监督员人选本人的意愿。只要人民监督员人选表达出不同意的意愿，或者产生犹豫反复的情况，就不能勉强而为之。

（三）审查公示

司法行政机关接受了个人自荐和民主推荐以后，得到了人民监督员的初步人选，完成了人民监督员人选的初选工作，进入了人民监督员人选确认的实质性阶段，此阶段的主要工作是初步审查、考察、公示、异议的核准。

1. 初步审查

人民监督员选任日期结束，司法行政机关需对全体人选进行初步的审查，将明显不符合人民监督员条件的人选予以剔除，确定需要考察的人选。

2. 考察

考察的任务是确定人民监督员的初步人选是否符合担任人民监督员的任职条件，对于符合条件的予以确认；对于符合禁止、限制条件的予以剔除；对于存在争议的人选进行甄别。考察的方式有：到所在单位、社区实地走访了解，听取群众代表和基层组织意见，组织进行面谈等多种形式。通过对每一位人民监督员人选进行逐一的考察，旨在了解人民监督员个人的价值取向，确认是否满足人民监督员的任职条件，最终决定是否予以选任。

3. 公示

考察通过以后，省级和设区的市级司法行政机关应当将拟任人民监督员的名单向社会公示。

公示以前，司法行政机关应当对人选的分布再作一次审查，避免出现某一群体代表过于集中的现象，严格遵守"拟任人选中，机关、团体、事业单位工作人员一般不应超过选任总数的50%"的规定。并与检察机关作进一步协商，最终确定公示的名单。

在公示过程中，有人民群众提出异议的，司法行政机关应当及时对具有异议的人民监督员人选进行复查，视情况决定其去留。

4. 异议的核准

对于司法行政机关在初步审查和考察中予以淘汰的人民监督员人选，有提出异议、要求复议的权利，司法行政机关应当认真地复查并向其说明理由。但是，人民监督员选任并非是行政程序，故落选的人民监督员不具有向法院提起行政诉讼的权利。

（四）公布名单

人民监督员人选经过公示，无异议或者经审查复议异议不成立的，由司法行政机关作出人民监督员选任决定，颁发证书，向社会公布。

司法行政机关对人民监督员作出选任决定，预告人民监督员选任工作的结束。颁发证书是司法行政机关作为人民监督员选任职能单位对依照规定程序产生的人民监督员通过颁发证书的形式予以确认的过程，是对人民监督员身份的确认和认可。

检察机关作为接受人民监督员案件监督的职能部门，积极配合协助司法行政机关做好人民监督员的选任工作是职责所在，责无旁贷。但是绝不能越俎代庖，代替司法行政机关作出选任决定或者颁发证书，否则就会产生"检察机关与司法行政机关串通一气"，"搞形式主义"的负面影响。

作出选任决定，颁发证书和公布名单也是检察宣传的大好时机，颁发证书和公布名单并不是可有可无的形式，而是保障人民监督员制度取得实效的重要环节。一方面，向全社会公布人民监督员名单，可以让社会公众了解、熟悉人民监督员的情况，搭建检察机关与人民群众之间的桥梁，让人民群众进一步了解检察工作，支持检察工作。另一方面，向全社会公布人民监督员名单，有利于扩大人民监督员的影响，使他们更加有效地听取人民群众对检察机关执法办案情况的意见、建议，拓宽人民监督员参与案件监督的渠道，促进检察机关及时发现办案中存在的问题，提高侦查、办案人员的能力水平。

## 三、人民监督员选任的实践运作

《选任管理办法》是指导人民监督员选任工作的纲领性文件，由于人民监督员制度经历了试点、探索和发展的过程，选任人民监督员的实践操作更为复杂。下面，我们以 A 市为例，对人民监督员选任的具体程序作详细介绍。

A 市是地处东部沿海发达的地级城市，A 市人民检察院与司法局保持着良好的协作关系。2014 年 9 月 4 日，《意见》下发，确定北京、吉林、浙江、宁夏等 10 个省、自治区、直辖市作为开展人民监督员选任管理方式改革试点的地区，A 市被列为人民监督员选任管理的改革试点单位。

（一）精心准备

文件传达以后，A 市人民检察院与司法局相互间主动沟通、积极准备，早做打算，敢于探索实践，达成一致意见，在方案正式实施前井然有序地做好了四件事。

1. 统一认识

文件下发后，A 市人民检察院和司法局积极沟通协商，一致认为试点单位就应当先行先试。学习有关文件精神，统一思想，积极做好各项准备工作，同时积极向上级机关汇报争取支持。2014 年 10 月底，省人民检察院和省司法厅的领导联合组成调研组，专门赴 A 市调研，听取汇报，指导人民监督员的选任工作。

2. 加强组织保障

取得上级机关的支持以后，A 市司法局和人民检察院决定成立"A 市人民监督员选任管理方式改革试点工作领导小组",加强对人民监督员选任工作的组织保障,决定由 A 市司法局局长任领导小组组长,由 A 市人民检察院分管人民监督员工作的分管领导和 A 市司法局分管人民监督员工作的副局长担任领导小组副组长,成员分别由 A 市司法局和人民检察院的相关业务部门负责人担任,领导小组下设办公室,办公地点设在 A 市司法局法制处。同时,加强制度保障,建立了县(市、区)司法局人民监督员选任工作联络员队伍,开设了网络管理平台,明确了工作职责,配合 A 市司法局做好人民监督员的选任工作。

在此基础上,A 市司法局还多次与市财政局积极协商,落实了人民监督员选任管理专项工作经费。

3. 调查摸底

工作计划确定以后,首要的工作就是对原先已经担任人民检察院人民监督员的人选开展调查摸底工作。A 市检察机关原先已有 66 名现任的市、县两级人民监督员,通过 A 市司法局和人民检察院的协商,并征得省司法厅的同意,原则上同意符合《选任管理办法》选任条件的原县、市两级人民监督员可以留任。此后,A 市司法局向 66 名原任人民监督员发放了《A 市人民监督员摸底调查表》(附表 2-2-1)。

**表 2-2-1**

# A 市人民监督员摸底调查表

您好!

根据最高人民检察院、司法部关于印发《关于人民监督员选任管理方式改革试点工作的意见》(司发通〔2014〕101 号)的通知:"根据中央司法体制改革部署,经中央领导同志和中央政法委批准,由司法行政机关负责选任管理人民监督员"。文件还对人民监督员提出了新的任职条件。

按照工作安排,2015 年起我局将对全市人民监督员进行重新确认补选,并开始新一届任期。现拟对现任人民监督员进行情况摸底,请您认真回复以下问题,并于 12 月 30 日前寄回。联系人:×××,×××。

回寄地址:(此处填写县(市、区)司法局地址　　　　　　　),谢谢!

请填写您的姓名:(　　　　)

1. 您目前担任的是您本人的第几届人民监督员?(　　)

A 首次担任　　　　　　B 已担任过一届,现任第二届

2. 您是否愿意继续担任人民监督员？（　　）

A 愿意　　　　　　　　B 不愿意（如不愿意，此处请您签名：　　　　）

3. 您是否也是人民陪审员？（　　）

A 是　　　　　　　　　B 不是

4. 您是否符合新任条件（见附件）？（　　）

A 符合　　　　　　　　B 不符合，因为：（此处填写具体原因　　　　）

附：

最新人民监督员选任条件：

1. 年满 23 周岁，高中以上文化；

2. 受过刑事处罚或正在受到刑事追究的，或者受过行政拘留处罚的，或者被开除公职或者开除留用的，不得担任；

3. 党委、政府及其组成部门的负责人（编者按：包括政府部门副职），人民代表大会常委会组成人员，公检法司安工作人员，人民陪审员，不宜担任；

4. 每届任期 5 年，连续任职不得超过 2 届。

A 市司法局

2014 年　月　日

调查摸底的结果是，在现任的 66 名人民监督员中，有 52 名人民监督员符合继任条件，且征求本人意见均表示希望继续担任人民监督员。另外有 14 名现任的人民监督员不符合继续担任人民监督员的任职条件，经征求本人意见，14 人中有 4 名现任人民监督员主动表示自愿放弃任职资格，A 市司法局均与之签订了《自愿放弃留任承诺书》（附表 2 - 2 - 2）。

表 2 - 2 - 2

## 自愿放弃留任承诺书

孙×× ，男，身份证号：× × × × × × × × × × × × × × × × × × ，原系× ×人民检察院人民监督员，任期至× × ×年× ×月× ×日。已知悉人民监督员重新进行审查确认事宜，现自愿放弃继续留任人民监督员一职，特此承诺！

签　字：

2014 年　月　日

14 名不符合留任条件的人民监督员中其余 10 人对是否留任未作主动表态，为此，A 市司法局积极主动地与他们取得联系，向他们每个人书面告知不再继续留任人民监督员，并告知其有复议的权利，10 名不符合条件的现任人民监督员都表示愿意接受告知意见，均未提出异议。

### 4. 确定名额

名额的确定应当充分考虑当地检察机关办案总量和当地人口、地域以及发展趋势等综合因素。A 市地处东部沿海发达地区，下辖五县两区，常住人口接近 400 多万，A 市检察机关近年来年均办理职务犯罪案件总量在 120—130 件。考虑到已有 52 名原任人民监督员继续留任的情况，原则上认为各县（市、区）人民监督员人选和 A 市本级人民监督员人选一般不少于 10 人，初步决定选任 88 名人民监督员，其中新选任市级人民监督员 36 名。

### 5. 确定实施方案

根据有关改革试点意见和工作方案，贯彻落实中央、省开展人民监督员选任管理试点工作有关精神和要求，A 市司法局、市人民检察院联合出台了《关于人民监督员选任管理方式改革试点工作的实施方案》，进一步明确了工作任务和工作程序，细化了人民监督员培训、履职、考核、奖惩等制度。

### （二）组织实施

准备工作就绪以后，进入实质性选任阶段。

### 1. 发布选任公告

根据实施方案，2015 年 1 月，A 市司法局、A 市人民检察院通过官网向社会发布选任公告（附表 2 - 2 - 3），接受社会报名。选任公告内容包括：人民监督员的选任名额、选任条件、选任程序、任职期限、报名时限、报名方式等相关事项。公告时间不少于 30 天。

表 2 - 2 - 3

# A 市人民检察院　A 市司法局人民监督员选任公告

为提高人民检察院执法水平和办案质量，确保依法公正履行检察职责，维护社会公平正义，根据最高人民检察院、司法部《关于人民监督员选任管理方式改革试点工作的意见》和《××省人民检察院、××省司法厅人民监督员选任公告》要求，决定在全市范围内选任 A 市人民检察院人民监督员。

现将有关选任事项公告如下。

**一、人民监督员的设置和职责**

人民监督员制度是人民检察院接受社会监督的一种外部监督制度，符合条件的公民通过选任程序成为人民监督员，对人民检察院直接受理立案侦查案件提出意见，进行监督。

人民监督员分为省级人民检察院人民监督员（以下简称省级人民监督员）和设区的市级人民检察院人民监督员（以下简称市级人民监督员）。A 市市级人民监督员由 A 市司法局负责选任管理，监督 A 市人民检察院和县（市、区）人民检察院办理的案件。

**二、选任名额**

本次共选任 A 市市级人民监督员 88 名。

**三、任职期限**

人民监督员每届任期五年，连续任职不得超过两届。省级人民监督员和市级人民监督员不得兼任。

**四、报名条件**

（一）人民监督员应当具备较高的政治素质，具有广泛的代表性和扎实的群众基础，并符合以下条件：

1. 具有中华人民共和国国籍；

2. 拥护中华人民共和国宪法；

3. 年满二十三周岁；

4. 品行良好、公道正派；

5. 身体健康；

6. 具有高中以上文化程度；

7. 户籍所在地或经常居住地应在本市行政区域内。

（二）有下列情形之一的人员，不得担任人民监督员：

1. 受过刑事处罚或者正在受到刑事追究的；

2. 受过行政拘留处罚的；

3. 被开除公职或者开除留用的。

（三）下列人员不宜担任人民监督员：

1. 党委、政府及其组成部门的负责人；

2. 人民代表大会常务委员会组成人员；

3. 人民法院、人民检察院、公安机关、国家安全机关、司法行政机关的在职工作人员；

4. 人民陪审员以及其他因职务原因可能影响履行人民监督员职责的人员。

**五、报名方式**

（一）机关、团体、企业事业单位和基层组织推荐报名；

（二）个人自荐报名。

**六、报名时间**

3月2日至11日（上午8：30—12：00，下午14：00—17：00，双休日除外）。

**七、报名地点**

A市市级人民监督员报名地点为A市司法局和各县（市、区）司法局（联系方式附后）。

**八、选任程序**

（一）发布公告。在A市人民检察院门户网站（略）、A市司法局门户网站（略）发布选任公告。

（二）接受报名。

报名时须提交：

1. 近期一寸同底彩色正面证件照6张；

2. 本人有效居民身份证或居住证原件（现场审查后退回）及复印件2份，身份证正反面复印在同一面；

3. 学历证书原件（现场审查后退回）及复印件2份；

4.《××省人民监督员报名表（市级）》2份（可在报名现场领取，也可从A市司法局门户网站自行下载）。

（三）资格审查。

选任机关对报名者的资格进行审查，不符合人民监督员选任条件的，取消其选任资格。

（四）组织考察。

选任机关对候选人进行考察，考察期间发现有不符合人民监督员选任条件的，取消其选任资格。

（五）确定拟任人选。

A市人民检察院、A市司法局联合成立市级人民监督员选任管理方式改革试点工作领导小组，讨论确定市级人民监督员拟任人选。

（六）社会公示。

人民监督员拟任人选名单将通过××省人民检察院门户网站（略）、××省司法厅门户网站（略）和A市人民检察院门户网站（略）、A市司法局门户网站（略）分别向社会公示，公示时间不少于七日，公示期间发现有不符合人民监督员选任条件的，取消其选任资格。

（七）选任公布。

拟任人选经过公示无异议或者经审查异议不成立的，由选任机关作出选任决定并颁发证书，当选人民监督员名单通过新闻媒体、××省人民检察院门户网站、××省司法厅门户网站、A市人民检察院门户网站、A市司法局门户网站向社会公布。

附件1：A市市级人民监督员报名地点及联系方式

附件2：××省人民监督员报名表（市级）

A市人民检察院（印）　　　A市司法局（印）

2015年　月　日

2. 接受报名

报名方式采取市民自愿报名和组织推荐两种形式。符合人民监督员选任条件的市民可以在公告规定的时间内，持本人有效身份证件到A市司法局及所辖县（市、区）司法局指定办公地点报名，并填写《人民监督员自荐表》（附表2-2-4）。由于首次采取个人自荐的方式，市民尚未对人民监督员制度有深度了解，截至报名时间终止，仅有9名市民主动报名。

**表 2－2－4　人民监督员自荐表**

填表时间：　年　月　日

| 姓名 | | 性别 | | 出生年月 | | 民族 | | 照片 |
|---|---|---|---|---|---|---|---|---|
| 籍贯 | | 政治面貌 | | 加入年月 | | | | |
| 身份证号码 | | | 毕业院校及专业 | | | | | |
| 参加工作时间 | | | 工作单位及职务职称 | | | | | |
| 地　址邮　编 | | | | | | | | |
| 联系电话（手机） | | | | | | | | |
| 社会兼职 | | | | | | | | |

| 简　历 | |
|---|---|
| 家庭成员及<br>主要社会关系 | |
| 自荐意见 | 签字：<br>　年　月　日 |
| 工作单位或<br>基层组织意见 | 盖章<br>　年　月　日 |
| 选任机关意见 | 盖章<br>　年　月　日 |

　　鉴于事先已经充分考虑到可能出现市民主动报名人数偏少的因素，市司法局在接受市民自愿报名的同时，提前制定了《A市人民监督员候选人组织推荐方案》（附表2－2－5）。

表2－2－5

# A市人民监督员候选人组织推荐方案

　　根据××省司法厅、××省检察院《关于人民监督员选任管理实施方案》要求，结合本市实际，拟定以下推荐方案：

　　一、组织推荐单位及方式

　　拟请各县（市、区）司法局在各自区域内组织推荐。

　　二、推荐人员分布

　　根据各（县、市）区3—10人分布原则，分别按下列要求推荐。

　　三、推荐方法

　　市司法局商请市人大、政协各推荐2人。县（市、区）司法局可商请市人大、政协、工会、共青妇联、基层组织等单位组织推荐。

四、推荐要求

1. 符合人民监督员选任条件。

2. 行业领域：人大代表、政协委员、法律工作者、企业员工或社会自由职业者等。

3. 各县（市、区）可以推荐 1 名律师，机关、事业、人民团体人员不超过 1 名。推荐时，请注意不要与现任人民监督员重复。

五、人民监督员选任条件

人民监督员应当具备较高的政治素质，具有广泛的代表性和扎实的群众基础。根据《意见》要求，人民监督员的选任条件如下：

（一）拥护中华人民共和国宪法，年满二十三周岁，品行良好、公道正派，身体健康，具有高中以上文化程度的中国公民可以担任人民监督员。

（二）市级人民监督员的户籍所在地或经常居住地应在本市行政区域内。

（三）受过刑事处罚或者正在受到刑事追究的，或者受过行政拘留处罚的，或者被开除公职或者开除留用的，不得担任人民监督员。

（四）党委、政府及其组成部门的负责人，人民代表大会常务委员会组成人员，人民法院、人民检察院、公安机关、国家安全机关、司法行政机关的在职工作人员，人民陪审员，以及其他因职务原因可能影响履行人民监督员职责的人员，不宜担任人民监督员。

（五）人民监督员每届任期五年，连续任职不得超过两届。省级人民监督员和市级人民监督员不得兼任。

六、组织考察

各单位根据《市局实施方案》要求，对推荐人选的资格进行审查，确定本级人民监督员候选人，并对候选人进行考察。考察应包括守法情况、政治素质、群众基础、品格操守等方面的内容，并形成考察报告汇总至市局。

七、完成时间

各县（市、区）司法局将人民监督员候选人报名材料和考察报告于 4 月 10 日前汇总至市局。

A 市司法局

2015 年　月　日

人民监督员候选人组织推荐方案充分考虑到了行业分配因素，向本市两级人大、政协以及各县（市、区）工会、共青妇联、街道、乡镇等组织发出了《A 市司法局关于商请推荐市级人民监督员的函》（附表 2 - 2 - 6）。

表 2 – 2 – 6

# A 市司法局关于商请推荐市级人民监督员的函

_____ ：

　　根据××省人民检察院、省司法厅《关于人民监督员选任管理方式改革试点工作的实施方案》（以下简称《方案》）工作要求，在我市开展人民监督员选任管理方式改革试点工作，由司法行政机关负责选任管理人民监督员，对市、县人民检察院直接受理立案侦查的案件进行监督。

　　按照《方案》相关要求，我局拟通过单位推荐和个人自荐相结合的方式选任人民监督员。《人民监督员选任公告》已通过市人民检察院和市司法局官网对外公告。为使人民监督员更具代表性，特商请贵单位推荐_____名市级人民监督员的候选人。

　　一、推荐条件

　　1. 拥护中华人民共和国宪法，年满二十三周岁，品行良好、公道正派，身体健康，具有高中以上文化程度的中国公民可以担任人民监督员。

　　2. 市级人民监督员的户籍所在地或经常居住地应在本市行政区域内。

　　3. 受过刑事处罚或者正在受到刑事追究的，或者受过行政拘留处罚的，或者被开除公职或者开除留用的，不得担任人民监督员。

　　4. 党委、政府及其组成部门的负责人，人民代表大会常务委员会组成人员，人民法院、人民检察院、公安机关、国家安全机关、司法行政机关的在职工作人员，人民陪审员，以及其他因职务原因可能影响履行人民监督员职责的人员，不宜担任人民监督员。

　　5. 人民监督员每届任期五年，连续任职不得超过两届。省级人民监督员和市级人民监督员不得兼任。

　　二、所需资料

　　1.《××省人民监督员推荐表（市级）》2 份（附件 1）。

　　2. 近期一寸同底彩色正面证件照 6 张。

　　3. 本人有效居民身份证复印件 2 份。

　　4. 学历证书复印件 2 份。

　　三、其他事项

　　1. 推荐对象一般不超过 60 岁，热心公益事业。推荐时请注意不要与原任监督员重复（附件2《现任人民监督员名单》）。

2. 推荐对象的相关资料请于_____之前转交_____。

联系人_____联系电话：_____。

地址：_____。

A 市司法局

2015 年　月　日

推荐单位应当填写《人民监督员推荐表》（附表 2-2-7），并寄回发出函件的司法局。经以上单位民主推荐，由各组织推荐产生了 33 名人民监督员候选人。加上市民自愿报名的 9 人和原任的 52 名人民监督员，共产生人民监督员候选人 94 名。

表 2-2-7　人民监督员推荐表

填表时间：　　年　月　日

| 姓名 | | 性别 | | 年龄 | | 民族 | | 照片 |
|---|---|---|---|---|---|---|---|---|
| 籍贯 | | 政治面貌 | | 加入时间 | | | | |
| 身份证号码 | | | 健康状况 | | | | | |
| 文化程度 | | | 毕业院校及专业 | | | | | |
| 参加工作时间 | | | 工作单位及职务职称 | | | | | |
| 地址邮编 | | | | | | | | |
| 联系电话（手机） | | | | | | | | |
| 社会兼职 | | | | | | | | |
| 简历 | | | | | | | | |

— 70 —

续表

| | |
|---|---|
| 主要表现 | |
| 家庭成员及<br>主要社会关系 | |
| 被推荐人意见 | 签字：<br>　年　　　月　　　日 |
| 推荐单位意见 | 盖章<br>　年　　　月　　　日 |
| 选任机关意见 | 盖章<br>　年　　　月　　　日 |

3. 资格审查和组织考察

报名截止以后，A市司法局对94名人民监督员候选人的个人信息、职务、学历、工作单位等情况进行了初步审核。严格对照人民监督员选任条件进行审查，发现其中7人的个人信息有误，及时进行补正修改。对于2名确实不符合选任条件的候选人予以落选处理。

在此基础上，A市司法局组织人员对剩余的92名人民监督员候选人进行了深入考察。考察的内容包括人民监督员候选人的遵纪守法情况、政治素质、群众基础和品格操守等情况。考察方式采取委托人民监督员候选人所在单位代为考察和重点走访两种形式。一般方式均委托其所在单位代为考察，向每一位候选人所在单位发放《A市人民监督员考察表》（附表2－2－8），再次征求所在单位意见。

表 2 - 2 - 8  A 市人民监督员考察表

| 姓名 | | 性别 | | 出生年月 | | | |
|---|---|---|---|---|---|---|---|
| 工作单位 | | | | | | | |
| 是否有下列不得、不宜担任人民监督员的情况 | | | | | | 是 | 否 |
| 1. 受过刑事处罚或者正在受到刑事追究的 | | | | | | | |
| 2. 受过行政拘留处罚的 | | | | | | | |
| 3. 被开除公职或者开除留用的 | | | | | | | |
| 4. 党委、政府及其组成部门的负责人，人民代表大会常务委员会组成人员，人民法院、人民检察院、公安机关、国家安全机关、司法行政机关的在职工作人员 | | | | | | | |
| 5. 人民陪审员 | | | | | | | |
| 6. 其他因职务原因可能影响履行人民监督员职责的情况 | | | | | | | |
| 考察报告<br><br><br><br><br><br><br><br>考察人： | | | | | | | |
| 人民检察院对留任人民监督员的履职情况的意见 | 履职情况：<br>胜　任（　）<br>不胜任（　） | | 经办人：<br><br><br>单位（章）：<br>　年　月　日 | | 审核人： | | |
| 委托考察单位意见 | | | 单位（章）<br>　年　月　日 | | | | |

对于存在异议的问题，则采取走访的方式予以澄清。经考察，92 名人民监督员候选人均符合人民监督员选任条件。

4. 初定人选

92 名人民监督员候选人经考察以后，一并提交 A 市人民监督员选任管理方式改革试点工作领导小组予以审议。领导小组讨论认为宜坚持好中选优的原则和原定 88 名的选任名额，将行业分布较为集中的 4 名候选人予以落选，并约请该 4 名候选人进行面谈，充分说明理由，取得了他们的谅解，最终确定 88 名人民监督员候选人名单报省司法厅备案，备案内容包括人民监督员的姓名、性别、民族、年龄、学历、工作单位、职务、地址和联系方式等。

酝酿确定的 88 名人民监督员中，年龄最小的 28 岁，最大的 65 岁，各年龄段人数比较如下（附表 2 - 2 - 9）：

表 2 - 2 - 9

| 年龄（岁） | 人数（人） | 百分比（％） |
| --- | --- | --- |
| 28—40 | 15 | 17.1 |
| 41—65 | 72 | 81.8 |
| 65 岁以上 | 1 | 1.1 |

人民监督员学历结构如下（附表 2 - 2 - 10）：

表 2 - 2 - 10

| 学历程度 | 人数（人） | 百分比（％） |
| --- | --- | --- |
| 高中 | 11 | 12.5 |
| 大专 | 22 | 25.0 |
| 本科 | 48 | 54.5 |
| 硕士 | 5 | 5.7 |
| 博士 | 2 | 2.3 |

人民监督员职业结构如下（附表 2 - 2 - 11）：

表 2 - 2 - 11

| 职业 | | 人数（人） | 百分比（%） |
|---|---|---|---|
| 机关工作人员 | | 19 | 21.6 |
| 事业单位人员 | | 20 | 22.7 |
| 私营企业人员 | | 21 | 23.9 |
| 法律服务者 | 律师 | 8 | 9.1 |
| | 公证员 · | 1 | 1.1 |
| 其他职业 | | 16 | 18.2 |
| 已退休人员 | | 3 | 3.4 |

由于 88 名人民监督员拟任人选名单中，既有新任的人选，又存在原任的人选，A 市司法局在充分征求 A 市检察机关的意见后，向省司法厅主管部门作了专门请示，决定了各届人民监督员的任期。

（1）对于新选任的 36 名人民监督员的任期从文件发布之日起算，任期 5 年。

（2）对于 2015 年 6 月 30 日前已经选任的原人民监督员，已经连任两届且第二任期尚未届满的，由 A 市司法行政机关重新进行审查公示，对符合条件且本人愿意留任的人民监督员，由 A 市司法行政机关作出确认决定，颁发证书，并向社会公布、任期从原当选之日起连续计算。即对于 52 名现任人民监督员中已经是第二届的 7 人，经确认后，任期从原任期 2011 年 11 月 29 日起算至 2016 年 11 月 28 日自动终止。剩余的名额不再另行补选，如此照顾了原已任职两届的人民监督员的情绪。

（3）2015 年 6 月 30 日前选任的原人民监督员，为第一任期且尚未届满的，由 A 市司法行政机关重新进行审查公示，对符合条件且本人愿意继续担任人民监督员的，可作为本届人民监督员拟任人选，原任期视为第一届，第二届任期从新选任决定作出之日起算。即对于 52 名原任人民监督员中仅是第一届的 45 人，任期作适当调整，统一与新选任的 36 名人民监督员一起任命，任期从 2015 年 7 月 1 日起算至 2020 年 6 月 30 日自动终止。使原任人民监督员的任期和现任人民监督员的任期得到了有机的衔接。

（三）确定选任

88 名拟任人民监督员经 A 市人民监督员选任管理方式改革试点工作领导

小组确定以后，进入了人民监督员确认的最后环节。

1. 社会公示

向社会公示是人民监督员选任的必经程序，根据《选任管理办法》第11条的规定，A市司法局通过网络、电台等形式对88名拟选任的人民监督员的人选向社会公示，公示时间不少于7日。

2. 发布文件

公示期间，A市司法局并未收到异议意见，确认88名候选人民监督员均符合人民监督员选任资格。经A市人民监督员选任管理方式改革试点工作领导小组再次讨论，决定由A市司法局于即日发布确认文件和任命文件。

3. 颁发证书

2015年8月12日，A市举行人民监督员就任宣誓仪式暨初任培训。新选任的A市市级人民监督员面向国旗庄严宣誓，正式"走马上任"。市司法局和市人民检察院相关领导出席仪式并为人民监督员代表颁发了《人民监督员证书》。同时，还邀请了有关专家为人民监督员进行初任培训。

4. 人民监督员宣誓就职

在颁证仪式上，当选的人民监督员集体宣誓就职，标志着人民监督员正式就职。

（1）宣誓形式：经省、市司法行政机关人民监督员选任委员会审查通过，初次任命为人民监督员的人员，应当参加人民监督员宣誓仪式。宣誓仪式应当在被任命为人民监督员之日起一个月内，采取统一集中或分批的方式进行。

（2）宣誓要求：宣誓会场悬挂中华人民共和国国旗；宣誓仪式由司法行政机关负责人主持，领誓人由司法行政机关人民监督员办公室负责人担任；宣誓仪式监誓人，由司法行政机关指派专人担任；宣誓人宣誓时，应着正装，免冠，成立正姿势，面向国旗，右手握拳上举过肩，随领誓人宣誓；宣读誓词应当发音清晰、准确，语音铿锵有力。

（3）宣誓程序：第一，宣誓人面向国旗列队站立，唱国歌；第二，领誓人领读完誓词，读毕"宣誓人"后，宣誓人自报姓名；第三，宣誓人在宣誓词上签署姓名、宣誓日期。经宣誓人民监督员签署姓名的誓词一式二份，一份由宣誓人民监督员收执，另一份存入人民监督员档案。

（4）宣誓誓词：作为人民监督员，我宣誓：忠于祖国、忠于人民、忠于宪法和法律。忠实履行人民监督员职责，恪守人民监督员职业道德，遵守人民监督员行为规范，为维护社会主义法治和公平正义而努力工作。

# 第三节　人民监督员的管理

根据《选任管理办法》的相关规定，人民监督员的选任和培训、考核等管理工作不再由检察机关自己负责，而是转交司法行政机关实施承担。具体地讲，省级人民监督员由省级司法行政机关负责选任管理；市级人民监督员由设区的市级司法行政机关负责选任管理；县级司法行政机关按照上级司法行政机关的要求，协助做好本行政区域内人民监督员的选任和管理的具体工作；省以下各级人民检察院则应当予以积极的配合协助。由此，人民监督员制度改革杜绝了检察机关根据"自己喜好"选任监督员的现象，提高了人民监督员制度的公信力和权威性。

司法行政机关选任和管理人民监督员，能够进一步体现依法民主、公开公正、科学高效的选任原则，建设一支具备较高素质，具有广泛代表性和扎实群众基础的人民监督员队伍，切实保障和促进人民监督员行使监督权，充分发挥人民监督员的作用。

## 一、人民监督员的日常管理

人民监督员选任以后，加强对人民监督员的日常管理是极有必要的。实践中，有些地区疏于日常联系，仅在需要人民监督员参加案件监督时才联系人民监督员，导致人民监督员对监督业务不甚熟悉，甚至有些人民监督员长期与管理机关疏于联系。

（一）加强与人民监督员的联系

司法行政机关人民监督员办公室是负责人民监督员工作的直接管理部门，承担着联系、培训、考核等各项人民监督员工作，其日常管理职能主要体现在：

1. 加强制度建设

司法行政机关应当明确人民监督员办公室和相关人员的职能、职责，制定相关的人民监督员工作的制度和纪律，通过政务公开的形式让人民监督员充分了解司法行政机关人民监督员办公室的工作性质和工作流程，了解人民监督员应当享有的权利和应当履行的义务，以及人民监督员监督案件的工作流程。

2. 搭建联系平台

司法行政机关人民监督员办公室可以通过一定的方式，向辖区内所有的人民监督员公布人民监督员办公室和工作人员的办公地点及联系方式。将人民监督员名录建册（附表 2 - 3 - 1），便于人民监督员相互之间联系。有条件的还可以通过网络、微信的形式，加强人民监督员办公室与人民监督员之间、人民监督员相互之间的联系。

表 2 - 3 - 1　人民监督员名册

制表单位：　　　　　　　　　　填表时间：　年　月　日

| 序号 | 姓名 | 性别 | 单位与职务职称 | 政治面貌 | 社会身份 | 联系方式 | |
|---|---|---|---|---|---|---|---|
| | | | | | | 手机 | 办公电话 |
| 1 | | | | | | | |
| 2 | | | | | | | |
| 3 | | | | | | | |
| 4 | | | | | | | |
| 5 | | | | | | | |
| 6 | | | | | | | |
| 7 | | | | | | | |
| 8 | | | | | | | |
| 9 | | | | | | | |
| 10 | | | | | | | |
| 11 | | | | | | | |
| 12 | | | | | | | |

注："社会身份"一栏应当填写人民监督员所担任人大代表、政协委员及工商联、非公有制经济代表人士等社会各界组织职务的情况。

司法行政机关人民监督员办公室还应当采取走访的形式，直接面对面地增进与人民监督员的沟通交流，熟悉人民监督员个人的相关情况；征求人民监督员对人民监督员办公室的工作意见；了解人民监督员在履职过程中遇到的困难，帮助解决实际问题。

3. 加强与人民监督员所在单位的联系

许多人民监督员是社会精英或者当地名流，或者身兼公职，本身工作繁忙。而人民监督员工作仅仅是其额外兼职的一项工作，如何处理好本职工作与人民监督员兼职工作之间的矛盾，理应是人民监督员办公室的工作职责与义务。实践中本职工作与履职人民监督员工作之间时常会发生冲突，人民监督员办公室应当引起重视，在选任人民监督员之时就主动告知人民监督员所在的单位，在通知人民监督员参加案件监督或者参加人民监督员工作活动时，同时书面告知人民监督员所在的单位，使其所在单位能够充分理解人民监督员工作的性质，以解人民监督员的后顾之忧。

4. 发布人民监督员工作信息

司法行政机关人民监督员办公室应将人民监督员工作的阶段性工作情况告知辖区内的人民监督员，通过编辑《人民监督员工作信息》等多种形式发布信息，使人民监督员充分感受到实行人民监督员制度的必要性，使他们对辖区内开展的人民监督员工作有深入的了解。

（二）创建人民监督员工作信息库

信息化管理是将现代信息技术与先进的管理理念相结合，转变传统的工作方法、业务流程、管理模式和组织形式，重新组合人民监督员队伍管理的内外部资源，提高人民监督员工作的效率，实现人民监督员工作和队伍管理现代化的过程。A 市司法局在选任人民监督员的工作之初，就积极探索人民监督员工作的信息化管理，与相关技术公司合作，开发了人民监督员履职管理系统软件（附表 2 - 3 - 2）。

表 2 - 3 - 2 人民监督员信息库

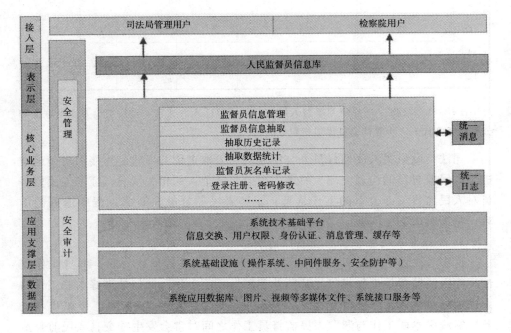

1. 人民监督员工作信息库建设的目标

建立人民监督员工作信息库，其目的有二：一是加强对人民监督员队伍进行管理和监督。系统详细记载了人民监督员的基本情况、履职情况、培训情况以及可能存在的违规违纪现象，便于司法行政机关对人民监督员的管理和考核。二是实现与人民检察院的信息共享。检察机关需要人民监督员对某个案件进行监督时，即可在系统平台中及时推送，并由司法行政机关根据需要在系统平台中随机抽取额定人数的人民监督员，体现了抽选人民监督员过程的公平、公正，避免了私下操作。

2. 人民监督员工作信息库的系统架构

该系统技术架构主要分为五层，建设项目是在其基础上的功能扩展和完善。第一层是接入层，系系统接入的用户，系统用户包括司法局管理用户、人民检察院用户。第二层是表示层，表示层通过浏览器作为用户界面，提供用户服务，通过可视化的用户界面展示信息和数据收集，是司法局与公众信息的接口。第三层是核心业务层，是系统实际完成业务规则的执行部分，实现各项工作交互应用的平台。第四层是应用支撑层，它是系统运行的基础，为保证系统的交互和运行。第五层是数据层，是业务和管理数据存放地，主要为数据库，使用关系型数据库集中管理这些数据，实现业务数据的完整性，安全性和灾难防护。

3. 人民监督员工作信息库的系统功能

该系统主要具有以下八项基本功能：

（1）人民监督员信息：包括人民监督员的基本情况，以及添加、编辑、查询、删除人民监督员信息的功能。

（2）案件信息录入功能：人民检察院需要邀请人民监督员对某起案件进行监督时，可以通过与司法局连接的系统平台直接录入案件的基本情况，以及需要邀请的人民监督员数量，实行监督评议的具体时间、地点，以便司法行政机关能够及时掌握情况，落实监督的各项工作。

（3）抽选功能：人民检察院在系统中录入需要接受监督的案件情况以后，根据系统的授权，司法行政机关即可根据工作需要，无须与人民检察院面洽，随机抽选既定数量的人民监督员；在特定需要时按区域抽选或者在人民监督员不能参加监督时及时更换人民监督员；并对人民监督员实行案件监督的履职情况进行客观评价。

（4）短信接发功能：司法行政机关在系统中随机抽选额定的人民监督员以后，系统随即同时向抽选的人民监督员发送通知短信，并接收该人民监督员是否接受邀请的短信回复。另外，司法行政机关还可以通过系统平台编辑参加会议、活动、培训等短信通知，发送给人民监督员，并接收其短信回复，提高工作效率。

（5）记录功能：该系统可以详细记录人民监督员每次抽选、参加案件监督的履职情况，人民检察院用户对每一位人民监督员履职的客观评价，以及人民监督员在案件监督履职过程中有无违规违纪被列入灰名单等情况。系统还可以同时生成人民监督员参加会议、活动、培训的相关记录。

（6）查询功能：该系统可以增加、修改、查阅监督案件的名称、类型和案件事实，以及人民监督员评议意见、复核申请和监督案件的最终处理结果。并根据司法局的授权查阅其他信息。

（7）数据统计功能：该系统设计了按时间查询的功能，可以按时间查询每一位人民监督员参与案件监督的情况；按时间查询某个人民监督员履职的详细情况；按时间实现人民监督员参与案件监督的数据统计；按时间实现违规违纪的人民监督员灰名单记录统计；以上功能还可以通过数据列表查阅。

（8）用户管理功能：对用户进行分级、升级管理，同时设定修改密码、增加用户、添加权限等管理功能。

（三）召开人民监督员工作会议

司法行政机关根据工作需要，定期或不定期地召开人民监督员工作会议，有需要时可以商请人民检察院派员出席会议予以配合。人民监督员工作会议的主要内容包括：

1. 传达和贯彻落实中央、最高人民检察院和司法部关于人民监督员制度改革的文件精神。传达和贯彻落实上级检察机关和司法行政机关关于人民监督员工作实行的具体要求。

2. 听取司法行政机关关于实行人民监督员制度工作情况的工作报告，介绍当地实行人民监督员制度的情况通报，总结人民监督员制度实行过程中的工作经验，对实行中存在的问题提出切实可行的整改措施。

3. 听取人民检察院关于实行人民监督员制度工作情况的工作报告。必要时，可以邀请人民检察院各相关业务部门对实行人民监督员制度的情况予以介绍；听取人民检察院近期查办职务犯罪和执行各项专项活动的情况通报。便于人民监督员了解检察机关的工作性质和办案情况，拓宽人民监督员发现"案件监督情形"的渠道，提高人民监督员参与案件监督的积极性。

（四）增强检察机关主动配合管理的积极性

人民监督员的选任管理虽然随着人民监督员制度的改革而由司法行政机关承担，但是，作为人民监督员监督案件的对象仍然是检察机关直接受理查办的职务犯罪侦查活动这一现实，人民检察院理应承担起积极配合之责任。

1. 落实联席会议制度

司法行政机关作为人民监督员管理的职能机关，应当牵头与人民检察院建立联席会议制度。联席会议召集人由司法行政机关分管人民监督员工作的领导担任，参加联席会议的成员包括司法行政机关和检察机关的分管领导和人民监督员办公室负责人，必要时可以邀请部分人民监督员以及两机关的相关业务部门负责人参加。

（1）联席会议的主要任务：①研究制定人民监督员管理改革工作的政策和措施。②协调解决人民监督员数量、选任、培训、履职、考核、奖惩等相关重大问题。③定期通报人民监督员选任管理、参加培训、参与活动、监督案件、履职表现等方面情况，交流有关工作信息。④研究工作中需要双方协调解决的问题。⑤协调督促双方落实好相关工作任务。

（2）联席会议的工作规则：①联席会议原则上每半年召开一次例会，由召集人或召集人委托的同志主持。②根据工作需要，可以临时召集会议。③联席会议以会议纪要形式明确会议议定事项，经与会单位同意后印发。重大问题需经联席会议讨论后，由联席会议牵头单位按程序报批。④建立联席会议工作内部通报交流制度。各职能部门应将近期内工作有关情况，以书面形式上报联席会议各参会单位，便于加强工作联络和信息沟通。⑤联席会议成员单位确定一名联络员，联络员因工作变动需要调整的，由所在单位及时调整。

（3）联席会议的工作要求：各成员单位要按照职责分工，主动研究人民监督员工作问题，切实履行好本部门职责。要积极参加联席会议各项工作，认真落实联席会议确定的工作任务和议定事项。要加强沟通、密切配合、相互支持、形成合力，充分发挥联席会议的作用，共同做好人民监督员管理工作。

2. 联合召开座谈会

司法行政机关、检察机关邀请部分人民监督员，定期或不定期地召开座谈会是加强人民监督员管理工作的必要措施。尤其是人民检察院应当主动与司法行政机关加强联系，联合召开人民监督员座谈会，听取人民监督员的意见建议，有助于人民监督员工作的顺利进行，更有助于人民检察院通过主动接受监督，改进工作作风，提高检察人员的执法水平。

3. 邀请人民监督员参加各项检察活动

邀请人民监督员参加人民检察院组织的各项活动，有助于增进人民监督员对检察工作的了解，更好地履行人民监督员的职责。各项活动包括检务公开活动，案件公开审查活动，专项执纪执法检查活动，参观人民检察院的办公、办案场所和院史馆，以及人民检察院组织的其他适宜于人民监督员参加的宣传教育活动等。宣传和扩大人民监督员制度的社会影响。

## 二、加强人民监督员的培训工作

人民监督员制度是一项改革的新生事物，鉴于人民监督员各人学历、阅历等的不同，人民监督员各人履行监督职责的能力亦参差不齐，加强对人民监督员的培训，有利于人民监督员制度的实行力得到切实有效的提升。

### （一）培训的形式

培训的目的在于提高人民监督员实行案件监督的履职能力。对人民监督员开展培训活动的责任单位是司法行政机关，人民检察院应当予以积极配合。一般情况下，人民监督员培训实行分级培训管理，省级人民检察院人民监督员由省司法厅组织培训，设区的市级人民检察院人民监督员由市司法局组织培训，司法部和省司法厅应当加强对人民监督员培训工作的指导，必要时直接开展具有针对性的培训工作。培训的形式和渠道可以多样化。

1. 会训结合

人民监督员一般都具有各自从事的本职工作，经常性地组织人民监督员参加培训活动或者组织长时间的培训活动显然不切实际。在常态下，可以通过以会代训、会训结合的形式开展人民监督员的培训工作。

2. 初任培训和专题培训

初任人民监督员显然对人民监督员制度和案件监督工作的流程不甚了解，对初任人民监督员的培训极其重要，应当将培训设置为人民监督员选任后的必经程序，旨在使人民监督员尽快地了解人民监督员制度的性质和人民监督员履职的职责，以及人民监督员应当享有的权利和应当履行的义务，使他们尽快地投入案件监督的角色。而专题培训则旨在提升人民监督员实际监督案件的履职能力，也可以通过组织人民监督员代表座谈交流的形式进行培训。

3. 提倡自主学习

人民监督员通过自主学习也是提升其履职能力的一条捷径。司法行政机关应当为人民监督员购买、发放提供必要的资料、书籍，人民检察院则有必要为人民监督员提供《检察日报》《人民检察》《A市检察》等相关报刊、杂志和书籍。

另外，条件允许的，应当组织人民监督员到人民监督员工作做得较好的先进地区或单位参观学习，借鉴他人的经验促进本地区人民监督员工作的顺利进行。

### （二）培训的主要内容

人民监督员培训工作应当具有科学性、规范性和针对性，根据本地实际需要制订培训计划，确定培训内容。人民监督员的培训应当建立长效机制，主要包括选任时的初任培训和在履职过程中针对新情况、新问题作出的专项培训。

1. 人民监督员的初任培训

人民监督员选任后，由于其来自各行各业，拥有的背景知识各有不同，应当通过集中培训的方式，对人民监督员履职所需的基本知识进行较为全面的初任培训。其内容主要包括：一是了解实行人民监督员制度的背景、目的、任务、性质和意义。二是了解选任人民监督员的资格条件以及选任的基本程序。三是了解人民监督员的权利义务。四是学习了解人民监督员监督评议案件的程序和过程。

2. 人民监督员的专项培训

有些学者认为，人民监督员应当走"平民化"的路线，而不应走"精英化"的路线。我们赞同这样的观点，在选任人民监督员时，不应当对人民监督员人选的选任资格设置过高的门槛，能够让符合一般条件的人都进入人民监督员队伍中来。然而，被选任为人民监督员以后，对他们进行一定程度的培训也是完全必要的。很难想象，一点儿也不懂法律知识、一点儿也不懂人民监督员监督评议程序的人能够真正起到外行人监督内行人的效果。为了充分发挥人民监督员监督案件的作用，对人民监督员作一些适当地培训，能够提高人民监督员的监督能力，更好地履行外部监督的职责。

专项培训可以采取以会代训、座谈交流或者分批培训与集中培训相结合等多种形式进行。专项培训的主要内容包括：

（1）进一步了解人民监督员制度的背景、性质、目的、任务和意义，提高人民监督员开展监督评议活动的积极性。

（2）进一步了解与"三类案件"和"八种情形"相关联的法律知识，使其能够胜任人民监督员工作。

（3）进一步了解职务犯罪侦查工作的程序以及与人民监督员监督案件相关的各项检察工作制度，提高人民监督员实际的监督能力。

（4）进一步了解掌握发现各类监督事项的途径，拓宽人民监督员主动发现监督事项的渠道，提高人民监督员主动发现监督案件的能力。

（5）传达上级关于人民监督员工作的改革精神，学习与人民监督员制度相应的法律修改文件。

（6）其他需要进行专门培训的事项。

培训结束以后，务必开展总结评估工作，以判断是否取得预期的培训效果。将培训的记录和数据统一收集、整理、存档、录入人民监督员管理系统，作为人民监督员年终考核评优的一项主要内容。人民监督员应当充分认识培训工作的重要性，积极参加各项培训活动。不能按时参加培训的，年终考核不予评优。

## 三、强化人民监督员的考核工作

考核是对人民监督员的履职情况进行绩效考评，凭借、对照工作目标或绩效标准，采用一定的考评方法，评定人民监督员的工作任务完成情况和监督工作履职程度，并将上述评定结果反馈给人民监督员的一种制度。人民监督员的考核工作，考核对象是省、市两级人民监督员。司法行政机关是负责人民监督员考核工作的责任主体，省级司法行政机关负责省级人民检察院人民监督员的考核工作，设区的市级司法行政机关负责市级人民检察院人民监督员的考核工作，同级人民检察院应当予以协助配合。

（一）考核的原则

对于人民监督员的考核应当坚持客观公正、注重实绩的原则，并且按照《规定》《选任管理办法》的有关条件、标准和程序进行细化后对人民监督员开展考核工作。

1. 客观原则

考核的责任主体是司法行政机关。司法行政机关应当制定明确的考评标准，针对人民监督员参与的各项监督活动的实际情况和客观资料进行评价，尽量避免渗入主观性和感情色彩。

2. 公正原则

公平公正是确立和推行人民监督员考核制度的前提，不公平就不可能发挥考核制度的应有作用。考核的结果应当向本人公开，这是保证人民监督员考核过程民主的重要手段。使接受考核的人民监督员了解自己的优点和不足，鼓励优胜者取长补短，再接再厉，使考核成绩不好的人民监督员心悦诚服，奋起上进。

3. 奖惩结合原则

依据考核的结果，根据人民监督员参与案件监督、业务培训等监督活动的积极性、工作量，做到奖惩分明。考核成绩好的给予适当的精神鼓励和一定的物质奖励；考核一般的给予继续鼓励；考核不合格的则应当给予严肃批评，指出问题所在；情节严重的，给予免职、撤职处理。

4. 反馈原则

考核的结果应当由司法行政机关作出相应的评语后反馈给接受考核的人民监督员本人，起到考核的教育作用。在反馈考核结果的同时，应当向其就评语进行说明解释，肯定成绩和进步，说明不足之处，提出今后继续努力的参照意见。

（二）考核的内容与方法

考核应当明确考核的期限，按照一定的工作程序和方法，对事先制定的考核内容进行考评。

1. 考核的内容

考核的核心内容应当紧紧围绕人民监督员参与案件监督的重点工作进行，同时应当兼顾人民监督员参加学习培训、专项活动、遵章守记和严格自律等考核内容。

2. 考核的方法

人民监督员考核采取平时考核与年度考核相结合的办法。平时考核的重点是考核人民监督员参加培训、监督活动等情况，年度考核重点考核人民监督员完成案件监督评议的工作情况。考核的程序依次为听取人民监督员年度监督工作情况汇报（附表2-3-3）；人民检察院对人民监督员履职情况评价意见；人民监督员所在单位或居住地基层组织反馈意见及考核优秀等次推荐意见（附表2-3-4）；调阅人民监督员管理台账及信息库相关信息登记资料进行；最后由司法行政机关予以审核评定考核等级，及时反馈给人民监督员（附表2-3-5），并给予评定为优秀等次的人民监督员予以表彰（附表2-3-6）。

表2-3-3 人民监督员年度考核登记表

| 姓　名 | | 性　别 | | 出生年月 | |
|---|---|---|---|---|---|
| 政　治<br>面　貌 | | | 任现职<br>时　间 | | |
| 单　位<br>及职务 | | | | | |
| 履行职责、培训学习等情况道德操守方面总体评价 | | | | | |

| 部门考核<br>等次建议 | |
|---|---|
| | 盖章：        年 月 日 |
| 审批机关<br>意见 | |
| | 盖章：        年 月 日 |
| 本 人<br>意 见 | |
| | 盖章：        年 月 日 |
| 未确定等次或<br>不参加考核<br>情况说明 | |
| | 盖章或签名：        年 月 日 |

**表 2 - 3 - 4  优秀人民监督员推荐名单**

（    年度）呈报单位（    盖章）                        填表日期

| 姓名 | 性别 | 民族 | 单位及职务 | 年度考核等次 |
|---|---|---|---|---|
| | | | | |
| | | | | |
| | | | | |
| | | | | |
| | | | | |
| 推荐单位意见 | | | | |
| | | | | 盖 章<br>年 月 日 |

表 2 - 3 - 5

# 人民监督员年度考核结果通知书

　　_____人民监督员：

　　根据《_____市人民监督员考核制度》，您在_____年年度考核中被确定为_____等次。

　　特此通知。

盖　章

年　月　日

## 表 2 - 3 - 6　优秀人民监督员奖励审批表

填表时间：　年　月　日

| 姓名 | | 性别 | | 出生年月 | | |
|---|---|---|---|---|---|---|
| 民族 | | 籍贯 | | 出生地 | | |
| 身份证号 | | | | 选任时间 | | |
| 政治面貌 | | 学历 | | 学位 | | |
| 工作单位 | | | | 职务 | | |
| 拟授荣誉 | | | | | | |
| 主要成绩 | | | | | | |
| 申报部门意见 | 盖　章<br>年　月　日 | | | | | |

| | |
|---|---|
| 司法局人民监督员办公室意见 | 盖　章<br>年　月　日 |
| 人民检察院建议意见 | 盖　章<br>年　月　日 |
| 司法局审批意见 | 盖　章<br>年　月　日 |
| 备　注 | |

注：此表一式三份，经审核确认后，一份存入本人档案，一份由考核单位保管，一份由检察机关备存。

3. 考核的期限

考虑到人民监督员参与案件监督的工作量并不会很频繁的缘故，人民监督员考评工作可以按年度进行。每一年度的年底或下一年度的年初，人民监督员应当向本级司法行政机关书面报告一年来本人从事人民监督员监督工作的具体情况，司法行政机关应当在每年2月之前完成对本级人民监督员的年度考核工作。临近届满之际，司法行政机关应当对本级人民监督员近五年来的工作情况进行综合考评，以此作为最终确定该人民监督员是否继续留任的依据。

（三）考核的奖惩

根据人民监督员履职情况和考核评价结果，应当进行奖惩的决定。人民监督员的奖励分为荣誉表彰和物质奖励。人民监督员在履职和年度考核中表现突出的，可授予优秀人民监督员荣誉称号。对获得荣誉称号的人民监督员可以给予适当的物质奖励。

## 四、人民监督员的免职与辞职

司法行政机关是管理人民监督员队伍的责任主体，其责任就是管理好人民监督员，造就一支高素质的人民监督员队伍。当人民监督员出现不愿、不宜、不能再担任人民监督员的情形时，就必然会产生解职、免职与辞职等问题，这也是人民监督员管理的一个重要方面。

（一）人民监督员的解职

解职是任期届满时的自然结果。根据《选任管理办法》第 6 条第 1 款"人民监督员每届任期五年，连续担任人民监督员不超过两届"的规定，会出现两种解职的情形。第一种情形是人民监督员在第一届五年任期届满之时，由于本人无意续任，或者未被继续选任为下一届人民监督员时，就自动解职，失去了继续担任人民监督员的资格。第二种情形是人民监督员连续任满两届人民监督员之后，根据规定不能再连续担任第三届人民监督员，此时其人民监督员的资格就自动解除。对于无论是只担任一届而不再续任的人民监督员，还是已连续担任两届且已届满的人民监督员，在其不再担任人民监督员之时，我们建议，都应当由司法行政机关和人民检察院共同为其颁发荣誉证书，以示对其工作的感谢和肯定。

实践中可能会出现的问题是，虽然《选任管理办法》第 6 条第 1 款规定人民监督员的任期不得连续超过两届，但是如果该人民监督员仍然希望有机会再次担任人民监督员，在连续任职两届届满且之后又隔了一届，此后是否能够再次担任人民监督员？我们的意见是应当予以准许。《选任管理办法》规定的任职年龄是年满 23 周岁以上，假设某人民监督员 30 周岁时被选任为人民监督员，即使连续担任两届才年满 40 周岁，此后才是其人生资历、阅历最为丰富的阶段，显然更适宜担任人民监督员。鉴于现行《选任管理办法》的限制，只要中间隔过一届，就能重新被选任为人民监督员，且其再次任期的限定仍然应当为不超过两届。事实上，人民监督员工作是一项社会性的兼职工作，人民监督员不同于公务人员的任职。我们想表达的原意是选任人民监督员不应当有届期的限制，其中道理最简单不过，担任人民监督员的时间越长，其无论是监督业务能力还是发现监督情形的能力也会越强，只要其本人自愿选任且完全符合选任人民监督员资格条件的，就应当像人大代表选举那样能够连选连任。

（二）人民监督员的免职

免职一般是指依法享有任免权的机关按照法律或制度规定免去公职人员所担任的职务。而人民监督员并非是严格意义上的公职，《选任管理办法》并未作出撤职的情形规定，而一律使用免职的条款。人民监督员在出现了不宜、不得、不能再继续担任人民监督员的情形时，就应当被免去人民监督员资格，尤其是人民监督员违反《选任管理办法》《规定》中的某些条款且情节严重时，对其免职就具有惩罚性意义。例如某人民监督员在履行案件监督职责过程中故意泄露案件涉及的国家秘密或商业秘密且情节严重时，免职无可非议，这将有可能导致他终身不得担任人民监督员的后果，显然会对其个人名誉造成伤害。

选任主体与免职主体应当保持一致性，根据谁任命就由谁免职的原则，作为人民监督员选任和管理责任主体的司法行政机关当然应当负责起人民监督员免职的启动程序，并最终决定对某人民监督员是否予以免职。人民检察院担负着协助配合司法行政机关选任和管理人民监督员的职责，虽然不具有免职的决定权，却拥有对人民监督员免职的建议权。某些学者对此颇有微词，事实上，人民检察院在接受人民监督员对案件实行监督的过程中，更易发现人民监督员可能存在违反《选任管理办法》《规定》的情形，即使不赋予人民检察院免职建议权，其将人民监督员某些违规行为移送司法行政机关查处的行为本身就是一种建议权。当然，最终的决定权属于司法行政机关。

《选任管理办法》对人民监督员的免职情形作了具体规定，如第 20 条规定，人民监督员具有下列情形之一的，作出选任决定的司法行政机关应当免除其人民监督员资格：（一）丧失中华人民共和国国籍的；（二）违法犯罪的；（三）丧失行为能力的；（四）在选任中弄虚作假，提供不实材料的；（五）年度考核不合格的；（六）违反本办法第七条第二款规定的（泄露案件涉及的国家秘密、商业秘密、个人隐私和未成年人犯罪信息）。由此，我们可以从以下三个方面来加以理解。

1. 丧失任职必备条件的情形

《选任管理办法》第 8 条第 1 款明确规定拥护中华人民共和国宪法、品行良好、公道正派、身体健康、年满 23 周岁、高中以上文化学历的中国公民是担任人民监督员必须具备的条件。人民监督员不再具备这些条件时，司法行政机关理当免除其人民监督员资格。"丧失中华人民共和国国籍的"情形显然是违背了担任人民监督员最基础的任职条件，一经发现，应当立即予以免职。人民监督员在任职期间发生"丧失行为能力的"情形，则预示着无法继续履行人民监督员的职责，理应被免职。人民监督员在任职期间，如果被发现存在"在选任中弄虚作假，提供不实材料的"情形，可能会出现已任人民监督员实际上不符合《选任管理办法》第 8 条和第 10 条第 2 款规定的人民监督员选任条件的情况，应当被免职。假设人民监督员在任职期间，被发现有"在选任中弄虚作假，提供不实材料的"情形，则可证明其有违"品行良好、公道正派"的要求。但其"弄虚作假，提供不实材料"并不影响其任职条件的，据情则可以另当别论，届满时可以让其不再续任。

**2. 出现任职禁止条件的情形**

"因犯罪受过刑事处罚的或者被开除公职的人员，不得担任人民监督员"是《选任管理办法》第 8 条第 2 款规定的选任人民监督员的禁止性条件。假如已经任职的人民监督员在任职期间出现"违法犯罪的"情形，与选任人民监督员的禁止性规定相缝合，应当予以免职。但是，如果已经任职的人民监督员在任职期间出现被所在单位开除公职的情形，《选任管理办法》并未作具体规定，应当根据其被开除公职的具体情节酌情而定。假如系违法违纪，有违社会主义公德且情节严重的，则应当对其人民监督员资格予以免职；假如事出有因，不违反社会主义公德的，则情有可原，例如人民监督员出于自身发展的考虑要求辞去公职而所在单位不允准许将其除名，一般情况下，可以待其届满时不予续任。

**3. 违反规定造成后果的情形**

《选任管理办法》第 20 条免职条款的第 6 项特别强调"违反本办法第七条第二款规定的"，即泄露案件涉及的国家秘密、商业秘密、个人隐私和未成年人犯罪信息，司法行政机关应当免除其人民监督员资格。这充分说明此种情形的恶劣性，免职毋庸置疑。然而《选任管理办法》第 20 条免职条款并未将第 7 条第 1 款"妨碍案件公正处理"和第 7 条第 3 款"披露其他依照法律法规和有关规定不应当公开的案件信息"两种情形定制为必然的免职条款。我们理解不应是无意的疏漏。之所以未将《选任管理办法》第 7 条第 1 款和第 3 款列入必然的免职条款，应当视两种情形出现时的情节而定。此两种情形的情节较难鉴定，如对"妨碍案件公正处理"情形的鉴定设置过严，就会影响人民监督员自由地发表评议意见。未将两种情形列入必然的免职条款，有助于人民监督员充分履行监督职责。情节确实严重的，自然会在年度考核时被评定为不合格，《选任管理办法》第 20 条第 5 项"年度考核不合格的"免职条款对此予以了含盖。

另外，《选任管理办法》第 6 条第 2 款规定：人民监督员不得同时担任两个以上人民检察院人民监督员。一般情况下，应当同时免去其担任的所有人民检察院人民监督员的资格。实践中，由于人员流动的原因，假设某人民监督员确实符合选任人民监督员的任职资格且表现良好，其在户籍地和工作地同时被选任为人民监督员，此时可以建议免去其多余的人民监督员资格，仅保留一地的人民监督员资格。

**（三）人民监督员的劝诫**

由于人民监督员制度试行、实行的时间不太长，人民监督员制度是新生的改革事物，尚不为广大人民群众所熟悉。人民监督员在实际履职过程中难免会出现履职不到位的现象，在人民监督员管理过程中不宜轻易地使用免职条款。

为此，一些省市司法行政机关在实践中运用了劝诫的方法，督促和指导人民监督员更好地履行监督职责。

人民监督员具有下列情形之一的，可以给予劝诫：

第一，无正当理由一年内累计二次以上不参加案件监督评议活动，或者累计三次以上不参加司法行政机关、检察机关组织的培训学习、跟踪回访、执法检查、案件评查或者案件公开审查/检察开放日等活动的；

第二，未经允许，擅自向新闻媒体和社会公众透露监督案件情况，情节显著轻微的；

第三，利用人民监督员身份，从事与人民监督员职责无关的行为，情节轻微的；

第四，违反社会公德、道德，情节轻微的；

第五，其他有损人民监督员形象、社会公信力等行为，情节轻微的。①

劝诫的重心并非是对人民监督员的惩戒，而是劝导人民监督员更好履职。

（四）人民监督员的辞职

辞职即辞去职务，是劳动者向用人单位提出解除劳动合同或者劳动关系的行为。人民监督员虽然不具有与司法行政机关之间的劳动关系，但他们具有任命与被任命的形式关系，被选任的人民监督员因职务调整不宜担任人民监督员或不愿意继续担任人民监督员时，可以主动辞去人民监督员职务。《选任管理办法》第 21 条规定：人民监督员因工作变动不能担任人民监督员，或者因身体健康原因不能正常履职，或者出现其他影响履职的重大事项的，应当及时向作出选任决定的司法行政机关辞去担任的人民监督员。据此，人民监督员的辞职可以分为基于特定事由的辞职和基于健康等原因辞职两种情形。

1. 特定原因辞职的情形

人民监督员因工作变动不能担任人民监督员，应当及时向作出选任决定的司法行政机关辞去担任的人民监督员。因工作变动辞职的情形可能出现两种情况：第一种情况是，人民监督员原本的任职条件符合人民监督员选任的条件，任职人民监督员期间，其原本任职发生了工作变动，背离了《选任管理办法》第 10 条第 2 款的"人民代表大会常务委员会组成人员，人民法院、人民检察院、公安机关、国家安全机关、司法行政机关的在职工作人员和人民陪审员不参加人民监督员选任"的规定，担任了其中某项职务，此时人民监督员应当

---

① 摘自吉林省司法厅关于印发《吉林省人民监督员奖惩规定（试行）》等制度的通知，吉司监督员发〔2015〕51 号。

主动辞职。第二种情况是，人民监督员因工作变动调往外地工作，无法再正常履行人民监督员职责，此时也应当主动辞职。

2. 健康等原因辞职的情形

身体健康是人民监督员履职的基本保证。《选任管理办法》第21条同时规定，人民监督员因身体健康不能正常履职，或者出现其他影响履职的重大事项，也应当及时主动地辞去担任的人民监督员职务。

人民监督员工作是一项社会性兼职工作，应当体现其自愿性，人民监督员由于本身工作繁忙等原因不愿再继续担任人民监督员的，应当遵照其本人意愿准许其辞去人民监督员，否则，"强扭的瓜不甜"，勉强挽留或者强行阻止都无法促使其心甘情愿地履行人民监督员职责，反而会影响其他人民监督员履职的积极性。

（五）人民监督员的增补

人民监督员选任的数量主要是基于满足该地区案件监督工作的负荷。由于出现人民监督员免职、辞职过多等情况，就难以满足案件监督的实际需要，应适时补充缺额的人民监督员人数。增补人民监督员应当充分考虑以下因素：

1. 因免职、辞职原因导致人民监督员人数减少

因免职、辞职等原因导致人民监督员人数减少并非是人民监督员增补的必要条件，只有当现有人民监督员人数确实无法满足案件监督的需要时，才应及时予以增补。

2. 因需要监督的案件数量急聚增多

当辖区内的监督案件的数量在一段时间内猛增，现有的人民监督员无法及时完成监督工作时，可以考虑适当地增补人民监督员人数。

3. 因监督案件范围的扩大

人民监督员制度是新生的改革事物，随着改革的深入推进，监督案件的种类、类型和范围有可能进一步扩大，人民监督员的增补应当满足不断增长的案件监督的需要。

增补人民监督员应当根据案件监督工作的实际而定，既可以在换届时进行，也可以在届中适时进行。司法行政机关确定需要启动增补程序前，应提前会同检察机关共同商议增补的名额，发布增补选任公告，并按照普通选任程序进行增补。

## 五、人民监督员工作的经费保障

开展任何工作，均需要有一定基础的物质保障。《选任管理办法》第23条规定，司法行政机关应当将人民监督员选任管理及履职相关工作经费申报纳

入同级财政经费预算，严格经费管理。人民监督员因参加监督评议工作而支出的交通、就餐等费用，有司法行政机关按相关规定予以补助。

（一）人民监督员工作经费的组成

从《选任管理办法》中可以看出，人民监督员工作的经费包含人民监督员履职补贴和选任管理工作经费两大部分，均由当地财政予以保障。

1. 人民监督员履职补贴

人民监督员履职需要投入一定的精力和时间，产生一定的费用，各地应按照当地实际确定补贴标准。履职补贴通常包括监督案件和参加培训、听证、会议，检察机关开展跟踪回访、执法检查、案件评查工作及案件公开审查、检察开放日等活动所产生的误工费、交通费、通讯费、伙食补助费、办案费等。实践中，人民监督员参加案件监督时，监督的案件可能不止一件，但每次只产生一次误工，故不宜按监督案件的件数发放补贴，而应该以参加监督的次数或天数发放补贴更为科学。下面以 A 市为例，作一些详解：

（1）误工费：参照《2015 年 A 市中级人民法院人身损害赔偿细化参照标准》中城镇居民或城镇无固定职业居民，按 150 元/日计的标准。

（2）交通费：参照 A 市地区交通费的平均值 50 元，同时考虑参照省内交通费的平均值。

（3）通讯费 50 元/次：参照 A 市公务员工杂费。

（4）伙食补助费：参照 A 市公务员出差补贴标准，100 元/天。

（5）监督评议办案费：250 元/天。

（6）参加相关会议、听证、教育培训等活动补贴：每人每次（天）200 元。

2. 人民监督员选任管理工作经费

为了进一步做好人民监督员的选任和管理工作，司法行政机关会相应地支出一些经费，包括选任工作经费，如选任公告费用、拟任公示费用、组织考察费用等；培训活动经费；考核奖励经费等。按一定比例评出年度优秀人民监督员，参照 A 市优秀公务员标准，发放 800 元/人奖励。

（二）人民监督员选任管理工作经费的管理办法

人民监督员制度实行以来，各地都根据当地实际制定了经费发放标准，同时也出台了相应的经费使用管理办法。在此以 A 市为例，附《A 市人民监督员经费使用管理办法》（附表 2 - 3 - 7），供兄弟单位参照。

表 2 - 3 - 7

# A 市人民监督员经费使用管理办法

**第一条** 为了规范人民监督员经费管理，加强对人民监督员经费使用的监督，保证人民监督员经费专款专用，保障人民监督员工作顺利开展，根据最高人民检察院、司法部《关于人民监督员选任管理方式改革试点工作的意见》和××省人民检察院、××省司法厅《关于印发〈关于人民监督员选任管理方式改革试点工作的实施方案〉的通知》之规定，制定本办法。

**第二条** 本办法所称人民监督员经费，是指专门用于人民监督员工作的政府年度财政预算拨款等经费。

**第三条** 市财政应当将人民监督员经费列入财政年度预算，并根据我市人民监督员工作的开展状况和人民监督员监督案件的需求对人民监督员经费予以实报实销。

**第四条** 人民监督员经费按政府收支分类科目规定列支，专款专用，接受财政、审计部门的监督。任何单位和个人不得截留、挤占和挪用，不得擅自改变资金使用性质和用途。

**第五条** 人民监督员经费主要用于以下开支：

（一）办理检察机关的监督案件；

（二）开展人民监督员宣传、教育培训、相关会议、调研工作；

（三）表彰、奖励人民监督员工作成绩突出的先进个人；

（四）人民检察院、司法局安排人民监督员从事人民监督员相关的活动或其他工作。

**第六条** 人民监督员办理监督案件、事项由人民监督员管理机构统一指派，未经人民监督员管理机构指派，人民监督员管理机构不承担办理案件和事项的补贴费用。

**第七条** 办理检察机关监督案件的费用包括误工费、交通费、通讯费、办案费和伙食补助费等费用。

**第八条** 人民监督员办理监督案件按下列标准包干支付补贴：

人民监督员办理监督案件补贴按每人每次（天）误工费 150 元，交通费 50 元，通讯费 50 元，伙食补助费 100 元、办案费 250 元计算发放。

**第九条** 人民监督员参加相关会议、教育培训等事项补贴按每人每次

（天）200 元计算发放；

第十条　表彰、奖励人民监督员工作成绩突出的先进个人的经费按每人800 元的标准发放。

第十一条　案件特别复杂、办案时间较长或者交通不便的，可适当增加补贴。

第十二条　办理人民监督员案件有下列情形之一的，不予发放办案补贴：

（一）未经人民监督员管理机构统一指派的；

（二）不履行或不正确履行人民监督员职责的；

（三）案件办理过程中，因人民监督员原因造成案件重新指派的；

（四）其他不符合发放补贴标准的情况。

第十三条　要加强对人民监督员经费的管理使用，严格执行国家有关财务规章制度，自觉接受同级财政、审计部门和上级司法行政部门的监督和检查。

第十四条　本办法自 2015 年 12 月 1 日起施行。

A 市司法局

2015 年 12 月 1 日

# 第三章　人民监督员制度的管辖范围

人民监督员监督案件的种类和情形是人民监督员制度的实体部分，也是人民监督员监督案件的核心内容。为了便于人民监督员理解监督案件的种类和情形，有必要对职务犯罪侦查活动进行一些简明扼要的介绍。况且，在实践中，如何正确实行人民监督员制度势必与职务犯罪侦查制度以及各项检察制度发生冲突，亦需要予以衔接和厘定。

## 第一节　职务犯罪侦查制度概述

职务犯罪侦查是检察机关的法定职能，是检察机关行使法律监督职能的重要组成部分。实行人民监督员制度，其监督的实际对象就是监督人民检察院办理的直接受理立案侦查的案件，从案件实体上和办案程序上进行监督，以此健全检察权运行的外部监督制约机制，规范职务犯罪侦查行为，促进司法公正。

### 一、职务犯罪侦查的概念

侦查作为一个独立的诉讼阶段，是刑事诉讼程序的基础，对于查明犯罪事实，收集确实、充分的证据具有重要的作用。尤其是在职务犯罪司法控制体系中，侦查显得尤为重要，它是惩治职务犯罪的必经阶段，既能为后续的诉讼与法院的裁决提供良好的基础，又能对潜在的职务犯罪形成巨大的震慑。

《刑事诉讼法》第 106 条规定：侦查是指公安机关、人民检察院在办理案件过程中，依照法律进行的专门调查工作和有关的强制性措施。职务犯罪侦查是指人民检察院在办理国家工作人员职务犯罪案件的过程中，为揭露和证实犯罪，依照法律进行的专门调查工作和有关的强制性措施。了解职务犯罪侦查的诉讼程序，有助于人民监督员切实履行人民监督员的权利。

（一）犯罪分类

职务犯罪侦查是伴随着职务犯罪的产生而产生的。从性质上讲，犯罪有一般犯罪和特殊犯罪之分。一般犯罪是指以危害公共安全、破坏社会主义市场经济秩序、侵犯公民人身权利、民主权利、侵犯财产、妨害社会管理秩序为主要特征的犯罪行为，而特殊犯罪包括特种犯罪、职务犯罪。特种犯罪是指以危害国家安全、军人违反职责类的特殊性质的犯罪行为。职务犯罪是指国家工作人员利用公共权力的便利条件实施的侵害国家工作人员职务行为的廉洁性、侵害国家机关正常管理秩序的犯罪行为。

（二）职务犯罪的法律特征

职务犯罪本质上是一种侵犯职责的犯罪，按照刑法学原理，相对于一般犯罪和特种犯罪来讲，具有以下法律特征：

1. 犯罪客体的特殊性

职务犯罪侵害的客体是国家对职务活动的管理职能。国家工作人员在依法履行职责的过程中，违背法定的职责要求，利用职权便利实施犯罪行为，就会危害职务行为的廉洁性和国家机关正常的管理秩序。

2. 犯罪客观方面的特殊性

法律规定的职务犯罪客观要件主要有以下三种形式：一是利用职务之便；二是滥用职权；三是严重不负责任，不履行或不正确履行职务。这种特殊性主要体现在犯罪行为与职务行为的关联性上，如果实施的犯罪行为与职务行为无关，则此种犯罪就不属于职务犯罪的范畴。

3. 犯罪主体的特殊性

职务犯罪属于法定的身份犯，只能由国家公职人员实施。犯罪主体在法律中的规定包括：国家机关工作人员；国有公司、企事业单位中的国家工作人员；人民团体中的工作人员；受国家机关、国有公司、企事业单位、人民团体委托，管理、经营国有财产的人员。

4. 犯罪主观方面的特殊性

职务犯罪主体对其行为的危害后果所持的心理与心理状态包括故意和过失两种情形。具体来说就是犯罪主体故意利用行使国家管理职能的便利条件为自己谋取利益，或者在履行国家管理职能的过程中，因滥用职权或者疏忽大意致使国家和人民利益遭受重大损失。

（三）职务犯罪侦查的法律特征

根据犯罪分类的不同，相对应的对犯罪的侦查也可分为一般犯罪侦查、职务犯罪侦查和特种犯罪侦查。从职务犯罪侦查的概念来看，职务犯罪侦查具有以下一些法律特征：

1. 职务犯罪侦查的主体是人民检察院

根据宪法和法律的规定，检察机关作为国家的法律监督机关，对职务犯罪实行侦查是法律监督的一项重要职责。职务犯罪侦查活动不仅反映了检察机关与具体的职务犯罪作斗争的过程，同时也是检察机关通过侦查活动对国家工作人员职务活动进行法律监督的一种重要形式。其他刑事犯罪的侦查主体是公安机关、安全机关和监狱管理部门等，它们进行的侦查活动是一种诉讼行为，不具有法律监督的性质。

2. 职务犯罪侦查的对象是职务犯罪

根据法律规定，职务犯罪包括贪污贿赂犯罪、渎职犯罪、国家机关工作人员利用职权实施的侵犯公民人身权利和民主权利的犯罪以及利用职权实施的其他重大犯罪。

3. 职务犯罪侦查的法定性

职务犯罪侦查是法律赋予的权力，无论是侦查程序、侦查措施和手段都应当遵循实体法和程序法的要求，遵循罪刑法定和程序法定的原则，实现实体正义和程序正义的有机统一。

（四）职务犯罪侦查的特点

职务犯罪侦查属于刑事侦查体系的一个重要组成部分，具有刑事侦查的一些共性特点。但同时职务犯罪侦查针对的是职务犯罪，职务犯罪自身具有的一些内在特性决定了职务犯罪侦查具有不同于其他刑事侦查的特点：

1. 主动发现犯罪的难度大

公安机关负责侦查的一般刑事案件，往往有具体的被害人，有犯罪现场、犯罪结果易于被发现，有些是被害人、证人等报案而被发现，所以对于公安机关负责侦查的刑事案件一般不需要研究犯罪的发现问题。但是职务犯罪侦查的对象是职务犯罪，国家工作人员实施的犯罪行为往往与国家权力结合在一起，具有合法的身份和形式做掩护，作案手段隐蔽、社会危害性隐伏期较长。有些职务犯罪并不直接涉及公民个人的切身利益，不易被揭发，职务犯罪的案件真实发生的数量往往难以被检察机关所掌握。

2. 侦查模式一般是"由人到事"

一般刑事案件的侦查模式是"由事到人"，通常是犯罪暴露后，公安机关通过对犯罪现场的勘验、检查和走访工作，对已经明确存在的犯罪事实进行立案侦查进而查获犯罪嫌疑人。除了部分渎职侵权类犯罪侦查外，职务犯罪侦查一般都是根据举报和自行发现的线索而有明确的犯罪嫌疑人，但对于犯罪事实、犯罪行为则并不明确。但是线索毕竟不是证据，其可查性、可信性都是经过评估得来的，职务犯罪的事实具有隐蔽性，职务犯罪主体的职权又具有一定的排他性、独有性，其他人员很难接触和了解，不容易被发现，尤其是窝案、串案，往往形成了利益共同体，互相包庇、掩饰，导致犯罪事实很难被发现。

因此，检察机关在决定是否立案时必须要慎重决策。①

3. 言词证据突出，物证、书证少

一般刑事案件大多有具体的犯罪对象、犯罪现场，在犯罪证据方面，物证、书证、勘验、检查、鉴定等证据的地位突出。职务犯罪案件基本没有犯罪现场，特别是对贿赂犯罪来讲权钱交易的隐蔽性、对向性决定了言词证据在职务犯罪侦查中的关键作用。没有行贿人的证言、犯罪嫌疑人的供述、辩解，案件是无法启动立案程序的，其他的物证、书证相对于言词证据来说多为间接的证据，无法单独完成作为证明犯罪事实的关键性因素。

4. 职务犯罪侦查起始于初查

初查是职务犯罪侦查特有的诉讼程序，一般刑事案件的侦查往往是从立案开始的，犯罪事实都是客观存在的，完全符合"认为有犯罪事实""认为需要追究刑事责任"的立案条件。职务犯罪的隐蔽性、复杂性决定了无论是接受举报还是自行发现的线索距离"认为有犯罪事实"的标准还有很大的差距，检察机关通过初查程序，对情报信息进行分析研判，从中找出有价值的线索，集中力量深入查处犯罪，做到有的放矢。从某种意义上讲，初查的目的就是解决能否立案的问题，它既是立案的准备、侦查的前延，更是案件能否取得突破的关键，对于保障人权、依法侦查具有制度上的约束力。

5. 侦查行为具有复杂性

职务犯罪对象的特殊性决定了职务犯罪侦查行为具有复杂性。

（1）职务犯罪主体的反侦查能力强。职务犯罪的主体多是国家工作人员，具有较高的文化层次、知识水平和阅历都不同于一般刑事案件的犯罪主体，作案手段隐蔽、复杂，作案后逃避侦查、对抗侦查的办法多。

（2）职务犯罪侦查阻力大、干扰多。职务犯罪主体有一定的职权和社会地位，社会关系盘根错节，有些甚至网织荣辱与共的政治、经济利益共同体，通过种种关系和途径为职务犯罪主体说情开脱，对职务犯罪侦查工作施加压力。部分领导干部从局部、部门利益的地方保护主义角度出发，对职务犯罪侦查工作不配合，甚至施以种种干扰。随着网络媒体的迅速发展，通过微博、微信等新媒体制造谣言散发材料干扰办案的情况也时有发生。

（3）职务犯罪窝串案现象突出。近年来的职务犯罪侦查实践表明职务犯罪共同犯罪、窝串案现象突出，"拔出萝卜带出泥"的情况时有发生。群体性、团伙性的社会影响恶劣，但由于犯罪主体众多、案情复杂、时间紧、风险大、犯罪主体之间往往订有攻守同盟并隐匿、转移赃款赃物、销毁证据等特

---

① 尹立栋：《职务犯罪规范化侦查》，中国检察出版社 2015 年版，第 3 页。

点，给侦查工作带来很大难度。

## 二、职务犯罪侦查的原则

职务犯罪侦查的原则是指检察机关在侦查过程中行使侦查权所要遵循的活动准则，它是职务犯罪侦查内在规律的科学总结，不仅体现着职务犯罪侦查活动所追求的价值目标，而且对职务犯罪侦查活动具有重要的规范性作用。

（一）依法独立原则[①]

《宪法》第 131 条规定："人民检察院依照法律规定独立行使检察权，不受行政机关、社会团体和个人的干涉。"人民检察院组织法和刑事诉讼法也作了相同的规定。作为一项宪法原则，人民检察院依法独立行使检察权具有十分重要的意义，作为检察权的重要内容，职务犯罪侦查工作也要依照法律规定独立行使。

依法独立行使职务犯罪侦查权的原则，应当包括以下几方面内容：

1. 职务犯罪侦查权的行使要符合法律规定

检察机关行使侦查权时应当严格遵守法律的程序性和实体性规定，严格依法行使法律赋予自己的权力，既不能在法律规定的范围之外任意行使侦查权，也不能在法律规定的范围内违法行使侦查权。

2. 职务犯罪侦查权要独立行使

宪法规定地方各级人民检察院检察长由同级人民代表大会选举产生，向同级人民代表大会及其常务委员会负责。这就意味着，地方各级人民检察院要受同级人民代表大会及其常务委员会的监督和同级地方党委的领导。但是这种监督和领导主要是人事管理和政治领导，而不是对检察机关行使包括侦查权在内的检察权的具体活动的领导。地方各级检察机关在具体行使侦查权的时候，要独立自主地对具体案件采取行动和作出决定，并服从上级人民检察院和最高人民检察院的领导。

3. 依法独立行使侦查权要正确认识和处理与党委的领导、人大监督的关系

坚持党的领导是我国宪法确立的一项根本性原则，一切国家权力包括检察权的行使必须在中国共产党的领导下进行，这是依法独立行使侦查权的基本前提和根本保证。另外，依法独立行使侦查权还必须接受人大监督。《宪法》第3 条规定："国家行政机关、审判机关、检察机关都由人民代表大会产生，对它负责，受它监督。"党对检察机关的领导是为检察机关依法独立行使侦查权

---

① 尹立栋：《职务犯罪规范化侦查》，中国检察出版社 2015 年版，第 5 页。

提供政治保障。人大对检察机关的监督也应当是权力监督，而不是对检察机关具体行使职务犯罪侦查权的监督。从理论上讲，党委领导和人大监督与检察机关依法独立行使侦查权应该是并行不悖的。

（二）依靠群众原则

《刑事诉讼法》第 6 条规定：人民法院、人民检察院和公安机关进行刑事诉讼，必须依靠群众，必须以事实为根据，以法律为准绳。职务犯罪侦查工作既要突出检察机关在侦查中的主导地位，又要依靠群众。

1. 依靠群众是发现职务犯罪线索的重要路径

职务犯罪的智能型、隐蔽性、特殊性客观上决定了侦查工作存在发现难、查处难的问题。因此，如果没有案件线索，或者线索来源单一，职务犯罪侦查工作将面临无本之木、无源之水的枯竭状态。因此，职务犯罪侦查工作除了要发挥检察机关的工作主动性外，还必须抓好线索来源环节的群众广泛参与，充分调动群众的积极性，依靠群众拓宽线索来源。

2. 执法效果要让人民群众满意

职务犯罪的社会危害性是比较突出的，不仅降低了党和国家公信力，还直接导致了人民群众对党和国家产生不信任感。职务犯罪侦查工作效果好不好，人民群众最有发言权。对于存在举报人和利害关系人的职务犯罪案件，执法结果必须向群众反馈，及时听取群众意见。对于因为职务犯罪而导致人民群众生命、健康、财产发生损害的，检察机关应根据法律规定对人身损害提供相应的救济，并将追缴的赃款及时返还群众。

（三）迅速及时原则

迅速及时原则对于及时推进诉讼程序实现国家刑罚权，保护犯罪嫌疑人的合法权益，都具有非常重要的意义。

1. 积极主动发现线索

职务犯罪不同于一般刑事犯罪，具有隐蔽性，检察机关要重视线索的发现工作，积极发挥主观能动性，将侦查重心前移，强化初查工作。

2. 及时收集证据，迅速查明案件事实

职务犯罪侦查工作要善于抓住战机，及时收集证据、查明犯罪事实，在侦查的过程中要果断出击，科学决策，树立强烈的侦查意识，充分发挥侦查人员的盲点力、直觉力和创造力，保障刑事诉讼活动的顺利进行。

3. 加强侦查科技化建设

司法效率的提高离不开高科技装备，职务犯罪日趋智能化、技术化，取证难度加大，在新的执法环境下，职务犯罪的侦查工作要有所突破，就必须要加强侦查科技化建设。

### （四）保密原则

保密原则也称侦查不公开原则，是现代刑事侦查中普遍遵循的重要原则。具体而言，侦查不公开主要包括两个方面的内容：侦查程序不公开和侦查内容不公开。侦查程序不公开是指禁止公开侦查过程与侦查行为，保障侦查程序的顺利进行。侦查内容不公开是指未经审判程序不得公布犯罪嫌疑人涉嫌犯罪的信息。职务犯罪侦查具有紧迫性、必要性、风险性，尤其是言词证据对于职务犯罪侦查具有关键性的作用，这些都需要职务犯罪侦查工作遵循保密原则，确保侦查任务的完成和诉讼程序的顺利进行。

### （五）协同原则

针对职务犯罪跨地区、跨行业，作案手段隐蔽、复杂、办案阻力大等特点，职务犯罪侦查应遵循协同原则。具体来说就是以上下一体、区域联动、整体作战为主要表现形式，统一组织指挥，形成职务犯罪侦查的合力，巩固检察一体化，实现依法独立侦查基础上的有机配合。职务犯罪侦查协同原则关键是要加强上级检察机关对下级检察机关职务犯罪侦查的领导，形成一个地区职务犯罪侦查一体化的整体效应。

## 三、职务犯罪案件的管辖

刑事诉讼中的管辖是指国家专门机关依法在受理刑事案件方面的职权范围上的分工，实际上就是公安、司法机关在受理刑事案件方面的权限划分问题。

### （一）立案管辖

立案管辖解决的是各司法机关之间受理刑事案件的管辖权限划分问题。《刑事诉讼法》第18条第2款对人民检察院直接受理立案侦查的刑事案件作了明文规定：贪污贿赂犯罪，国家工作人员的渎职犯罪，国家机关工作人员利用职权实施的非法拘禁、刑讯逼供、报复陷害、非法搜查的侵犯公民人身权利的犯罪以及侵犯公民民主权利的犯罪，由人民检察院立案侦查。对于国家机关工作人员利用职权实施的其他重大的犯罪案件，需要由人民检察院直接受理的时候，经省级以上人民检察院决定，可以由人民检察院立案侦查。

### （二）牵连管辖

检察机关承担贪污贿赂犯罪和渎职侵权犯罪的侦查，公安机关承担一般刑事犯罪的侦查。但在侦查实践中，经常遇到同一犯罪嫌疑人实施了涉及检察机关和公安机关管辖的两类犯罪案件的情形，如有的犯罪嫌疑人在实施一般刑事犯罪的同时，又是贪污贿赂犯罪或者渎职侵权犯罪的共犯。《人民检察院刑事诉讼规则（试行）》（以下简称《刑事诉讼规则》）第 12 条对牵连管辖明确规定：人民检察院侦查直接受理的刑事案件涉及公安机关管辖的刑事案件，应当将属于公安机关管辖的刑事案件移送公安机关。在上述情况中，如果涉嫌主罪属于公安机关管辖，由公安机关为主侦查，人民检察院予以配合；如果涉嫌主罪属于人民检察院管辖，由人民检察院为主侦查，公安机关予以配合。对于一人犯数罪、共同犯罪、多个犯罪嫌疑人实施的犯罪相互关联，并案处理有利于查明案件事实和诉讼进行的，人民检察院可以对相关犯罪案件并案处理。

牵连管辖的处理原则符合刑事诉讼法规定的"分工负责，互相配合，互相制约"的基本原则精神，同时也规定了可以并案处理的案件范围，以案破案，利用对一般刑事案件的侦查，查找职务犯罪的线索，从而为直接受理立案侦查的案件侦破提供条件和突破口。

（三）层级管辖

层级管辖是指各级人民检察院对直接受理的案件侦查权限上的分工，它解决的是哪些案件应当由哪一级人民检察院立案侦查的问题。根据《刑事诉讼规则》《人民检察院直接受理立案侦查职务犯罪案件管辖规定》及有关分级立案侦查规定的精神，主要包括以下内容：

第一，最高人民检察院立案侦查在全国有重大影响的职务犯罪案件；省、自治区、直辖市人民检察院立案侦查在本省、自治区、直辖市有重大影响的职务犯罪案件；分、州、市人民检察院立案侦查本辖区的重大职务犯罪案件；基层人民检察院立案侦查本辖区的职务犯罪案件。中央国家机关、事业单位、人民团体及其所属单位厅局级领导干部的职务犯罪案件，以及中央国有企业同等级别领导干部的职务犯罪案件，由最高人民检察院管辖。

第二，县（处）级干部和其他市地管理的干部涉嫌职务犯罪的案件线索由地市级人民检察院负责立案侦查，地（厅）级干部和其他省管干部涉嫌职务犯罪的案件线索由省级人民检察院院负责立案侦查。基层人民检察院负责管理和初查乡（科）级干部以下、本辖区内的涉嫌职务犯罪的立案侦查。

（四）指定管辖

《刑事诉讼规则》第 15 条规定：国家工作人员职务犯罪案件，由犯罪嫌疑人工作单位所在地的人民检察院管辖；如果由其他人民检察院管辖更为适宜的，可以由其他人民检察院管辖。这种指定管辖模式有利于排除干扰，保障侦查工作的顺利开展。

指定管辖可以分为交办、提办等形式，《刑事诉讼规则》第 14 条规定：上级人民检察院在必要的时候，可以直接立案侦查或者组织、指挥、参与侦查下级人民检察院管辖的案件，也可以将本院管辖的案件指定下级人民检察院立案侦查；下级人民检察院认为案情重大、复杂，需要由上级人民检察院立案侦查的案件，可以请求移送上级人民检察院立案侦查。

人民检察院在立案侦查中指定管辖，需要在异地起诉、审判的，应当在移送审查起诉前与人民法院协商指定管辖的相关事宜，从而确保刑事诉讼活动的顺利进行以及刑事诉讼任务的实现。

### 四、职务犯罪侦查的程序

职务犯罪侦查程序涵盖了刑事诉讼法和有关法律规定的方方面面，本节只能就侦查程序中与人们监督员制度有关的重点内容作相关介绍。

#### （一）职务犯罪侦查的一般程序

严格意义上的职务犯罪侦查程序遵循了普通刑事犯罪侦查程序的一般规定，案件从立案侦查开始，经历侦查取证、侦查终结、移送审查起诉的过程。而案件的终了还需经历审查起诉、提起公诉、庭审和判决的诉讼过程。

1. 初查

初查是检察机关在长期的职务犯罪侦查实践中总结出来的宝贵经验。就普通刑事案件而言，均有一个案发的过程，一经报案，公安机关就能以此立案开展侦查活动，而职务犯罪的侦查起始于举报受理或者人民检察院自行发现的线索，但仅凭线索并不能直接决定某位国家工作人员的"生死"。只能通过立案前的调查才能判明某位国家工作人员是否涉嫌职务犯罪。并且需要以此展开线索的突破工作，线索一经突破才能正式进入刑事诉讼法规定的侦查程序；反之则不予立案。

迄今为止，刑事诉讼法并未对初查作出任何规定，只有 2013 年实施的《刑事诉讼规则》在第八章第一节用了 15 个条文规定了初查的程序和要求。由于刑事诉讼法未作明文规定，初查不列入侦查程序，《刑事诉讼规则》对初查活动作了严格的限制："初查一般应当秘密进行，不得擅自接触初查对象。公开进行初查或者接触初查对象，应当经检察长批准。"在初查过程中，可以采取询问、查询、勘验、检查、鉴定、调取证据材料等不限制初查对象人身、财产权利的措施。不得对初查对象采取强制措施，不得查封、扣押、冻结初查对象的财产，不得采取技术侦查措施。

但是，职务犯罪侦查实践充分表明，初查是职务犯罪线索突破、立案的奠基石，它承担着大量符合实际的侦查工作，直接影响着职务犯罪立案后侦查的方向和办案的质量。遗憾的是现有法律规定和司法解释并没有对初查予以充分的诠释，它的功能、作用有待于进一步的挖掘。我们认为，初查是指人们检察院在立案前采取非限制人身权利、财产权利等措施对职务犯罪线索材料进行全面调查，以期查明犯罪事实，追究刑事责任的初步侦查活动。

初查是职务犯罪侦查工作得以开展的前提，是重中之重的基础性工作，而且是职务犯罪侦查工作过程中真正能够体现"侦查"两字特征的真正意义上的侦查工作，最起码讲也应当是初步的侦查，或者是初期侦查。它绝不能仅仅停留在必要的审查、必要的调查这个层面。只有达到这样的理解高度，职务犯罪侦查工作才能从过去狭隘的侦查思路中解放出来，彻底解决如"24 小时审讯"、依赖监视居住手段等"瓶颈"性问题，使职务犯罪侦查工作符合当代的侦查理念，符合民主与法制的思想，走上一条健康发展的、崭新的侦查新路。

2. 线索的突破

线索突破是指在职务犯罪线索初查活动中，当收集和获取的情报信息大量积累时，侦查人员或者决策者内心能够充分确认有犯罪事实的存在，但尚不够符合直接决定立案的条件，认为需要进一步采取措施，以期证明职务犯罪事实客观存在的初查或侦查活动，并最终决定是否立案并采取何种强制措施的过程。

我国刑事诉讼法规定的是以立案为中心的侦查启动模式。对于职务犯罪侦查工作而言除了极少部分线索与普通刑事案件侦查相似，在初查终结时，已经具备刑事诉讼法意义上的证据条件，可以直接决定立案转化成侦查活动之外，绝大部分线索在经过初查活动之后，大量积累的情报信息材料虽然能够使侦查人员或决策者内心充分确信有职务犯罪事实存在，但由于职务犯罪的隐蔽性、对向性等特点，如果立案前不主动启动线索突破程序，证明职务犯罪事实的刑事诉讼法意义上的证据就很难客观呈现出来，后续的立案、侦查程序也就无法展开。因此，检察机关必须在立案前，主动地采取进一步的措施，启动线索突破程序，以期获取刑事诉讼法意义上的证据，满足立案条件，才能决定立案进入侦查程序。

实践证明，职务犯罪侦查中的线索突破程序起始于立案之前，延续至立案之后。一般情况下，就个案而言，线索突破程序起始于立案之前，中止于立案之时。线索一经突破，案件宣告侦破就可以进入立案侦查程序；而有的时候，在获取刑事诉讼法意义上的证据无法实现，需要风险决策决定先行立案时，突破程序又将延伸至立案之后，涵盖于侦查程序之中。在滚动深挖窝案、串案的过程中，突破程序又穿插于立案之前和侦查程序之中，情况较为复杂。就已经立案的案件而言，它已经完成突破程序；就尚未立案处于深挖的线索，它既处于已经立案案件的侦查程序之中，又处于线索初查、线索突破阶段。

线索突破环节是职务犯罪侦查活动所独有的一道亮丽风景，《刑事诉讼法》《刑事诉讼规则》虽无明确规定，而其确确实实地存在于侦查实践之中，应该从法律层面上予以确认。

3. 立案侦查

立案标志着职务犯罪案件正式进入刑事诉讼程序，从决定立案开始，到案件作出是否移送审查起诉的决定为止，属于职务犯罪案件的侦查阶段。

立案以后，进入侦查程序，侦查人员享有刑事诉讼法所赋予的一切侦查措施，能够对犯罪嫌疑人采取程序不同的强制措施，以此保障侦查活动的顺利进行，收集和获取各种证据材料，证明和揭露犯罪事实。

根据《刑事诉讼法》第84条规定，可以用于证明案件事实的材料，都是证据。证据包括：（1）物证；（2）书证；（3）证人证言；（4）被害人陈述；（5）犯罪嫌疑人、被告人供述和辩解；（6）鉴定意见；（7）勘验、检查、辨认、侦查实验等笔录；（8）视听资料、电子数据。证据必须经过查证属实，才能作为定案的证据。

侦查人员必须依照法定程序，收集能够证实犯罪嫌疑人有罪或者无罪，犯罪情节轻重的各种证据。严禁刑讯逼供和以威胁、引诱、欺骗以及其他非法方法收集证据，不得强迫任何人自证其罪。存在违法取证可能的情形都将成为人民监督员监督的范围。

4. 侦查终结

侦查终结是刑事诉讼过程中侦查阶段的最后一道程序，是侦查阶段过渡到起诉阶段的连接点，对于及时、准确地惩罚犯罪分子和保障无罪人不受刑事追究具有重要的意义。

侦查终结，是指人民检察院对于立案侦查的职务犯罪案件，经过一系列侦查活动，根据已经查明的事实和证据，足以认定犯罪嫌疑人是否有罪和应否对其追究刑事责任时，决定不再进行侦查，而对犯罪嫌疑人作出处理决定或者提出处理意见的一种诉讼活动。

职务犯罪案件侦查终结后，存在三种诉讼去向，一是由侦查部门提出提起公诉的意见移送公诉部门审查决定提起公诉；二是由侦查部门提出不起诉意见移送公诉部门审查决定不起诉；三是由侦查部门提出撤案意见，报请检察长或者检察委员会批准决定撤销案件。

5. 移送审查起诉

《刑事诉讼法》第166条规定："人民检察院侦查终结的案件应当作出提起公诉、不起诉或者撤销案件的决定。"检察机关在刑事诉讼中具有代表国家提起公诉的职能，鉴于现实的需要，为了加强检察机关内部监督机制，切实履行国家赋予的法律监督职责，对职务犯罪案件实行侦诉分离。职务犯罪侦查部门提起公诉或者不起诉的意见，必须移送公诉部门审查。经公诉部门认真审查后，可以对职务犯罪案件作出提起公诉、不起诉、退回侦查部门补充侦查、建议侦查部门撤销案件的决定。

职务犯罪案件的立案条件较高，即认为有犯罪事实需要追究刑事责任，且犯罪主体的特殊性决定着立案的严肃性、慎重性，故绝大部分职务犯罪案件都将被提起公诉，而剩余的拟作不起诉、建议侦查部门的撤销案件的情形将成为人民监督员制度必须接受监督的重点案件。

（二）职务犯罪侦查的措施

职务犯罪侦查部门或者侦查人员在职务犯罪案件侦查中享有法律规定的侦查权利，包括侦查措施和强制措施两大类。

1. 侦查措施

人民检察院对已经立案的职务犯罪案件，应当严格依照法律规定的条件和程序进行，可以根据案情的实际需要采取下列侦查手段和措施：（1）讯问犯罪嫌疑人；（2）询问证人、被害人；（3）勘验、检查；（4）搜查；（5）扣押物证、书证；（6）查询、冻结存款、汇款；（7）鉴定；（8）辨认；（9）技术侦查；（10）通缉。

2. 强制措施

强制措施是指公安机关、人民检察院或者人民法院为了保证刑事诉讼的顺利进行，依法对刑事案件的犯罪嫌疑人、被告人所采取的在一定期限内暂时限制或者剥夺其人身自由的一种法定强制方法。根据强制力程度的不同，从低到高依次可以分为拘传、取保候审、监视居住、刑事拘留、逮捕五种类型。

职务犯罪侦查本身并没有侦查期限的规定，职务犯罪案件的侦查期限均组合于强制措施的具体规定之中，只要采取强制措施的期限违法，就证明侦查期限违法，这也是人民监督员应当引起关注的监督范围。

（三）职务犯罪侦查的监督

检察机关对于公安机关的侦查监督较为成熟，对于职务犯罪侦查部门的侦查监督相比而言更容易受到外界的争议，尚需进一步探索。权力的运行需要监督，事实上，检察机关作为法律监督机关，对于自行办理的职务犯罪案件的侦查活动更是从内部和外部设置了多重的监督机制。

1. 内部监督

内部监督主要是从检察系统内部，对职务犯罪案件是否应当立案以及侦查程序是否合法进行检查。从监督的形态来分，又可以分为横向监督和纵向监督两个层面。

（1）横向监督。横向监督主要是一个检察院内部，在同一级别的部门工作中，依赖于现有的检察程序设置，实行侦捕诉等不同职能由不同分管检察长负责的制度，对检察机关直接受理的职务犯罪案件的立案、侦查等诉讼活动进行的监督。检察机关的内部横向监督机制不仅包括立案侦查监督、审查逮捕监督和公诉审查监督等主体监督机制，还包括控告申诉部门的复查监督、线索监督和立案监督；监所检察部门对是否违法羁押和超期羁押的监督；财务部门对于赃款赃物保管、处理的监督；以及纪检监察部门对侦查行为是否合法，有否存在违法行动的监督等。

（2）纵向监督。上级人民检察院领导下级人民检察院的工作，上级人民检察院具有监督下级人民检察院工作的职能。况且，上级人民检察院的侦查部门具有指导、监督、指挥下级人民检察院侦查部门开展侦查活动的职能。实行着上级检察机关对下级检察机关的制约职能。事实上，根据法律的规定和内部的规章制度，上级检察机关还通过设置报批制度、报备制度和纠正制度等不同形式，实现了对下级检察机关从线索受理、初查、立案、侦查取证、侦查终结、移送审查起诉等侦查诉讼程序监督的全面覆盖。

2. 外部监督

职务犯罪的侦查与监督同属于检察机关，自然会受到外界的质疑。为此，检察机关进行了积极的尝试，寻求有效的外部监督机制。首先，检察机关向人民代表大会负责，定期接受人大及其常委会的监督。其次，是"法院的制约机制。人民法院通过审理案件，对职务犯罪侦查过程中形成的证据进行实体和程序审查，对以刑讯逼供等非法手段获取的言词证据予以排除，或者对其他非法证据要求补强，或者宣告无罪，以督促侦查人员严格执法，文明办案"[1]。再次，是"犯罪嫌疑人及其律师的制约机制。刑事诉讼法规定犯罪嫌疑人在侦查阶段享有聘请、会见律师，申请取保候审，要求解除强制措施等权利"[2]。最后，是广泛接受社会大众、舆论媒体的监督。人民监督员制度更是接受外部监督的积极探索的有力举措。

# 第二节　人民监督员监督案件的范围

职务犯罪侦查是检察机关的重要法定职能，检察机关在行使职务犯罪侦查权的过程中主要是以内部监督为主，而外部监督相对薄弱。为此，职务犯罪侦

---

① 周永年主编：《人民监督员制度概论》，中国检察出版社 2008 年版，第 289 页。

② 周永年主编：《人民监督员制度概论》，中国检察出版社 2008 年版，第 289 页。

查权的监督由谁来实行饱受外界和学者的批评，人民监督员制度是检察机关主动接受外部监督的有力举措。

人民监督员制度的管辖范围主要包括对职务犯罪侦查中的某些案件和出现的某些情节进行监督，也涉及监察范围内的案件和情形由哪个层级的人民监督员来进行监督的问题。

## 一、人民监督员监督案件的具体范围

2003 年 9 月 2 日，最高人民检察院第十届检察委员会第九次会议通过了《关于实行人民监督员制度的规定（试行）》（以下简称《试行规定》），决定在检察机关试行人民监督员制度，并于 2004 年 7 月 5 日最高人民检察院第十届检察委员会第二十三次会议对此规定做了修订。《试行规定》第 13 条、第 14 条和第 15 条对人民监督员监督案件的范围做了具体规定。

《试行规定》第 13 条规定，"人民监督员对人民检察院查办职务犯罪案件的下列情形实施监督：

（一）犯罪嫌疑人不服逮捕决定的；

（二）拟撤销案件的；

（三）拟不起诉的。

涉及国家秘密或者经特赦令免除刑罚以及犯罪嫌疑人死亡的职务犯罪案件不适用前款规定。"

《试行规定》第 14 条规定，"人民监督员发现人民检察院在查办职务犯罪案件中具有下列情形之一的可以提出意见：

（一）应当立案而不立案或者不应当立案而立案的；

（二）超期羁押的；

（三）违法搜查、扣押、冻结的；

（四）应当给予刑事赔偿而不依法予以确认或者不执行刑事赔偿决定的；

（五）检察人员在办案中有徇私舞弊、贪赃枉法、刑讯逼供、暴力取证等违法违纪情况的。"

《试行规定》第 15 条规定，"人民监督员可以应邀参加人民检察院查办职务犯罪工作的其他执法检查活动，发现有违法违纪情况的，可以提出建议和意见。"

《试行规定》第 13 条、第 14 条和第 15 条明确了人民监督员监督案件的具体范围，从中可以清晰地分为三个层次。习惯上，无论是学界还是实务界，都将第 13 条的规定称为"三类案件"；将第 14 条的规定称为"五种情形"；将第 15 条的规定称为"一种情况"。

2016 年 7 月 5 日，最高人民检察院以高检发〔2016〕7 号文件的形式颁布了《最高人民检察院关于人民监督员监督工作的规定》（以下简称《规定》），同时废除了《试行规定》。与《试行规定》相比，《规定》在充分吸纳了人民监督员制度实践经验的基础上，进一步拓展了监督范围，它在《规定》的第一章总则部分的第 1 条和第 2 条就开宗明义地阐明了人民监督员制度的监督范围。具体如下：

（一）监督范围仅限于检察机关查办的职务犯罪案件

无论是《试行规定》第 2 条："人民检察院查办职务犯罪案件，实行人民监督员制度，接受社会监督"，还是《规定》第 1 条："为了建立健全人民监督员制度，加强对人民检察院办理直接受理立案侦查案件工作的监督，健全检察权运行的外部监督制约机制，规范司法行为，促进司法公正，结合检察工作实际，制定本规定"都明确地规定了人民监督员制度的监督范围是检察机关查办的职务犯罪案件，可以从以下四个层面予以理解。

一是人民监督员制度的针对性极强，仅限于检察机关查办的职务犯罪案件，监督范围不涉及公安机关、国家安全机关、监狱等其他享有侦查权的侦查机关查办的刑事案件。也就是说，对于除了检察机关以外的侦查机关查办的刑事案件，不实行人民监督员制度。

二是人民监督员制度的监督范围直接指向检察机关查办的职务犯罪案件，是旨在监督检察机关查办职务犯罪案件中出现的符合人民监督员制度监督情形的有关情况。

三是关于公安机关、国家安全机关等其他侦查机关查办的其他职务犯罪案件，不在人民监督员制度监督的范围之列。

四是关于《刑事诉讼法》第 18 条规定的"对于国家工作人员利用职权实施的其他重大犯罪案件，需要由人民检察院直接受理的时候，经省级以上人民检察院决定，可以由人民检察院立案侦查"的案件是否适用人民监督员制度的问题，虽然存在争议，但是我们认为应当适用人民监督员制度的监督范围。因为国家工作人员利用职权实施的其他重大的犯罪案件，仍然是国家工作人员利用职权实施的犯罪案件，它明确规定于《刑事诉讼法》第 18 条规定的人民检察院直接受理立案侦查的案件范围以内，且符合《规定》第 1 条"加强对人民检察院办理直接受理立案侦查案件工作的监督"要求。

（二）"三类案件"的监督范围

《规定》将人民监督员制度监督案件的范围统一规定在第 2 条中，更加明确了人民监督员制度的监督范围。《规定》第 2 条第 3 款对"三类案件"作出了明确规定，"人民监督员对人民检察院办理直接受理立案侦查案件工作中的下列情形可以实施监督：

（一）拟撤销案件的；

（二）拟不起诉的；

（三）犯罪嫌疑人不服逮捕决定的。"

"三类案件"，即对检察机关直接受理立案侦查案件中出现的拟作撤销案件、不起诉和犯罪嫌疑人不服逮捕决定情形的，是人民监督员制度第一层次的监督范围，是监督范围的重中之重的监督重点。"三类案件"属于必须接受人民监督员监督的硬性条件范围，从检察机关试行人民监督员制度至今的现实情况来看，"三类案件"的监督实际上在监督案件中占据着绝大多数的比重。

《规定》对"三类案件"的规定与《试行规定》中的规定相比，在文字上未作只字修改，仅就顺序作了调整，只将原先第（一）项的"犯罪嫌疑人不服逮捕决定的"调整为第（三）项，这既符合现实的监督情况，且更加具有条理性，凸显出了对于"拟撤销案件的""拟不起诉的"案件监督的重要性。

（三）"八种情形"的监督范围

《规定》对《试行规定》的"五种情形"实现了拓展，扩大为"八种情形"。《规定》第 2 条第 1 款规定，"人民监督员认为人民检察院办理直接受理立案侦查工作中存在下列情形之一的，可以实施监督：

（一）应当立案而不立案或者不应当立案而立案的；

（二）超期羁押或者延长羁押期限决定违法的；

（三）采取指定居所监视居住强制措施违法的；

（四）违法搜查、查封、扣押、冻结或者违法处理查封、扣押、冻结财物的；

（五）阻碍当事人及其辩护人、诉讼代理人依法行使诉讼权利的；

（六）应当退还取保候审保证金而不退还的；

（七）应当给予刑事赔偿而不依法予以赔偿的；

（八）检察人员在办案中有徇私舞弊、贪赃枉法、刑讯逼供、暴力取证等违法违纪情况的。"

从《规定》的"八种情形"来看，与《试行规定》的"五种情形"相比，存在以下显著的特点：

第一，增设了三种情形。显而易见，《规定》在《试行规定》的基础上增设了"（三）采取指定居所监视居住强制措施违法的；（五）阻碍当事人及其辩护人、诉讼代理人依法行使诉讼权利的；（六）应当退还保证金而不退还的"三项条款。

2012 年 3 月 14 日，全国人民代表大会第五次会议对刑事诉讼法进行了第二次修正，修改后刑事诉讼法对监视居住的规定做了增补，增设了指定居所监视居住。修改后《刑事诉讼法》第 73 条规定：监视居住应当在犯罪嫌疑人、被告人的住处执行；无固定住所的，可以在指定的居所执行。对于涉嫌危害国家安全的犯罪、恐怖活动犯罪、特别重大贿赂犯罪，在住处执行可能有碍侦查的，经上一级人民检察院或者公安机关批准，也可以在指定居所执行。但是，不得在羁押场所、专门的办案场所执行。同时，修改后刑事诉讼法对律师会见的规定也做了相应的修改，修改后《刑事诉讼法》第 37 条规定：辩护律师可以同在押的犯罪嫌疑人、被告人会见和通信。其他辩护人经人民法院、人民检察院许可，也可以同在押的犯罪嫌疑人、被告人会见和通信。辩护律师持律师执业证书、律师事务所证明和委托书或者法律援助公函要求会见在押的犯罪嫌疑人、被告人的，看守所应当及时安排会见，至迟不得超过四十八小时。危害国家安全犯罪、恐怖活动犯罪、特别重大贿赂犯罪案件，在侦查期间辩护律师会见在押的犯罪嫌疑人，应当经侦查机关许可。上述案件，侦查机关应当事先通知看守所。辩护律师会见在押的犯罪嫌疑人、被告人，可以了解案件有关情况，提供法律咨询等；自案件移送审查起诉之日起，可以向犯罪嫌疑人、被告人核实有关证据。辩护律师会见犯罪嫌疑人、被告人时不被监听。辩护律师同被监视居住的犯罪嫌疑人、被告人会见、通信，适用第 1 款、第 3 款、第 4 款的规定。

指定居所监视居住与律师会见的相关规定作了修改以后，形成了社会上的激烈争论。事实上，职务犯罪侦查实践运作过程中的确也存在诸多难以把握的情况，在《规定》中将这两种情形列入了人民监督员制度监督范围确有必要，以期提升检察机关的公信力。

"应当退还取保候审保证金而不退还的"的情况在某些检察院偶有发生，从严格依法办案的角度分析，将其列入人民监督员制度监督的范围也确有必要。

第二，对"五种情形"作了适当调整。反映在两个方面：一是对《试行规定》"第十四条（三）违法搜查、扣押、冻结的；"作了必要的补充，修正为《规定》第 2 条中的"（四）违法搜查、查封、扣押、冻结或者违法处理查封、扣押、冻结财物的"，增加了违法处理赃款赃物的情形。二是对《试行规定》第 14 条中的"（二）超期羁押的"和"（四）应当给予刑事赔偿而不依法予以确认或者不执行刑事赔偿决定的"两项内容做了进一步的说明，使条款的内容更加清晰，更便于理解和把握。

（四）"一种情况"的监督情形

《规定》第 2 条第 2 款对于《试行规定》第 15 条规定的"一种情况"作了修改。

《试行规定》第 15 条规定，人民监督员可以应邀参加人民检察院查办职务犯罪案件工作的其他执法检查活动，发现有违法违纪情况的，可以提出建议或意见。学界和司法实务界称为"一种情况"。事实上，这并非是"三类案件"和"八种情形"以外的另一种监督情形。它拓展的是人民监督员发现"三类案件"和"八种情形"监督的渠道，以期解决人民监督员主动发现监督事项难的实际问题。

为此，《规定》在第三章"人民监督员履行职责的保障"中用第 27 条至第 33 条 7 个条款，对确实保障人民监督员履职和拓宽人民监督员渠道作了相应规定。

《规定》第 2 条第 2 款规定了"一种情况"：人民监督员对当事人及其辩护人、诉讼代理人或者控告人、举报人、申诉人认为人民检察院办理直接受理立案侦查工作中存在前款情形之一的，可以实施监督。此中情况也并非是超越了"三类案件"和"八种情形"范围以外的监督情形。它既是对拓宽人民监督员监督途径的一种保证，也是启动人民监督员监督评议程序的另一种启动模式，即由当事人及其辩护人、诉讼代理人或者控告人、举报人、申诉人提请人民监督员监督，再由人民检察院邀请人民监督员进行监督评议的启动模式。由此，启动人民监督员监督评议程序的模式更趋多样化。

## 二、人民监督员制度的监督模式

从理论上讲，人民监督员监督案件的运作模式可以设定为三种。

第一种是需要实行人民监督员监督案件的检察院采取的"自己选任人民监督员监督自己"的模式，即同级监督模式。《试行规定》没有对管理模式作具体规定，故在其实行期间，绝大多数检察院采纳的均是这种同级监督模式。

第二种是上级检察机关选任人民监督员监督下级检察机关需要监督的案件的模式，可以称为"下管一级模式"或"上提一级模式"。《规定》实行以后，现行人民监督员制度实行的就是上提一级的管辖模式，并且对人民监督员的任选和管理作了进一步的调整，《选任管理办法》第 3 条、第 4 条、第 5 条对人民监督员的选任管理和案件监督管理模式作了具体规定。第 3 条规定：人民监督员的选任和培训、考核等管理工作由司法行政机关负责，人民检察院予以配合协助。司法行政机关、人民检察院应当建立工作协调机制，为人民监督员履职提供相应服务，确保人民监督员选任、管理和使用相衔接，保障人民监督员依法充分履行职责。第 4 条规定：人民监督员由省级和设区的市级司法行政机关负责选任管理。县级司法机关按照上级司法机关的要求，协助做好本行政区域内人民监督员选任和管理具体工作。司法行政机关应当健全工作机构，选配工作人员，完善制度机制，保障人民监督员选任和管理工作顺利开展。第 5 条规定：人民监督员分为省级人民检察院人民监督员和设区的市级人民检察院人民监督员。省级人民检察院人民监督员监督省级和设区的市级人民检察院办理直接受理立案侦查的案件。其中，直辖市人民检察院人民监督员监督直辖市各级人民检察院办理直接受理立案侦查的案件。设区的市级人民检察院人民监督员监督县级人民检察院办理直接受理立案侦查的案件。由此，避免了需要实行案件监督的人民检察院自行选任人民监督员"自己监督自己"之嫌。《规定》不仅明确了"上提一级"的管辖模式，而且将人民监督员的选任和管理交由司法行政机关具体负责，实现了人民监督员制度实行外部监督的本意，使得人民监督员制度更趋公正、透明。

第三种是由省级人民检察院统一选任人民监督员，监督辖区内各级人民检察院办理直接受理立案侦查的案件的监督模式，可以称为"统管模式"。统管模式在幅员辽阔的我国国情的现实情况下，实际运作费时费力，可能存在诸多的不便因素，实为不足取。

（一）同级监督模式的利弊分析

人民监督员制度集中体现的是一种外部监督机制，在试行人民监督员制度期间，同级监督管理模式是大多数检察院采用的监督模式，其利弊在具体运作中感同身受，主要反映在三个方面：一是人民监督员容易受到各种因素的影响。人民监督员一般均系来自辖区内的能人贤达，或者是各行各业的代表，而实际上需要接受监督的案件又大部分来自基层，在管辖范围较小的县、市级区域，由于受到人际关系较熟的条件限制，人民监督员在监督案件时既可能鉴于检察院的情面而顺从当地检察院的意志，使监督流于形式，又有可能受到来自社会上各种不利因素的影响，使监督趋于复杂化，如人民监督员与案件当事人熟悉使监督意见缺乏公正性。二是容易造成社会各界对人民监督员制度公正性的怀疑。开展人民监督员制度需要由财政统一支出，在社会上容易造成检察院"自己请人监督自己"、做表面文章的看法。三是容易造成对人民监督员能力的质疑。就单个检察院而言，办理案件的数量有限，且符合监督范围的案件更少，分摊到每一位人民监督员实际参与的次数就会少之又少，甚至几年都难得参与一次案件监督活动，综合对于人民监督员应当具备的法律知识的考虑，会让人产生对人民监督员能力不足的责难，继而质疑人民监督员制度是否具有实际存在的必要。另外，由于许多检察院严把案件质量关或者办理的案件数量确实极少，如果在每一个县级单位成立人民监督员办公室，就有可能导致司法资源的浪费或闲置。

但是，结合人民监督员的选任和管理均由司法行政机关具体负责的措施改进，同级监督模式制度又极具优势。

1. 有助于使人民监督员制度取信于民

人民群众对于司法公正的切身感受都是从身边开始的，他们更加关心周边发生的事件。人民监督员通过亲身参与监督发生在当地的职务犯罪案件中可能存在司法不公现象的案件意见的评议，能够进一步展示司法的透明度，体会到检察机关公正执法的程度。进而通过人民监督员的广泛参与和口口相传而取信于民。

2. 有助于提高人民监督员参与监督的积极性

人民监督员工作、生活在本辖区的范围内，对身边发生的司法不公的事件更为敏感，或者说更感兴趣，鉴于参与本辖区内的案件监督交通更为便捷等有利条件，实行同级监督有助于提高人民监督员参与监督的积极性。

3. 有助于为人民监督员提供便利条件

同级监督的最大优势就在于人民监督员是在本辖区的范围内产生的，其便利条件主要体现在：一是便于选任和管理的职能机关（司法行政机关）加强对人民监督员的管理，通过经常性的联系和开展案件监督工作，了解和掌握每一位人民监督员的职业特点、专业特长，开展具有针对性的人民监督员业务培训。二是便于人民检察院通过协助司法行政机关在管理人民监督员过程中，加强与人民监督员的联系，了解社会大众对本级检察院的工作和具体监督案情的看法，进一步了解社情民意，公正地处理好相关监督案件。三是能够确保人民监督员在规定的时间内完成监督工作。随机抽选人民监督员以后，便于司法行政机关及时与人民监督员取得联系，确定抽选的人民监督员能否在规定的时间内参与案件的监督，如果出现人民监督员不能按时出席案件监督的情况，司法行政机关能够据此及时地调换人民监督员人选，确保案件监督活动的有序进行。四是便于人民监督员参与监督。人民监督员参与案件监督，对于其本人而言仅仅是一项兼职的社会性工作，其本身还有自己的工作要做。在相对的范围较小且交通相对便捷的辖区内参加案件监督活动，有助于人民监督员处理好本职工作与监督工作的矛盾。

4. 有助于拓展人民监督员发现监督案件的途径

除"三类案件"是必须接受人民监督员监督的案件以外，实践中主要存在的问题是"八种情形"的监督数量极少。同级监督有助于人民监督员利用自身对辖区内的情况较为了解，人际关系较为熟悉的便利条件，主动发现

"八种情形"的监督类型，拓展监督的渠道。

结合现时国家监察委员会体制在北京、山西、浙江试点的契机，势必会产生人民监督员制度是否有必要继续存在的争议。职务犯罪侦查、预防部门集体转隶以后，"检察机关自己监督自己"的争议就会消失。鉴于人民监督员制度对侦查工作监督所取得的成绩，如果继续实行人民监督员制度，或许"同级监督"是人民监督员制度继续存在和改革的方向。

（二）上提一级监督模式的利弊分析

现时的人民监督员制度事实上实行的是上提一级的监督模式。《规定》第6条对此作出了明文规定，省级以下人民检察院办理的应当接受人民监督员监督的案件，由上一级人民检察院组织人民监督员进行监督。省、自治区、直辖市人民检察院办理的或者根据下级人民检察院的报请作出决定的案件，应当接受人民监督员监督的，由本院组织人民监督员进行监督。结合《选任管理办法》第4条和第5条的规定，现行的上提一级的监督模式实际上包含了四层含义：一是县（市、区）级辖区不设立人民监督员，县（市、区）级基层人民检察院办理的由人民检察院直接受理立案侦查的案件，需要接受人民监督员监督时，应当报请地市级人民检察院，接受市级人民监督员实行监督。二是地市级行政区域设立市级人民监督员，负责监督基层检察院提请的由基层人民检察院办理的直接受理立案侦查的案件中需要接受人民监督员监督的案件。地市级人民检察院自行办理的由人民检察院直接受理立案侦查的案件，需要由人民监督员实行监督的，则需报请省级人民检察院，交由省级人民监督员实行监督。三是省级行政区域设立省级人民监督员，除了负责地市级人民检察院提请的由地市级人民检察院直接受理立案侦查的案件中需要接受人民监督员监督的案件以外，还负责监督由省级人民检察院办理的直接受理立案侦查的案件中需要接受人民监督员监督的案件。四是暂不设置国家级人民监督员，最高人民检察院暂不实行人民监督员制度。

上提一级的监督模式，总结和吸取了先前各地检察机关实行人民监督员制度的试点经验，是符合当前人民监督员制度实行的客观实际需要的，其优势条件得到了充分展现。

首先，上提一级的监督模式逾越了同级监督的辖区限制。一是可以避免社会各界对于"自己人选自己人""自己监督自己"的猜疑，使监督更具公正性。二是相对于同级监督模式，上提一级的监督模式更加体现了外部监督的职能，提升了人民监督员的超然性，不再依附于辖区内司法行政机关和人民检察院的行政隶属关系，不易受到所在区域各种因素的影响，能够畅所欲言地发表自己的监督意见和建议，客观公正地实现监督的目的。三是可以打消同级检察机关办案人员"打擦边球"、认为人民监督员监督案件只是走过场的不切实际的想法，避免将原本不符合不起诉条件的案件予以不起诉，或者将不符合撤案条件的案件予以撤案处理，以此倒逼检察机关进一步提高自身的办案能力和专业素质，严把案件质量关。

其次，上提一级的监督模式能够为上级检察机关的工作指导提供新的途径。人民监督员制度成为了加强对人民检察院办理直接受理立案侦查的案件工作的监督，健全检察权运行的一项重要的外部监督机制。通常而言，需要接受监督的案件都是普遍遭受外界质疑的案件或办案环节。实行上提一级的监督模式以后，人民监督员无须背负外部因素的压力，可以畅所欲言地发表自己的意见，在实践中敢于对检察机关说"不"，真实的出现监督意见与检察机关的处理意见相悖的情况。上级检察机关可以通过派员参与或者组织人民监督员进行案件监督的过程，掌握下级检察机关在办案中可能存在的瑕疵，具有针对性地开展指导工作，解决下级检察院在侦查办案中存在的实际问题，提高检察机关的执法公信力。

再次，上一级检察机关统一组织本辖区内的人民监督员开展对案件的监督工作，有助于统一人民监督员制度的实行标准，规范监督的程序，均衡处理人民监督员提出的监督评议意见。

最后，上提一级的监督模式有利于强化监督意识，整合资源，节约司法成本。上级检察院在省、市范围内统一调配人民监督员监督案件，能够最大限度地确保每一位人民监督员享有均等参与案件监督的权力，履行监督职责，由此可以避免因同级监督模式中出现个别下级院需要监督的案件较少，而使该辖区的人民监督员无法参与案件监督的情况。另外，由上级检察机关统一安排监督以后，各基层院不再需要设立单独的人民监督员办事机构，只需指定专人负责人民监督员的工作即可，由该人具体负责与上级检察院和司法行政机关的协调工作。

任何事物都存在正反两个方面，上提一级的监督模式在凸显其优势的同时，自然地会存在一些不足之处，主要反映在以下几个方面。

1. 上提一级的监督模式需要处理好上下级人民检察院之间的工作衔接

实行上提一级的监督模式，下一级人民检察院对需要实行监督的八种情形和三类案件，没有直接启动人民监督员监督程序的权力，只能提请上一级人民检察院启动监督程序。上一级人民检察院则需要有一个接受、审查、组织和启动的评议和反馈过程，相互之间就会出现程序上相互交叉的情况，容易产生相互推诿、扯皮的现象，导致下一级人民检察院较难对案件侦查、诉讼时效的正确把握。

2. 人民监督员的主动性可能受到影响

一方面，上提一级的监督模式的实行，对选任的人民监督员人选的要求可能更高。高素质可以保障监督工作的质量；相反，他们的本职工作和社会活动也会更多，使他们很难集中精力，安排出更多时间参加人民监督员监督工作。另一方面，上提一级监督模式的实行，人民监督员监督的对象不再是发生在辖区内的身边事，他们参与监督的对象可能是辖区外的案件，自然就会降低他们参与监督工作的兴趣。

3. 交通条件对监督工作的影响

人民监督员监督案件一般采用现场监督的原则，即组织人民监督员到案件承办单位进行监督并开展案件监督评议，虽然目前实行下管一级模式和统管模式的地方地域范围不大，但是人民监督员的居住相对分散，在约定的时间赶往监督地点时，相对比较困难，从而影响后续的监督工作。如果组织人民监督员到较远的区县进行监督，监督工作就需要花更多的时间。当提请监督的案件较为集中时，矛盾更加突出。该模式只适宜在一个辖区较小、交通便利的地区实施，像新疆、西藏、内蒙古等地域宽广、交通不便的省份就不适宜采用下管一级监督模式或者统管监督模式。①

综上所述，同级管辖与上提一级管辖模式各有其利弊，很难得出哪一种模式更为优越。检察机关的职务犯罪侦查职能转隶至国家监察委员会承担以后，职务犯罪侦查活动将受到检察机关立案侦查监督、审查批捕、审查起诉部门的外部制约，无须再受到"自己监督自己"的掣肘，推行同级监督的模式将更有利于人民监督员制度的实际运作。

### 三、人民监督员制度监督范围的学术争议

人民监督员制度试行 10 多年来，学界一直对人民监督员制度监督的范围存在争议，主要概括为"扩大论"和"缩小论"两种观点。分析人民监督员监督的范围，厘定监督的实质，让人民监督员知晓争议的焦点，有助于人民监督员更好地履行自己的监督职责。

（一）"扩大论"的观点简介

在"扩大论"中，比较有代表性的观点认为要将人民监督员的监督范围从检察院的自侦案件扩大到所有的刑事案件之中，要涉及刑事诉讼的各个环

---

① 秦前红等：《人民监督员制度的立法研究》，武汉大学出版社 2010 年版，第 202—203 页。

节，对所有的参诉机关的职权行使予以监督，他们认为："从整体建构的角度出发，应当考虑将非自侦案件也一并纳入人民监督员的监督范围。……检察机关通过建立人民监督员制度，让公民参与或监督检察机关司法决定的思路是正确的，但这一思路不应该只局限在自己直接受理侦查的案件上，随着试点工作的开展，在取得经验和实效的基础上，最高人民检察院应该积极向国家立法机关提出立法建议，制定具有法律阶位的《人民监督员法》，将人民监督员监督案件范围扩大到普通案件上，体现程序公正的要求。"还有的学者从当事人的基本权利保护出发，进一步阐释了扩大监督范围的理由，认为"单纯强调检察机关直接受理侦查案件的监督会带来程序不公的问题，因为不同的犯罪嫌疑人、受害人在刑事诉讼中受到了不同的待遇。检察机关直接受理侦查案件决定逮捕的犯罪嫌疑人在不服时，可以由人民监督员去监督，而其他检察机关批准逮捕的犯罪嫌疑人却没有此救济渠道，这种因为犯不同的罪而区别看待，不一视同仁的做法对犯罪嫌疑人而言，是不公平的。"还有学者认为，从实际情况看，"人民监督员的监督内容全面扩充至检察机关行使检察权的各个层面尚待时日，但至少在以下三个方面仍有扩大空间：一是对消极行使检察权的监督。人民检察院对公安机关应当立案而不立案不进行监督的，对人民法院确有错误的判决、裁定应当抗诉而不抗诉的，可以列入人民监督员的监督范围。二是对非法权力干预的监督。人民监督员应对外部权力干预办案的行为进行监督，帮助人民检察院排忧解难。三是对人民检察院本身不正当行使权力进行监督，加大对检察人员在侦查活动中违法行使职权的监督。"无论扩大的立论基点如何，均是突破主要针对"三类案件"和"五种情形"的监督。[①]

（二）"缩小论"的观点简介

与"扩大论"相对应的是，也有学者主张缩小监督范围，其针对的主要是将"犯罪嫌疑人不服逮捕决定的案件"从监督范围中剔除。理由为：（1）逮捕只是刑事诉讼中的一个程序。而且从性质上看，逮捕是一种强制措施，实施逮捕的目的仅仅是为了防止犯罪嫌疑人的后续犯罪和逃脱，不会对实体的最终处理产生影响；（2）对不服逮捕决定的案件进行监督属于事中监督，会对后续的刑事诉讼程序产生消极的影响，因为只有人民检察院作出逮捕决定并交付执行后，才会产生犯罪嫌疑人不服的情况，但这时侦查部门根据逮捕决定已经进入了下一个诉讼程序；（3）由于逮捕条件的复杂性，人民监督员难

---

[①] 秦前红等：《人民监督员制度的立法研究》，武汉大学出版社 2010 年版，第 202 页。

以把握。如逮捕条件中是否可能判处徒刑以上刑罚以及是否有逮捕必要，这涉及侦查技术、法律适用等很多专业问题，人民监督员难以胜任。[①]

## 第三节　人民监督员制度与职务犯罪侦查工作的衔接

人民监督员制度实行监督的对象是人民检察院办理直接受理立案侦查案件中出现的有关情形，其首要的问题就是实现人民监督员制度与职务犯罪侦查工作的有机衔接。

### 一、"八种情形"监督与职务犯罪侦查工作的衔接

《规定》第2条第1款、第2款对"八种情形"作了具体规定。"人民监督员认为人民检察院办理直接受理立案侦查案件工作中存在下列情形之一的，可以实施监督：（一）应当立案而不立案或者不应当立案而立案的；（二）超期羁押或者延长羁押期限决定违法的；（三）采取指定居所监视居住强制措施违法的；（四）违法搜查、查封、扣押、冻结或者违法处理查封、扣押、冻结财物的；（五）阻碍当事人及其辩护人、诉讼代理人依法行使诉讼权利的；（六）应当退还取保候审保证金而不退还的；（七）应当给予刑事赔偿而不依法予以赔偿的；（八）检察人员在办案中有徇私舞弊、贪赃枉法、刑讯逼供、暴力取证等违法违纪情况的。人民监督员对当事人及其辩护人、诉讼代理人或者控告人、举报人、申诉人认为人民检察院办理直接受理立案侦查案件中存在前款情形之一的，可以实施监督。"

"八种情形"是职务犯罪案件侦查和诉讼过程中容易产生违法办案或者执法不公现象的关键节点，是需要引入人民监督员制度进行监督的重中之重，现实情况却是"八种情形"很难实际进入人民监督员监督的范围。当然，检察机关依法办案是杜绝"八种情形"出现的主要原因，然而，人民监督员难以发现或者缺失发现的渠道以及某些检察机关缺乏主动接受监督的意愿等原因，从客观上也阻碍了"八种情形"被主动拿出来作为实际监督的内容，这确实需要有一个良好的衔接机制作为制约，值得深入研究。

（一）"应当立案而不立案或者不应当立案而立案的"情形监督与职务犯罪侦查工作的衔接

立案是职务犯罪线索向案件转化的转折点，立案是职务犯罪案件侦查活动

---

① 秦前红等：《人民监督员制度的立法研究》，武汉大学出版社2010年版，第203页。

的重要组成部分，立案是职务犯罪案件启动刑事诉讼活动的开始、出发点。在职务犯罪侦查全过程中，立案占据着制高点的地位，无论如何对立案进行定位都不为过，立案有着其他诉讼活动无法代替的重要作用。

1. 职务犯罪立案的现实情形与接受人民监督员监督的冲突

职务犯罪侦查是从无到有的发现过程，在职务犯罪侦查实践中，无论举报材料如何详细，无论初查活动怎样深入细致，只要不立案，涉案对象仍然享有原有的"领导地位"和一切既得利益。一旦立案就完成了从无到有的转化，涉案对象就会沦落为犯罪嫌疑人，直至被追究刑事责任，受到法律的惩处。职务犯罪案件的立案具有主动性、自主性和不公开性的特点，立案环节较为隐蔽，不易被外界所察觉。

（1）立案决定的主动性。一般刑事案件的侦查活动，都是接受报案、控告、检举后，公安机关据此被动地予以立案，然后展开侦查活动。而职务犯罪侦查活动则正好相反，检察机关并不能仅凭举报的线索就草率地当即决定立案，为此，它需要经历初查的前置程序。刑事诉讼法虽然未对职务犯罪初查活动作出具体规定，但是 2013 年实施的《人民检察院刑事诉讼规则（试行）》则在第八章用了 15 个条文对初查活动作了具体要求。初查活动保证了立案决策的主动性。首先，发现线索的来源是主动的。当前检察机关自行主动发现线索的比率逐年上升，即使是接受举报、控告，由于职务犯罪的不易暴露性，对线索的筛选、管理也是主动进行的。其次，开展初查活动是主动的。针对哪些线索，经过分析研判后开展初查活动，没有任何外力强迫，凸显出主动性。再次，突破线索的突然性。根据线索初查的情况，决定对线索展开突破也是主动的，并且都是在秘密、突然的状态下进行的。最后，对线索的立案决定更是主动的，有时在证据尚未完全到位的情况下，必须主动作出风险立案的决策开展侦查活动。总之，职务犯罪案件的侦查活动从开始发现线索，经营管理；通过初查活动获取大量的情报信息；然后突然地、秘密地择机选择突破；到决定立案，开展侦查取证工作的全过程都显现出检察机关和侦查人员的主动性。

（2）立案决定的自主性。线索的初查、突破活动都是检察机关主动采取的，什么时候初查终结，什么时候决定对线索进行突破都是由检察机关自主决定的。线索突破的目的就是为了立案，作出线索突破的决定就预示着即将立案，所以说立案决定更显现出检察机关的自主性、主动性。

同时，职务犯罪线索的突破在客观上存在两次突破的现实。即先行突破行贿人或者利益相关知情人，然后再突破犯罪嫌疑人。决定立案的时间往往介于传唤首个行贿人或者利益相关知情人之时，至突破犯罪嫌疑人口供之间，通常有几天的间隔时间，这使检察机关对立案更具有自主性和灵活性。

由于现有法律对初查活动和突破环节的规定不够全面、具体，实践中容易造成线索突破阶段，对涉案人员的调查谈话与立案后的审讯活动相互连接、难以区分的混杂局面，无法确定这种"谈话"或"审讯"究竟是属于立案前与涉案对象的谈话活动，还是属于立案后的首次审讯。实践的做法是：检察机关可以根据线索突破的进展情况随机、灵活地选择立案时间。一般情况下，在线索突破后，可以将立案时间前置到传唤首个涉案对象之时，以此涵盖整个突破过程和首次审讯活动，避免留下任何法律程序上的瑕疵。如此更能说明立案活动的主动性、灵活性。

（3）立案的不公开性。我国现行法律对于立案没有明确作出必须告知、公开的强制性规定，只有当犯罪嫌疑人被采取刑事拘留、逮捕等强制措施时才有必须告知其家属或所在单位的要求。这就为检察机关决定立案的时机提供了更大的回旋余地。根据案情需要，检察机关有时候可以大胆的提前立案，充分享用立案后的侦查资源，推进线索、案件的快速发展。

从以上特点不难发现，职务犯罪案件的立案决定具有很强的隐蔽性特点，其隐蔽性保证了职务犯罪案件立案决策的准确率，而其不立案决定一般也无须作出正式的书面决定。对于职务犯罪线索来讲，经初查没有发现犯罪事实存在，就无须立案，也无须作出书面的不立案决定，只需在初查终结报告中说明没有发现犯罪事实即可。而且，初查终结并不表明线索的完结，一旦今后发现了进一步的线索，仍然可以再次启动初查程序。例外情况则是，具名举报人需要答复的，人民检察院才会根据相关规定予以"不立案"的正式书面答复，现实情况是具名举报呈现越来越少的趋势，几近于枯竭。因此，人民监督员对于"应当立案而不立案或者不应当立案而立案的"情形的监督存在一个如何拓展监督渠道的问题。

2. 几点建议

立案决定的隐蔽性决定了人民监督员对于"应当立案而不立案或者不应当立案而立案的"情形监督的难度。从切实履行人民监督员制度的角度出发，人民检察院应当适当地增强立案环节的透明度，使之能够得到切实的履行。

（1）监督重点应当是"不应当立案而立案的"案件。立案必须出具《立案决定书》，《立案决定书》证明案件已经进入刑事诉讼程序，它将成为人民监督员监督的书面依据，人民监督员一旦发现已经立案的职务犯罪案件中确实存在"不应当立案而立案的"情形时，就可以据此开展监督活动。

（2）适当放宽"不立案"情形的透明度。不立案也就是等于没有立案，没有立案的案件都处于一种需要保守机密的状态，人民检察院不应将具有"不立案"情形的案件借口保守机密的需要而空置于没有立案的形态。对于需要作出不立案决定的情况，人民检察院应当主动地出具《不立案决定书》，接受人民监督员的监督。

（3）人民检察院应当提高主动接受监督的意识。人民检察院作出的立案决定和不立案决定，无论该决定是否属于需要接受人民监督员监督情形的案件，还是通常的正确决定，都应当主动地向辖区内的人民监督员通报。立案决定显示案件已进入刑事诉讼程序，不立案决定预告该案件的侦查终了。向人民监督员通报有助于人民监督员对此案件引起关注，便于人民监督员对该案件进行全程跟踪，从中发现可能存在需要监督的"八种情形"和"三类案件"。

（二）"超期羁押或者延长羁押期限决定违法的"情形监督与职务犯罪侦查工作的衔接

羁押是人民检察院在查处职务犯罪案件中，对犯罪嫌疑人采取逮捕、刑事拘留以后，依附于刑事拘留、逮捕的剥夺犯罪嫌疑人人身自由的当然状态，并不是一种独特的强制措施。刑事诉讼法对于羁押期限有明确的规定，确保了职务犯罪案件侦查和诉讼活动的顺利进行。一般而言，在职务犯罪侦查活动中不太会出现超期羁押或者违法决定延长羁押期限的情况。由于案情复杂或者案件承办人的疏忽大意，偶然会出现此类情况。

对于"超期羁押或者延长羁押期限决定违法的"情形的监督，人民监督员同样存在一个发现难的问题。实践中一旦发现存在超期羁押或者延长羁押期限决定违法的情况，案件承办部门均会主动予以纠正，纠正以后就自动失去了人民监督员予以监督的实际意义。我们认为，即使纠正以后，人民检察院也应当将违反羁押规定的情况和纠正的处理结果向辖区内的人民监督员予以通报，以虚心的态度接受人民监督员的评议和谅解。对于人民监督员主动发现"超期羁押或者延长羁押期限决定违法的"情形，人民检察院应当及时组织人民监督员对此类情形实行监督，如果此类情形确实存在的，人民检察院应当在组织监督评议的同时，立即予以纠正。

（三）"采取指定居所监视居住强制措施违法的"情形监督与职务犯罪侦查工作的衔接

指定居所监视居住强制措施是监视居住强制措施的一种特定的形式。修改后《刑事诉讼法》第 73 条规定：监视居住应当在犯罪嫌疑人、被告人的住处执行；无固定住处的，可以在指定的居所执行。对于涉嫌危害国家安全犯罪、恐怖活动犯罪、特别重大贿赂犯罪，在住处执行可能有碍侦查的，经上一级人民检察院或者公安机关批准，也可以在指定的居所执行。

对于职务犯罪侦查而言，贿赂犯罪侦查显然是难度最大的侦查活动。而基层检察机关普遍将指定居所监视居住的强制措施作为破解"侦查时限瓶颈"难题的制胜法宝，热衷于使用指定居所监视居住强制措施来解决贿赂犯罪侦查难突破的问题，实践运作中就难免出现"变相用""刻意用"的现象，引起了专家学者和社会各界的高度关注。

刑事诉讼法对于哪些案件使用指定居所监视居住强制措施是有明确规定的，在职务犯罪侦查中仅仅单指特别重大贿赂犯罪案件的侦查才能使用该措施。特别重大贿赂犯罪案件是指受贿数额特别重大，或者有重大社会影响，或者涉及国家重大利益的贿赂犯罪案件。然而对于什么是数额特别重大、重大社会影响和涉及国家重大利益的事实认定是较难的，界限不明，在实际使用指定居所监视居住强制措施的过程中，容易产生一些显性和隐性的问题：

1. 数额特别重大的界定问题

修改后刑事诉讼法颁布后，对于使用指定居所监视居住强制措施的受贿案件的数额标准确定为 50 万元，《刑法修正案（九）》施行后，将其标准提高到 300 万元，在形式上对特别重大贿赂案件作了数额上的明确规定。但是指定居所监视居住强制措施是随着立案决定即时启动的一项侦查措施，立案的条件显然不可能达到侦查终结、甚至判决时的标准，这就造成对其数额的认定产生了分歧意见。300 万元数额是指举报人举报的数额；还是侦查人员认为涉嫌贿赂的数额最终可能达到 300 万元；还是现有证据已经能够证明贿赂数额已经达到 300 万元，这就为办案部门主观地创造条件提供了机会。

2. 重大社会影响、涉及国家重大利益的界定

重大社会影响和涉及国家重大利益的界定是一种概然的规定，无法详细规定，这就造成各人对其不同的理解，有些侦查部门就会借助具有"重大社会影响、有碍侦查"的理由扩大对指定居所监视居住强制措施的使用。

以上两点是在实际使用指定居所监视居住强制措施的过程中产生的显性争论焦点，实际上还存在以下三个隐性的问题，值得关注。一是为了达到借用指定居所监视居住强制措施的目的，某些上级检察机关往往采用指定管辖、异地交办的方法，使得适用的条件符合"犯罪嫌疑人在当地无固定住所"的条件，进而适用指定居所监视居住强制措施。二是某些基层院在办理其他职务犯罪案件中，如在立案侦查贪污犯罪中，数额超过 300 万元时也比照仅适用于侦查贿赂犯罪的规定采取指定居所监视居住强制措施，这显然是有违法律精神的。三是存在没有严格执行"经上一级人民检察院批准"的规定，仅作口头汇报，未走书面提请和书面批准的程序。

鉴于贿赂犯罪侦查难度大的特点，法律规定对于该类犯罪的侦查措施作了适度的强化是完全必要的，但也易产生争议的问题。我们认为，对于采取指定

居所监视居住强制措施的情形，都应当通报人民监督员办公室，提请人民监督员进行监督，以此规范检察机关的侦查行为，平息社会争议。

（四）"违法搜查、查封、扣押、冻结或者违法处理查封、扣押、冻结财物的"情形监督与职务犯罪侦查工作的衔接

搜查、查封、扣押、冻结是刑事诉讼法为了确保侦查活动的顺利进行，赋予侦查机关的强制性侦查措施。

搜查是指侦查人员为了收集犯罪证据，查获犯罪嫌疑人、依法对犯罪嫌疑人以及可能隐藏犯罪者犯罪证据的人的身体、物品、住处或者其他地方进行搜寻、检查的一种强制性的侦查措施。它具有收集证据、追缴赃款赃物、威慑犯罪分子的重要作用。搜查是配合侦查工作的需要而进行的，较为隐蔽，一般不为外界所知晓。如果出现违法搜查的情形，只有通过被搜查人、犯罪嫌疑人或其家属、聘请的律师或其他诉讼代理人提出异议才会被关注，当然，检察机关自身也是发现和及时纠正违法搜查的责任主体。如何接受人民监督员的监督，我们认为主要在于人民检察院一旦自行发现确实存在违法搜查情形的，就应当主动提请人民监督员实行监督程序。对于当事人及其家属、律师、诉讼代理人提出违法搜查争议的，则应一律进入人民监督员监督程序。

在侦查活动中发现的可以用以证明犯罪嫌疑人有罪或者无罪的各种财物、文件，应当查封、扣押、冻结，它是侦查活动中对于一些涉案财物、文件予以暂时封存的一种强制性侦查措施。对于可能存在的违法查封、扣押、冻结的情形，同样存在一个发现难，难以启动人民监督员监督程序的问题，可以参照上述启动违法搜查情形的监督意见实行。重点则在于对"违法处理查封、扣押、冻结财物的"情形的监督，查封、扣押、冻结的财物的最终处理结果关乎犯罪嫌疑人的切身利益，是体现公正司法、维护犯罪嫌疑人合法权益的实际需要。检察机关应当以年度为界，将当年查办的案件和处理查封、扣押、冻结款物的情况向辖区内的人民监督员进行通报，以便人民监督员了解查封、扣押、冻结的款物的处理情况，对于人民监督员认为确定需要进行监督的情形，人民检察院则应自愿地接受监督。

（五）"阻碍当事人及其辩护人、诉讼代理人依法行使诉讼权利的"情形监督与职务犯罪侦查工作的衔接

1. 当事人及其辩护人、诉讼代理人依法享有的诉讼权利

根据法律规定，犯罪嫌疑人依法享有获得律师帮助的权利；委托辩护人的权利；申请回避的权利；使用本民族语言文字进行诉讼的权利；申请取保候审的权利；对与本案无关的问题的讯问，有拒绝回答的权利；要求解除强制措施

的权利；申请补充鉴定或者重新鉴定的权利；对人民检察院作出的不起诉决定申请的权利；核对笔录的权利；对侵权提出控告的权利；获得赔偿的权利。与此相适应，辩护人和诉讼代理人享有接受委托担任辩护人的权利；会见通信的权利；调查取证的权利；查阅、摘抄、复制本案所指控的犯罪事实材料的权利；提出辩护意见的权利；参加法庭调查和法庭辩护的权利；经被告人同意，提出上诉的权利；对强制措施超过法定期限的，有权要求解除的权利；代理申诉权；依法独立进行辩护和人身权利不受侵犯；拒绝辩护的权利。

现实情况是，学界普遍认为存在"会见难""阅卷难"和"调查取证难"等问题，在侦查阶段，则集中聚焦于"会见难"。

2. "会见难"的主要情形

根据《刑事诉讼法》第 37 条第 1 款、第 2 款、第 4 款规定："辩护律师可以同在押的犯罪嫌疑人、被告人会见和通信。其他辩护人经人民法院、人民检察院许可，也可以同在押的犯罪嫌疑人、被告人会见和通信。""辩护律师持律师执业证书、律师事务所证明和委托书或者法律援助公函要求会见在押犯罪嫌疑人、被告人的，看守所应当及时安排会见，至迟不得超过二十四小时。""辩护律师会见在押的犯罪嫌疑人、被告人，可以了解案件的有关情况，提供法律咨询等；自案件移送审查起诉之日起，可以向犯罪嫌疑人、被告人核实有关证据。辩护律师会见犯罪嫌疑人、被告人时不被监听。"

由此可见，法律赋予了辩护人充分的会见权。但是，在现实的侦查实践中，侦查人员中普遍存在"律师介入会扰乱案件侦查"的认识偏差，借机利用《刑事诉讼法》第 37 条第 3 款和第 5 款的规定："危害国家安全犯罪、恐怖活动犯罪、特别重大贿赂犯罪案件，在侦查期间辩护律师会见在押的犯罪嫌疑人，应当经侦查机关许可。上述案件，侦查机关应当实现通知看守所。""辩护律师同被监视居住的犯罪嫌疑人、被告人会见、通信，适用第一款、第三款、第四款的规定。"人为地将一些不符合特别重大贿赂犯罪案件条件的贿赂犯罪案件认定为特别重大贿赂犯罪案件，不批准或延缓批准辩护人会见犯罪嫌疑人，从而导致"会见难"情形的产生。"会见难"情形具体表现为：

（1）《人民检察院刑事诉讼规则》第 45 条对《刑事诉讼法》第 37 条第 3 款作了具体的解释：对于特别重大贿赂犯罪案件，犯罪嫌疑人被羁押或者监视居住的，人民检察院侦查部门应当在将犯罪嫌疑人送交看守所或者送交公安机关执行时书面通知看守所或者公安机关，在侦查期间辩护律师会见犯罪嫌疑人的，应当经人民检察院许可。有下列情形之一的，属于特别重大贿赂犯罪：①涉嫌贿赂犯罪数额在 50 万元以上（《刑法修正案（九）》将此数额修正为 300 万元），犯罪情节恶劣的；②有重大社会影响的；③涉及国家重大利益的。

有些侦查部门将贿赂犯罪数额明明不到 300 万元的案件，认定为 300 万元以上，或者借用"有重大社会影响""涉及国家重大利益的"作为认定特别重大贿赂犯罪案件的理由，借此不批准或者延缓批准辩护人会见犯罪嫌疑人。

（2）对于确实构成特别重大贿赂犯罪的案件，即使有碍侦查的情形消失后，有些侦查部门为了保险起见，通常也不批准或者延缓批准辩护人会见犯罪嫌疑人，忽视《刑事诉讼规则》第 46 条第 2 款关于"人民检察院办理特别重大贿赂犯罪案件，在有碍侦查的情形消失后，应当通知看守所或者执行监视居住的公安机关和辩护律师，辩护律师可以不经许可会见犯罪嫌疑人"的规定，由此引起律师和辩护人的强烈反响。

（3）在办理特别重大贿赂犯罪案件的过程中，有些侦查机关即使批准了律师会见犯罪嫌疑人，也会要求派人陪同，即使不进入会见场所，也会在会见场所门外观察，使辩护人在会见犯罪嫌疑人时心存顾虑。

3. 依法保障辩护人的诉讼权利，切实履行"阻碍当事人及其辩护人、诉讼代理人依法行使诉讼权利的"情形的监督规定

为切实保障律师执业权利，充分发挥律师维护当事人的合法权益、维护法律正确实施、维护社会公平和正义的作用，促进司法公正，最高人民检察院、公安部、国家安全部、司法部于 2015 年 9 月 20 日联合发布了《关于依法保障律师执业权利的规定》，而最高人民检察院就检察环节依法保障律师执业权利先于 2014 年 12 月 23 日单独发布了《关于依法保障律师执业权利的规定》（以下简称《保障规定》），就曾被律师抱怨的会见难、阅卷难、调查取证难等问题提出了一系列规范措施。

《保障规定》指出，一要依法保障律师在刑事诉讼中的会见权。检察机关办理直接受理立案侦查案件，除特别重大贿赂犯罪案件外，其他案件依法不需经许可即可自行会见。在侦查阶段，律师提出会见特别重大贿赂案件犯罪嫌疑人，检察机关要严格审查决定是否许可，并在 3 日以内答复；有碍侦查情形消失后，通知律师可以不经许可进行会见；侦查终结前，必须许可律师会见犯罪嫌疑人。会见时，检察机关不得派员在场，不得通过任何方式监听律师会见的谈话内容。二要依法保障律师的阅卷权。自案件移送审查起诉之日起，辩护律师可以查询、摘抄、复制本案的案卷材料；诉讼代理人经检察机关许可后可以查阅、摘抄、复制本案的案卷材料。检察机关要及时受理并安排律师阅卷，无法及时安排的，应当向律师说明并安排其在 3 个工作日以内阅卷。三要依法保障律师在刑事诉讼中的申请收集、调取证据权。律师收集到有关犯罪嫌疑人的相关证据，包括不在犯罪现场、未达到刑事责任年龄和属于依法不负有刑事责任的精神病人，告知检察机关后，检察机关要及时进行审查。案件移送审查逮

捕或者审查起诉后，律师申请检察机关调取侦查部门收集但未提交的，证明犯罪嫌疑人无罪或者罪轻的证据材料，检察机关要及时进行审查，决定是否调取。律师申请调取的证据未收集或者与案件事实没有联系，检察机关认为不予调取的，应向律师说明理由。检察机关决定调取，侦查机关移送相关证据材料后，检察机关应在 3 日以内告知律师。案件移送审查起诉后，律师申请检察机关收集、调取证据，检察机关认为有需要的，要决定收集、调取并制作笔录附卷；决定不予收集、调取证据的，要书面说明理由。检察机关收集、调取证据时，律师可以在场。律师向检察机关提出申请，向被害人或者其近亲属、被害人提供的证人收集与本案有关的材料，检察机关要在 7 日以内作出是否许可的决定，不许可时要书面说明理由。四要依法保障律师在诉讼中提出意见的权利。检察机关要主动听取并高度重视律师意见，法律未作规定但律师要求听取意见，检察机关要及时安排听取。对于律师提出的书面意见，包括不构成犯罪，罪轻或者减轻、免除刑事责任，无社会危险性，不适宜羁押，侦查活动有违法情形等，检察人员必须审查，并说明是否采纳的情况和理由。五要依法保障律师在刑事诉讼中的知情权。在侦查期间，律师向检察机关了解犯罪嫌疑人涉嫌的罪名，以及当时已查明的涉嫌犯罪的主要事实，犯罪嫌疑人被采取、变更、解除强制措施等情况，检察机关要依法及时告知。六要依法保障律师在民事、行政诉讼中的代理权。对律师根据当事人的委托，要求参加检察机关案件听证的，检察机关应当允许。《保障规定》强调，检察机关要切实履行对妨碍律师依法执业的法律监督职责。律师认为公安机关、检察院、法院及其工作人员阻碍其依法行使诉讼权利，向同级或者上一级检察机关申诉或者控告的，检察机关要在受理后 10 日以内进行审查并予以答复。《保障规定》同时要求建立完善检察机关办案部门和检察人员违法行使职权行为记录、通报和责任追究制度。

　　《保障规定》下发以后，各级检察机关积极践行《保障规定》要求，并且在实践中不断地探索创新，出台了许多符合当地实际的实施细则。例如浙江省嘉兴市人民检察院规定，犯罪嫌疑人在首次审讯中提出申请辩护人会见的，侦查人员应当及时通知律师到场，即使审讯尚未结束或者犯罪嫌疑人尚未作出交代，也允许律师当场会见，这一做法得到了最高人民检察院和省人民检察院主要领导的高度赞赏。许多检察机关即使查办的案件确实属于特别重大贿赂犯罪案件，亦不设置"有碍侦查、未经许可不得会见"的限制条件，同意律师无须许可即可会见，使保障律师执业权利的环境得到了极大的改善。

　　在侦查实践中，一旦出现"阻碍当事人及其辩护人、诉讼代理人依法行使诉讼权利的"情形，最具切身感受的当然是案件的辩护律师。辩护律师向检察机关提出存在"阻碍当事人及其辩护人、诉讼代理人依法行使诉讼权利的"情形，如果检察机关发现确实存在此种情形，即使立即纠正，纠正以后也应当提请人民监督员实行监督程序予以评议。如果检察机关认为此种情形不存在或者人民监督员认为需要提起人民监督员监督程序的，检察机关都应当提交人民监督员办公室提请人民监督员实行监督。

（六）"应当退还取保候审保证金而不退还的"情形监督与职务犯罪侦查工作的衔接

取保候审是侦查实践中经常采用的强制力最轻的一种法定强制措施，分为提供保证人或者交纳保证金两种形式。根据《刑事诉讼法》第69条规定，被取保候审的犯罪嫌疑人、被告人应当遵守以下规定：一是未经执行机关批准不得离开所居住的市、县；二是住址、工作单位和联系方式发生变动的；三是在传讯的时候及时到案；四是不得以任何形式干扰证人作证；五是不得毁灭、伪造证据或者串供。

被取保候审的犯罪嫌疑人、被告人违反前款规定，已交纳保证金的，没收保证金，并且区别情形，责令犯罪嫌疑人、被告人具结悔过、重新交纳保证金、提出保证人，或者监视居住、予以逮捕。犯罪嫌疑人、被告人在取保候审期间未违反前款规定的，取保候审结束的时候，应当退还保证金。

一般而言，对于保证金的处理基本上都是在案件终了以后才予以处理。检察机关认为犯罪嫌疑人、被告人违反取保候审规定，决定将保证金予以没收的，才会引起犯罪嫌疑人、被告人提出异议，只要其提出异议或者人民监督员发现存有异议，即应启动人民监督员监督程序。

（七）"应当给予刑事赔偿而不依法予以赔偿的"情形监督与职务犯罪侦查工作的衔接

国家刑事赔偿是指刑事赔偿义务机关，包括公安机关、国家安全机关、检察机关、审判机关、监狱管理机关，在刑事诉讼中，发生错误拘留、错误逮捕、无罪错判的情形；刑讯逼供、违法使用武器、警械殴打或者以其他暴力行为，造成公民身体伤害的情形；或者违法采取查封、扣押、冻结、追缴等措施，造成财产损害的情形。请求赔偿人即遭受侵害的公民、法人和其他组织提起刑事赔偿而造成国家刑事赔偿的行为。

在职务犯罪侦查实践中，造成国家刑事赔偿的案例极为少见，但是，一旦造成国家刑事赔偿的事实，都是较为严重的情况，有碍检察机关公正执法的形象。我们认为，只要当事人提出国家赔偿申请的，都应当首先启动人民监督员监督程序，由人民监督员提出是否需要给予赔偿的监督评议意见，提供检察机关予以参考。

（八）"检察人员在办案中有徇私舞弊、贪赃枉法、刑讯逼供、暴力取证等违法违纪情况的"情形监督与职务犯罪侦查工作的衔接

徇私舞弊、贪赃枉法、刑讯逼供、暴力取证等都是非常严重的违法违纪行为，无论是当事人提出还是人民监督员发现后提出，都需要经过调查以后才能够予以界定。如果一经提出就冒然启动人民监督员监督程序显然是不合时宜的，只有经过调查，确实存在此类情形，检察机关对违法违纪人员作出党纪政纪处分或者追究其刑事责任以后，才能将其结果提交人民监督员予以监督评议。经过调查，人民检察院认为不存在此类情形时，则应当及时提交人民监督员予以监督，如果人民监督员不同意人民检察院意见提请复议的，则应当另行组织人员重新进行调查。

## 二、"三类案件"监督与职务犯罪侦查工作的衔接

《规定》第2条第3款对于"三类案件"作了具体规定，人民监督员对人民检察院办理直接受理立案侦查案件工作中的下列情形可以实施监督：（1）拟撤销案件的；（2）拟不起诉的；（3）犯罪嫌疑人不服逮捕决定的。如果说"八种情形"的监督尚有"软性"监督的客观条件，那么"三类案件"则属于必须接受人民监督员监督的"硬性"规定范围，实践中，"三类案件"的监督数量也占据着绝对总量的地位。

（一）"拟撤销案件的"案件监督与职务犯罪侦查工作的衔接

撤案是指在立案后的侦查过程中或者侦查终结时发现不应当对犯罪嫌疑人追究刑事责任时，应当撤销案件。

### 1. 撤案不等于错案

撤销案件是法定的侦查终结案件处理方式的一种。是检察机关在侦查过程中，鉴于掌握的事实材料，经过证据审查和法律适用以后，根据相关法律规定作出的案件处理决定。根据《刑事诉讼法》第15条的规定，存在法定五种情形时，对于已经追究刑事责任的，应当撤销案件。第161条规定：在侦查过程中，发现不应对犯罪嫌疑人追究刑事责任的，应当撤销案件；犯罪嫌疑人已被逮捕的，应当立即释放，发给释放证明，并且通知原批准逮捕的人民检察院。《刑事诉讼法》第166条规定：人民检察院侦查终结的案件，应当作出提起公诉、不起诉或者撤销案件的决定。《刑事诉讼规则》第189条规定：人民检察院办理直接受理立案侦查的案件，应当严格依照刑事诉讼法规定的条件和程序采取强制措施，严格遵守刑事案件办案期限的规定，依法提请批准逮捕、移送

起诉、不起诉或撤销案件。

《人民检察院错案责任追究条例》第 2 条对错案作出了法律界定：错案责任追究之错案是指检察官在行使职权、办理案件中故意或者重大过失造成认定事实或者适用法律确有错误的案件，或者在办理案件中违反法定诉讼程序而造成处理错误的案件。从定义可以看出错案有两种情况，一种是故意或者重大过失造成认定事实或者适用法律确有错误；另一种是违反法定诉讼程序而造成处理错误。在侦查人员不存在主观的故意或重大过失，同时也不存在程序违法的情况下，即使最后查明的案件事实与立案时作出的判断有差距，甚至推翻了立案时的判断，撤案也并不等于错案。

衡量立案的正确与否，不能以最终是否查明有犯罪事实为标准，而应当是以立案当时的情形是否符合立案程序和实体条件。立案条件"认为有犯罪事实，需要追究刑事责任"，与刑事案件最终"犯罪事实清楚，证据确实充分"的证明标准之间是存在差距的。立案对于证据材料证明力的要求和犯罪事实清晰程度的要求，并非是"确实充分"和"结论唯一"的，而是一种侦查人员基于一定事实证据材料的综合判断。可能在侦查过程中，发现了新的证据据以推翻了立案时的判断，就可能导致撤案决定的作出，这是侦查程序中正常的现象，也是检察机关履行好收集证明有罪、无罪证据材料的客观义务的体现。

2. 撤销案件的监督期限与刑事诉讼期限的衔接

《刑事诉讼法》和《刑事诉讼规则》对案件的侦查期限有明确的规定，尤其是犯罪嫌疑人被采取逮捕的强制措施后更有着严格的羁押期限限制和延长羁押审批条件、程序的限制。侦查部门通常对于职务犯罪案件的立案有着很高的期望值，总是希望将案件突破顺利地移送审查起诉。只有当侦查手段几乎穷尽，仍然无法提起公诉的时候，才会极不情愿地选择撤案的退路。何况，对于疑难复杂的案件，侦查部门更容易对犯罪嫌疑人采取刑拘、逮捕的强制措施，以保证侦查手段用到极致。然而，拟撤案就需启动人民监督员监督的程序，启动监督程序就得花费时间，极有可能与羁押期限即将到期发生冲突。笔者建议，既然手段几近穷尽，仍无法提请公诉，拟作撤案时，如果羁押期限即将到期，就应先行释放被羁押的犯罪嫌疑人，以期保证人民监督员监督程序的如期举行，以免因为为了保证人民监督员监督时间的需要，而导致超期羁押违法行为的发生。

3. 撤案审批制度与人民监督员制度的衔接

根据最高人民检察院 2005 年 9 月 23 日《关于省级以下人民检察院对直接受理侦查案件作撤销案件、不起诉决定报上一级人民检察院批准的规定（试行）》（以下称《报批规定》），规定省级以下（含省级）人民检察院办理直接受理侦查的案件，拟作撤销案件的，应当报请上一级人民检察院批准。侦查部门经过侦查认为应当撤销案件的，应当制作撤销案件意见书，将拟撤销案件意见书以及相关材料移送人民监督员办公室，接受人民监督员监督。经人民监督员履行监督程序，提出表决意见后，侦查部门应当报请检察长或者检察委员会决定。检察长或者检察委员会同意拟撤销案件意见的，应当由侦查部门将拟撤销案件意见书以及人民监督员的表决意见，连同本案全部卷宗材料，及时报上一级人民检察院审查。对于共同犯罪案件，应当将处理同案犯罪嫌疑人的有关法律文书以及案件事实、证据材料复印件等，一并报上一级人民检察院。

上一级人民检察院侦查部门审查以后，应当提出是否同意撤销案件的意见，连同人民监督员的表决意见，报请检察长或者检察委员会决定。上一级人民检察院审查下级人民检察院报送的拟撤销案件，应当于收到案件 7 日内书面批复下级人民检察院；重大、复杂案件，应当于收到案件 10 日内书面批复下级人民检察院。情况紧急或者因其他特殊原因不能按时送达的，可以先电话通知下级人民检察院执行，随后送达书面批复。上一级人民检察院批准撤销案件的，下级人民检察院应当作出撤销案件的决定，并制作撤销案件决定书。上一级人民检察院不批准撤销案件的，下级人民检察院应当执行上一级人民检察院决定。拟撤销案件，犯罪嫌疑人在押的，不得因报上一级人民检察院审批而超期羁押。羁押期限届满，应当依法变更强制措施。《报批规定》规定撤销案件报批前，必须启动人民监督员程序，其对于防止遗漏应当监督的案件，进一步完善人民监督员制度具有重要意义。①

为了使《规定》与《报批规定》相衔接，对于"拟撤销案件的"处理可以按照以下具体步骤运作：

（1）人民监督员评议表决意见同意拟撤销案件的，承办案件的人民检察院侦查部门应将处理意见与案卷材料，连同人民监督员表决意见一并报请本院检察长或者检察委员会审查。检察长或者检察委员会经审查，采纳人民监督员意见的，应当将拟撤销案件并附人民监督员评议表决意见一起，报送上一级人民检察院审查批准。

（2）人民监督员评议表决意见同意拟撤销案件的，经承办案件的人民检察院的检察长或者检察委员会对侦查部门和人民监督员的意见进行综合研究审查后，不采纳侦查部门和人民监督员"拟撤销案件"的意见，认为符合起诉条件的，应当由检察委员会集体研究依法作出起诉决定。参加监督评议的多数

---

① 周永年主编：《人民监督员制度概论》，中国检察出版社 2008 年版，第 295—296 页。

人民监督员对检察委员会的决定有异议的，可以在接到反馈意见之日起 3 日内向组织案件监督的人民检察院提出复议。

（3）人民监督员评议表决意见不同意撤销案件而要求继续侦查、不起诉或者起诉的，承办案件的人民检察院应当对人民监督员的评议表决意见进行认真研究。采纳人民监督员意见的，应继续侦查，或者作出不起诉、起诉决定。不采纳人民监督员意见，仍坚持拟撤销案件的，应当由本院检察委员会依法作出拟撤销案件决定，并附人民监督员评议表决意见一起报请上级人民检察院批准。如果不采纳人民监督员意见经反馈后，参加监督评议的多数人民监督员仍有异议的，可以在接到反馈意见之日起 3 日以内向组织案件监督的人民检察院提出复议。此时，组织案件监督的人民检察院实为承办案件的人民检察院的上一级人民检察院。组织案件监督的人民检察院应当对人民监督员的复议申请先行进行复议审查，然后再对承办案件的人民检察院报请的拟撤销案件作出是否批准撤销案件的决定。

（4）上一级人民检察院侦查部门负责审查下一级人民检察院报送的拟撤销案件，按照《报批规定》第 7 条的规定，提出是否同意撤销案件的意见，连同人民监督员的评议表决意见或者复议申请，报请检察长批准。情况复杂的，报请检察委员会讨论决定。

（5）上一级人民检察院审查下一级人民检察院报送的拟撤销案件后，认为下一级人民检察院拟撤销案件的处理意见不当，应当作不起诉处理或者起诉的，无须再次启动人民监督员监督评议程序，应当及时告知下一级人民检察院执行。

（6）上一级人民检察院作出是否批准撤销案件的决定是最终决定，承办案件的人民检察院必须执行。同样，人民监督员亦无两次申请复议或者提请复核的权利。但是，无论上一级人民检察院的批复决定是否与人民监督员的评议表决意见或者复议申请意见相同，人民监督员办公室都应当将批复决定及时告知参加监督评议的人民监督员。决定与人民监督员表决意见或申请意见不一致的，人民监督员办事机构应当会同案件承办部门向参加监督评议的人民监督员作出必要的说明。

（二）"拟不起诉的"案件监督与职务犯罪侦查工作的衔接

根据刑事诉讼法的有关规定和诉讼实践，我国的不起诉制度包括法定不起诉、酌定不起诉、证据不足不起诉和附条件不起诉四种类型。鉴于职务犯罪侦查、起诉职能集于检察机关一家单位的特点，检察机关内设的侦查部门和公诉部门对于案件的处理均要报请检察长或者检察委员会讨论批准决定，一般而言，遇到法定不起诉、证据不足不起诉、附条件不起诉三种情形，我们建议都应当将案件退回侦查部门作撤案处理，以免造成被不起诉人长期、无休止的申诉。而适用酌定不起诉，一方面体现了治病救人的法律精神，另一方面能够树立起坦白从宽的典型，为分化瓦解犯罪分子、促进侦查工作的良性发展创造有利的外部环境。

不起诉与撤销案件的本质都是因为犯罪嫌疑人的犯罪事实经过侦查以后，不符合应当追究刑事责任的一种案件处理决定，只不过它们发生在案件侦查、诉讼的环节不同而已。对于"拟不起诉的"情形的监督，可以参照人民监督员对于"拟撤销案件的"情形的监督程序进行，我们还将在下一节"人民监督员制度与公诉制度的衔接"的相关内容中予以详细阐述。

（三）"犯罪嫌疑人不服逮捕决定的"情形监督与职务犯罪侦查工作的衔接

"犯罪嫌疑人不服逮捕决定的"情形与前两类"拟撤销案件的""拟不起诉的"情形是有所区别的，撤案和不起诉是对案件的最终处理结果，而逮捕则是刑事诉讼过程中的一种强制措施，其实对于"犯罪嫌疑人不服逮捕的"情形的监督更应纳入"八种情形"监督的范围。只不过逮捕是刑事诉讼过程中对犯罪嫌疑人采取的一种最为严厉的剥夺其人身自由的强制措施，一般而言，对犯罪嫌疑人采取逮捕的强制措施，就意味着犯罪嫌疑人有可能将受到更为严厉的刑罚处罚。因此，《规定》将"犯罪嫌疑人不服逮捕决定的"情形与"拟撤销案件的""拟不起诉的"两种情形并列，作为必须接受人民监督员监督的硬性规定实有必要。

是否需要对犯罪嫌疑人采取逮捕的强制措施涉及侦查理念转变的问题。众所周知，犯罪嫌疑人被羁押以后显然就会与外界造成隔绝，这时对侦查一方来讲是极其有利的。实践中，侦查人员为了图省事、避免犯罪嫌疑人被取保候审或者监视居住"放在外面"以后可能造成的麻烦，通常简单化地将不管是否确实需要逮捕或者能够满足取保候审、监视居住条件的犯罪嫌疑人一律先予逮捕，确实存在监督的空间和必要。

"犯罪嫌疑人不服逮捕决定的"监督情形出现的前提是犯罪嫌疑人提出不服逮捕的意见。一方面，犯罪嫌疑人基于自己处境的考虑，一般均不敢直接地表达不服逮捕的意愿，避免与侦查人员发生直接的冲突，害怕遭受更严厉的处罚；另一方面，即使犯罪嫌疑人提出了"不服逮捕"的意见，侦查人员也存在一个说服的过程，一经说服，犯罪嫌疑人会主动地予以放弃，"犯罪嫌疑人不服逮捕决定的"情形就会自动地消失，这也是"犯罪嫌疑人不服逮捕决定的"监督情形在实践中较少出现的客观原因。

在侦查实践中出现的实际情况是犯罪嫌疑人或者通过其辩护人等相关人员

向人民检察院提出取保候审的申请，退而求其次向人民检察院表达一种"不服逮捕"的意愿。《规定》并没有将"申请取保候审"的情形纳入人民监督员监督的情形，我们认为"申请取保候审"实际上是犯罪嫌疑人"不服逮捕"的一种意愿表示，从充分保障犯罪嫌疑人的诉讼权利，有利于犯罪嫌疑人的原则出发，即使犯罪嫌疑人只申请取保候审，不提出不服逮捕的抗辩意见，或者侦查部门也有意愿对其变更强制措施为取保候审的，无论何种情况，只要犯罪嫌疑人提出取保候审的，都应当将其纳入"犯罪嫌疑人不服逮捕的"监督情形范围，接受人民监督员的监督。

### 三、同一案件两次监督的处理

在一起案件的侦查诉讼过程中，显然存在同一案件两次接受人民监督员监督，甚至多次接受监督的情形，应当根据不同的情况予以不同的处理。

（一）两次监督一般情形的处理

"拟撤销案件的"和"拟不起诉的"两类案件的监督是对案件最终处理结果的监督。"八种情形"和"犯罪嫌疑人不服逮捕决定的"共九种情形是对侦查、诉讼过程的某个环节进行的监督。两次监督的情节可能出现在两个层面：

1. 侦查环节层面的两次监督

第一层面的两次监督可能出现在对侦查环节的监督中，例如犯罪嫌疑人在同一案件中既提出"不服逮捕决定的"，又认为有"违法搜查、查封、扣押、冻结的情形"就产生了两种监督的情形。只要在同一案件中，犯罪嫌疑人提出或者人民监督员要求对九种情形中存在的两种以上的情形进行监督的，就客观上产生了两次监督的情形。原则上，只要符合监督情形的，均应对满足监督条件的情形逐一启动人民监督员监督程序，由于每次监督针对的环节各有不同，各次监督之间并不存在矛盾。

2. 侦查结果层面的两次监督

在同一案件中，先进行过九种情形中任一情形的监督程序，然后又需要实行"拟撤销案件的"或者"拟不起诉的"情形监督的，则情况相对复杂。如果对九种情形中存在的任一情形的监督意见与"拟撤销案件的"或者"拟不起诉的"情形的监督未出现矛盾的，可以遵循逐一监督的原则，各次监督之间相安无事。假如出现不同的监督意见，则应当根据不同的情况灵活处理。

（二）两次监督特殊情形的处理

由于人民监督员在对九种情形中某些监督意见被采纳，或者不被采纳，人民检察院却又需要对案件作"拟撤销案件的""拟不起诉的"处理，就有可能出现较为尴尬的监督局面，需谨慎处理。

1. 先行"应当立案而不立案或者不应当立案而立案的"情形监督，后需进行"拟撤销案件的"或者"拟不起诉的"情形监督的两次监督的处理

对于"应当立案而不立案"情形的监督，人民检察院有采纳和不采纳的两种处理意见，不采纳人民监督员的评议意见则维持不立案的决定，案件归于消亡；如果采纳人民监督员的意见，就需对案件予以立案。该案最终能够顺利交付审判，说明人民监督员监督评议意见的正确性，人民检察院应当就该案的最终审判结果向人民监督员进行反馈。假如该案侦查不顺利，仍需对该案作出撤案或者不起诉决定的，这就可能产生与人民监督员原先评议意见相佐的结论，在启动"拟撤销案件的"或者"拟不起诉的"情形监督程序时，应当充分向人民监督员说明情况，解释其中情由，消除人民监督员心中的疑虑，取得人民监督员的谅解。

对于"不应当立案而立案的"情形的监督，同样会产生与上述处理结果相类似的情况。第一种情况是人民检察院采纳人民监督员的评议意见，侦查部门就应对已经立案的该案作出撤销案件的处理决定。在这种情况下，显然无须一番事情两番做，不拟再行启动"拟撤销案件的"情形监督程序。第二种情况是人民检察院不采纳人民监督员的评议意见，就有可能出现两种最终结果。假如该案能够最终交付审判自然无话可说，只需将判决结果通报人民监督员即可。假如侦查不顺利，又会出现"拟撤销案件的"或者"拟不起诉的"情形进行监督的尴尬局面。一旦出现这种情形，人民检察院应当及时主动地提请人民监督员实行监督程序，耐心地听取评议，虚心地接受意见。

2. 先行对"犯罪嫌疑人不服逮捕决定的"情形监督，后需进行"拟撤销案件的"或者"拟不起诉的"情形监督的两次监督的处理

对于此类两次监督的情形，可以按照下列步骤进行：

（1）人民检察院采纳人民监督员监督评议意见，对原先被逮捕的犯罪嫌疑人变更强制措施为取保候审或者监视居住的，如果案件得到顺利裁判，就不存在两次监督的情形，人民检察院应当将案件最终的判决结果向辖区内人民监督员予以通报。

（2）人民检察员采纳人民监督员关于"不服逮捕的"监督意见并同时决定撤销案件的，因为撤销案件是人民监督员意见的自然结果，无须再次启动"拟撤销案件的"两次监督程序。

（3）人民检察院不采纳人民监督员"不服逮捕的"监督意见而维持逮捕决定的，该案如果能够顺利交付审判，自然不存在两次监督的情形。如果出现需要作"拟撤销案件的"或者"拟不起诉的"处理的，则必须进入"拟撤销

案件的"或者"拟不起诉的"情形的两次监督程序。

（4）人民监督员的监督评议意见同意人民检察院维持逮捕决定的，则其监督程序与（3）相同。

3. 对于"拟不起诉的"情形的两次监督的处理

对于"拟不起诉的"两次监督可能存在不同的情形，应当根据不同的情况作出相应的处理。第一种情况是人民监督员同意"拟不起诉的"意见而检察机关决定采纳其监督意见后，作出不起诉决定，案件即告终结。如果人民检察院根据有关规定将该案退回侦查部门作为撤案处理的，也不再作为"拟撤销案件的"情形启动两次人民监督员监督程序。第二种情况是人民监督员不同意公诉部门的拟不起诉意见，检察机关决定采纳人民监督员的意见将案件提起公诉，后因故撤回起诉，再次拟作不起诉或者撤销案件处理的，应当本着对人民监督员监督意见负责和尊重的原则，再次提请人民监督员予以两次监督。第三种情况是人民监督员主动发现案件属于"拟不起诉的"情形启动监督程序后，人民检察院公诉部门不同意评议意见，仍然将案件提起公诉，后因故撤回起诉，拟作不起诉或者撤销案件处理的，应当等同于第二种情况，启动人民监督员两次监督程序。第四种情况是人民监督员监督评议不同意人民检察院公诉部门"拟不起诉的"意见的，人民检察院决定采纳人民监督员的监督意见将案件退回侦查部门补充侦查，补充侦查后仍旧认为拟对该案作出不起诉、撤案处理的，也应本着负责和尊重的原则，再次启动人民监督员两次监督的程序。

无论何种原由启动两次监督的，监督的程序和内容与普通的监督程序相同。

## 第四节  人民监督员制度与检察职能的衔接

人民监督员制度主要监督的是检察机关受理的直接立案侦查的职务犯罪案件，检察机关对于受理的直接立案侦查案件的侦查活动主要由职务犯罪侦查部门负责。但是，检察职能又有着严格的分工，分别由不同的检察部门承担，它们对侦查活动起着协调、配合、监督和牵制的作用。实际上，需要实行人民监督员制度监督的案件或者情形并非单纯地出现在侦查活动中，有些情况则会出现在不同的侦查诉讼环节，这就会造成人民监督员制度与各项检察工作制度或者与检察职能部门之间的冲突，需要解决彼此之间相互衔接与协调的问题。

## 一、控告申诉检察职能与人民监督员制度的衔接

控告申诉检察是一个综合性的检察业务部门，集刑事控告、举报中心、刑事申诉与刑事赔偿等主要职能。它通过行使相关职能，能够实现对司法机关及其工作人员已作出的司法行为实行有效监督，对刑事案件当事人的合法权益实现有效维护和保障，促进刑事案件的依法公正处理，从源头上化解社会矛盾。《规定》第 2 条第 1 款规定的"八种情形"中的第（七）项"应当给予刑事赔偿而不依法予以赔偿的"情形，属于控告申诉检察部门直接负责办理的案件。除此之外，对于其他"三类案件"和七种情形，控告申诉部门都可能通过来信来访或者受理控告申诉案件，而与人民监督员制度产生冲突或衔接问题。

（一）举报制度与人民监督员制度的衔接

举报中心的主要职能是负责受理报案、举报和控告；接受犯罪嫌疑人的自首；对报案、举报和控告进行分流；对检察机关管辖的性质不明、难以归口处理的举报线索进行初查等，它承担着线索的统一归口和处理意见的统一答复的功能。

举报中心的工作与人民监督员制度"八种情形"中的第（一）项"应当立案而不立案或者不应当立案而立案的"情形有着紧密的联系。举报中心受理的线索被确认为检察机关受理的直接立案侦查案件的线索范围以后，并不能对线索直接立案，仍需移送职务犯罪侦查部门进行初查。线索的初查具有复杂性，只有经过初查被确认为犯罪事实有可能存在的线索时才开展突破或者进入立案程序，而相当大部分线索都无法满足线索突破的要求而处于线索待查或者线索存查的状态。立案以后，预示着案件进入侦查诉讼程序，其自然就受到侦查诉讼各个环节的监督，而线索处于待查、存查状态则往往无法受到有效的监督。实践中属于具名举报或者单位控告的线索则需要予以答复，如果属于不予立案的线索则是人民监督员制度实行监督的最佳切入点。

检察机关对于线索的初查有相应的期限要求，但是线索不启动初查则可能永远处于待查状态，即使启动初查程序也可能无法满足立案的标准而处于缓查状态，检察机关实践做法并不会对不立案的线索作出不立案的决定。因此对于初查的线索应当作出初查终结或者不立案归档的相应规定，有必要时可以启动人民监督员制度监督程序。

（二）刑事申诉制度与人民监督员制度的衔接

刑事申诉是指具有刑事申诉主体资格的原案当事人及其法定代理人、近亲

属、受委托的律师对人民检察院诉讼终结的刑事处理决定以及人民法院已经发生法律效力的刑事判决、裁定（含刑事附带民事判决、裁定）不服提起的申诉，是我国宪法赋予公民的一项基本权利。刑事申诉的范围较广，本节就与人民监督员制度相关的刑事申诉复查制度作些探讨。

1. 不服逮捕决定或者不服不予逮捕决定的申诉

逮捕是刑事诉讼中的一种刑事强制措施，检察机关侦查监督部门对侦查部门提请逮捕的案件通常有三种处理方式：第一种情形是对于符合《刑事诉讼法》第79条规定的犯罪嫌疑人作出逮捕决定。在此情形下，如果犯罪嫌疑人及其法定代理人、近亲属、受委托的律师不服逮捕决定的，可以提起申诉。控告申诉检察部门在接受申诉后应当及时地通知人民监督员办公室启动人民监督员监督程序。第二种情形是审查逮捕部门认为无逮捕必要或者不符合逮捕条件而要求补充侦查的，由于不捕并没有影响案件的继续侦查，故此种情形并不需要启动人民监督员监督程序。第三种情形是审查逮捕部门认为不构成犯罪而决定不予逮捕。这就意味着案件即将诉讼终结，属于不应当立案而立案的范围，应当通过人民监督员办公室启动人民监督员监督程序。

2. 不服不起诉决定的申诉

不起诉是检察机关对刑事案件进行审查以后，认为不具备起诉条件或不适宜提起公诉所作出的不将案件移送法院进行审判而终止诉讼的决定。不服不起诉决定一般由被不起诉人或者被害人提出，被不起诉人不服不起诉决定的理由通常是认为自己不构成犯罪，应当撤销案件。根据《刑事诉讼规则》第421条第1款规定，被不起诉人对不起诉决定不服，在收到不起诉决定书后7日以内提出申诉的，应当由作出不起诉决定的人民检察院刑事申诉检察部门立案复查。被不起诉人在收到不起诉决定书7日后提出申诉的，由刑事申诉检察部门审查后决定是否立案复查。而被害人提出不服的理由则通常是认为犯罪嫌疑人构成犯罪，应当提起公诉。根据《刑事诉讼规则》第417条第1款和第418条的规定，被害人不服不起诉决定的，在收到不起诉决定书后7日以内申诉的，由作出不起诉决定的人民检察院的上一级人民检察院刑事申诉检察部门立案复查。被害人不服不起诉决定，在收到不起诉决定书7日后提出申诉的，由作出不起诉决定的人民检察院刑事申诉检察部门审查后决定是否立案复查。

为了切合人民监督员制度的需要，人民检察院刑事申诉检察部门在受理不服不起诉的意见，无论是7日以内还是7日以后的申诉，都应当及时告知人民监督员办公室，适时启动人民监督员监督程序。

3. 不服撤案决定的申诉

检察机关对于自行立案侦查的案件，发现不应追究犯罪嫌疑人的刑事责任的，应当及时地作出撤销案件的决定，终止刑事诉讼。撤销案件应当符合下列条件：具有《刑事诉讼法》第 15 条规定情形之一的；没有犯罪事实，或者依照刑法规定不负刑事责任和不认为是犯罪的；虽有犯罪行为，但不是犯罪嫌疑人所为的。撤销案件体现了检察机关实事求是、有错必纠的原则。

对于不服撤销案件的申请，实践中较少出现。撤销案件通常说明犯罪嫌疑人不构成犯罪，无须被追究刑事责任，满足了当事人的利益需求。对于案件当事人而言，除非出现"非法搜查、查封、扣押、冻结或者违法处理查封、扣押、冻结的财物的""采取指定居所监视居住强制措施违法的"，或者因被违法拘留、逮捕而造成人身、财产损失等情形，引起刑事赔偿申请的，此时才会同时提出不服撤销案件决定的申诉和刑事赔偿的申诉。

犯罪嫌疑人、举报人、控告单位提出的不服撤销案件决定的申诉，均由人民检察院刑事申诉检察部门受理并据情进行立案复查。经复查，认为事实清楚、证据确实充分、法律适用正确、处罚得当的，应当予以维持，并在复查决定书中说明维持的理由。认为原处理决定在事实认定或者法律适用上确有错误的，刑事申诉检察部门应当报请检察长或者检察委员会批准，撤销原处理决定，将案件移送侦查部门继续侦查。对于经上级人民检察院复查后决定撤销原处理决定的案件，原承办案件的侦查部门应当坚决执行上级人民检察院的复查决定，及时开展侦查活动，并书面报告执行情况和最终处理结果。

刑事申诉检察部门对于不服撤销案件的申诉，均应当及时将申诉情况通报人民监督员办公室，以便在办案期限内及时启动"拟撤销案件的"情形的人民监督员监督程序。

（三）人民监督员制度与刑事赔偿制度的衔接

人民监督员制度所涉及的人民检察院刑事赔偿是指人民检察院在办理直接立案侦查案件的过程中，检察机关及其工作人员违法行使职权，侵犯当事人人身权利、财产权利造成损害而给予的赔偿。

1. 刑事赔偿的范围

《国家赔偿法》对刑事赔偿的范围作了明确规定，包括：在刑事诉讼中，错误拘留、错误逮捕、无罪错判的；刑讯逼供、违法使用武器、警械、殴打或者其他暴力行为，造成公民身体伤害的；违法采取查封、扣押、冻结、追缴等措施的，造成财产损害的。属于法律规定免责情形的，不承担赔偿责任。

2. 刑事赔偿的程序

国家赔偿制度实行先行处理原则，其优点有三：一是由赔偿义务机关先行处理，表现了对赔偿义务机关的尊重，为其提供了一个自己改正错误的机会；二是赔偿义务机关为专门的司法机关，熟悉业务，了解案情，先行处理程序简捷、迅速，可以给赔偿请求人提供便利和经济上的救济；三是先行处理程序可以消除大部分赔偿争议事项，减少专门机构的工作压力。

人民检察院对于请求赔偿的违法侵权情形，应当依法确认，未经确认有违法侵权情形的赔偿申请不应进入赔偿程序。对于要求确认有违法侵权情形的，应由刑事赔偿检察部门按照人民检察院内部的业务分工，将相关材料转交相应的业务部门，有关部门应在2个月内提出违法侵权情形是否存在的书面意见，移送刑事赔偿检察部门，刑事赔偿检察部门审查并报检察长或检察委员会决定后，制作《人民检察院刑事确认书》，送达赔偿申请人。违法侵权情形经确认以后，赔偿申请人可以向人民检察院正式提出赔偿申请，人民检察院作为赔偿义务机关对依法应予赔偿的，应当自受理赔偿申请之日起2个月内作出决定给予赔偿。对申请材料不齐备的，2个月的期限应当自请求赔偿的材料补充齐备之日起算。赔偿请求人对人民检察院不予确认的决定不服，有权申诉。不服不予确认向上一级人民检察院申诉的，上一级人民检察院可以自行复查，也可以责成下级人民检察院复查。对不予确认的申诉，经复查认为有违法侵权情形的，应予确认。原不予确认正确的，予以维持。

赔偿请求人对人民检察院逾期不予赔偿、决定不予刑事赔偿或者对决定赔偿的数额有异议的，可以自期限届满之日起或者作出决定之日起3个月内，向人民法院提起诉讼。也可以自期间届满之日起30日内向上一级人民检察院申请复议。人民检察院复议刑事赔偿案件，实行一次复议制。复议机关应当自收到复议之日起2个月内作出复议决定。赔偿请求人不服复议决定的，可以在复议决定之日起30日内向复议机关所在地的同级人民法院赔偿委员会申请作出赔偿决定。复议机关逾期不作决定的，赔偿请求人可以自期限届满之日起30日内向复议机关所在地的同级人民法院赔偿委员会申请作出赔偿决定。赔偿委员会作出的赔偿决定，是发生法律效力的决定，必须执行。

3. 刑事赔偿制度与人民监督员制度的切合

刑事赔偿案件在职务犯罪侦查实践中极其少见，一旦发生刑事赔偿案件的情况，说明在案件办理中确实出现了违法侵权的行为，引入人民监督员制度对"应当给予刑事赔偿而不依法予以赔偿的"情形实行监督极有必要。但是，一旦出现"应当给予刑事赔偿而不依法予以赔偿的"情形，赔偿申请人还可以通过向人民法院提起诉讼的救济途径而使此种监督情形消失于无形。我们认为，对于赔偿请求人向人民检察院提出违法侵权确认申请或者提出赔偿请求时，就应当启动人民监督员监督程序，一是可以防止"应当给予刑事赔偿而不依法予以赔偿的"情形发生；二是也有利于检察机关充分听取人民监督员的评议意见，更为客观公正地处理刑事赔偿案件。

　　刑事赔偿案件通常需经历确认、受理、立案、审查、协商、决定等多个环节。不服决定的还可能引起复议程序，由两级人民检察院共同完成刑事赔偿办案程序。因此，在哪个环节或者是否多次引入人民监督员监督程序是一个值得商榷的问题，我们的意见是在刑事赔偿案件确认违法侵权环节时就应当即刻引入人民监督员监督程序，一方面，人民监督员的意见可以为人民检察院客观公正地处理刑事赔偿案件提供充分的参照依据；另一方面，尽早地启动人民监督员监督程序，能够确保人民监督员监督程序的办案期限。一般情况下，就算进入复议程序也无须启动人民监督员二次监督的程序，即使赔偿请求人提出复议或者人民监督员不同意人民检察院确认意见、赔偿或不赔偿意见、复议决定，或者提出复议、复核程序时，也不至于使两者的办案期限发生冲突。人民检察院检察委员会在最终讨论是否作出赔偿决定时，可以将人民监督员的评议意见、复议、复核意见一并考虑其中。

　　另外，就刑事赔偿案件而言，由于引入人民监督员制度，有可能产生同一部门两次或者多次重复审查案件的情形。遇此情形，建议检察长应当指定不同的部门或者不同的人员进行审查，保证办案程序的客观公正，避免办案人员的先入为主或者固执己见。

## 二、案件管理检察职能与人民监督员制度的衔接

　　案件管理中心是检察机关近年来所设的专门负责案件管理的综合性业务部门，它以程序管理作为工作模式的切入点，起到对检察机关有关业务部门的执法办案活动进行全程协调、监督、参谋等职能。

　　（一）案件管理中心的工作职责

　　根据检察机关内设部门的分工要求，案件管理中心主要履行下列工作职责：

　　1. 统一负责案件受理、流转。包括负责侦查监督类案件、公诉类案件、民事行政提请抗诉案件；下级院书面请示案件，上级院或本院领导交办、督办案件的统一受理、登记、内部分流和对外移送，并负责自侦类案件、刑事申诉类案件、民事行政申诉类案件、国家赔偿类案件立案后的登记、备案、管理。

　　2. 统一负责办案流程监督。包括对本院各业务部门所办理案件从立案到结案的办案程序和办案期限进行跟踪、预警和监控，及时发现和督促纠正违法办案情形，保证办案工作依法进行，负责对公安机关、人民法院相关工作的监督。

　　3. 统一负责法律文书的保管、编号、开具和备案监督。包括对涉及人身权利类和财产权利类法律文书的集中保管和统一编号、开具，并对本院办案部

门制发的其他相关文书进行统一编号、备案。

4. 统一负责涉案款物监管。对侦查机关随案移送以及本院办案部门查封、扣押、冻结的涉案款物进行监督管理。

5. 统一负责组织综合业务考评和办案质量评查。

6. 统一负责案件统计管理、分析、查询。

7. 统一负责律师阅卷联络、接待工作。负责律师阅卷预约、接待，做好律师查阅、摘抄和复制与案件有关的诉讼文书以及案卷材料的事务性管理、协调工作。

8. 统一管理案件管理信息系统。上级检察院案件管理中心统一负责下级人民检察院案件管理工作的宏观指导。

（二）案件管理职能与人民监督员制度的切合

案件管理中心虽然不直接承办案件，但从其工作职责中，不难发现该部门的工作职责贯穿于检察机关各业务部门所有承办案件的始末，它是发现"三类案件"和"八种情形"监督事项的最佳平台。为了保障人民监督员制度的切实履行，人民监督员办公室应当与案件管理中心加强协作，为人民监督员制度的切实实行发现和提供可能存在的各类监督情形拓宽渠道。

### 三、侦查监督职能与人民监督员制度的衔接

侦查监督工作是指人民检察院侦查监督部门依法对侦查机关侦查刑事案件是否准确、全面、合法和有效所进行的监督活动。侦查监督工作的主体是各级人民检察院，具体行使侦查监督职能的是人民检察院的侦查监督部门。这是宪法和法律赋予检察机关的一项重要职能。

（一）侦查监督部门的职责

侦查监督部门是人民检察院内设的主要业务部门之一，具有三大职能：审查批准逮捕；刑事立案监督；侦查活动监督。

1. 审查批准逮捕

即对公安机关提请批准逮捕的案件进行审查，根据情况分别作出是否批准逮捕的决定。根据《刑事诉讼法》和《刑事诉讼规则》的规定，对于犯罪嫌疑人已被拘留的，人民检察院侦查监督部门应当自接到公安机关提请批准逮捕书后 7 日以内作出是否批准逮捕的决定；犯罪嫌疑人未被拘留的，应当在接到上述文书后的 15 日以内作出决定。重大、复杂的案件不得超过 20 日。

2. 刑事立案监督

即对侦查机关应当立案而不立案或者不应当立案而立案侦查的案件实行监

督，人民检察院认为公安机关对应当立案侦查的案件而不立案侦查的，或者被害人认为公安机关对应当立案侦查的案件而不立案侦查，向人民检察院提出的，人民检察院应当要求公安机关说明不立案的理由。人民检察院认为公安机关说明不立案理由不能成立的，应当通知公安机关立案，公安机关接到通知后应当立案。

3. 侦查活动监督

即对侦查机关在刑事侦查案件中的活动是否合法进行监督。监督的内容主要包括：侦查机关对犯罪嫌疑人刑讯逼供、诱供；对被害人、证人以体罚、威胁、诱骗等非法手段收集证据；侦查机关违反羁押期限和办案期限等违反刑事诉讼法规定的行为。

侦查监督的三项职能可以具体化为八大任务：一是全力维护社会稳定；二是开展刑事立案监督；三是适时介入侦查引导取证；四是审查批准和决定逮捕、延长羁押期限；五是要求侦查机关开展补充侦查；六是要求侦查机关提供法庭审判所必须的证据材料；七是开展侦查活动监督；八是对强制措施执行情况开展监督。

刑事诉讼法仅规定了人民检察院对公安机关的立案活动和侦查活动实行监督，并未详细罗列对检察机关自侦案件立案、侦查活动实行监督的条款。但第162条规定：人民检察院对直接受理的案件的侦查适用本章规定。因此，检察机关侦查监督部门也承担着对自侦案件立案、侦查活动实行监督的职责。

（二）人民监督员制度与侦查监督制度的切合

人民监督员制度是检察机关主动寻求人民群众外部监督的有力措施，而侦查监督制度是法律规定的侦查监督部门对自侦案件立案、侦查活动实行的最有效的内部程序式监督。从侦查监督部门职能来看，侦查监督涵盖了人民监督员制度中除了"拟不起诉的"和"应当给予刑事赔偿而不依法予以赔偿的"两种情形以外的所有监督的案件和情形。相对于人民监督员对于"八种情形"存在一个"发现难"的问题而言，侦查监督部门更能直接、有效地发现立案、侦查活动中的违法行为。两者之间势必存在冲突，需要进行有机的衔接。

1. 侦查监督部门主动发现的"八种情形"是否需要接受人民监督员监督的问题

侦查监督部门在对自侦案件实行立案、侦查监督的过程中，主动发现存在违法行为情形时，必然向检察长汇报，对立案、侦查活动中的违法行为予以纠正，此过程是侦查监督部门依法履行法定职责的必然结果，一般情况下无须启动人民监督员监督程序，最佳的选择是应当将纠正违法行为的结果向辖区内的人民监督员予以通报，以示检察机关严格依法办案的形象。当侦查监督部门已经发现违法行为但尚未予以及时纠正期间，人民监督员提出监督请求的；或者违法行为已经得到纠正，但人民监督员仍然存在异议，提出监督请求的，应当启动人民监督员监督程序，以此保障人民监督员的监督权利。

2. "犯罪嫌疑人不服逮捕决定的"情形启动人民监督员监督程序的时间问题

"犯罪嫌疑人不服逮捕的"情形必定出现在侦查监督部门作出批准逮捕或决定逮捕以后，犯罪嫌疑人提出不服逮捕决定的申请以后，人民检察院应当及时启动人民监督员监督程序。根据最高人民检察院 2009 年 9 月 4 日下发的《关于省级以下人民检察院立案侦查的案件由上一级人民检察院审查决定逮捕的规定（试行）》，审查决定逮捕的权限上提了一级。如果需要启动人民监督员监督程序，就存在一个由原承办案件的人民检察院接受人民监督员评议还是由作出逮捕决定的人民检察院接受人民监督员评议的问题；或者存在一个由作出逮捕决定的人民检察院启动同级人民监督员监督程序还是由作出逮捕决定的上一级人民检察院启动同级人民监督员监督程序的问题。我们认为，应当由作出逮捕决定的人民检察院启动同级人民监督员监督程序较妥，并且人民监督员的监督是针对逮捕决定的不服，应当由作出逮捕决定的人民检察院的侦查监督部门承担人民监督员监督评议的义务，向人民监督员说明决定逮捕的理由。如果按照人民监督员制度上提一级的规定由作出逮捕决定的上一级人民检察院启动人民监督员监督程序，那么即使是基层人民检察院直接立案侦查的案件，一旦遇到此种情形的监督，也将由省级人民检察院启动人民监督员监督程序，演变为一律由省级人民检察院启动省级人民监督员监督程序的"统管模式"，显然程序过于烦琐。

3. 侦查监督部门参与"八种情形"的人民监督员评议问题

出现"八种情形"之一，启动人民监督员监督程序，一般均由承办案件的自侦部门派员出席人民监督员监督评议会议，向人民监督员作出说明，接受人民监督员的评议。我们认为，纠正侦查活动中的违法行为是侦查监督部门的法定职责，侦查监督部门同时派员出席人民监督员监督评议会议，更加有利于侦查监督部门了解实际情况，及时地监督纠正侦查活动中可能存在的违法行为。

实践中，侦查监督部门都是通过严把"逮捕"这个关键环节来实现对立案、侦查活动的监督的。就自侦案件而言，立案以及立案至逮捕这个阶段是自侦案件侦查活动的关键环节，采取侦查措施、强制措施、案件基本定型都是在这个阶段完成的，侦查监督部门应当充分履行自己的监督职能，在必要时，应当经检察长批准及时提前介入自侦案件的立案、侦查活动，切实履行监督职能，防范违法行为的发生于未然。

### 四、公诉职能与人民监督员制度的衔接

《规定》中的"拟不起诉的"案件监督，直接对口检察机关的公诉部门。除此之外，公诉部门还承担着刑事诉讼的监督职能，与其他"两类案件"和"八种情形"之间也存在一个监督的问题，必然与人民监督员制度的衔接较为密切。

（一）公诉部门的职责

人民检察院是国家公诉机关，代表国家对被告人提起公诉，要求追究当事人的刑事责任。根据《刑事诉讼法》第 167 条的规定，凡需要提起公诉的案件，一律由人民检察院审查决定。人民检察院负责公诉的职能部门是公诉检察部门，其职责主要包括：

1. 对公安机关、国家安全机关和人民检察院自侦部门侦查终结移送起诉以及上级检察机关交办的刑事案件进行审查，决定是否退回补充侦查、移送审查、提起公诉或不起诉，或者将案件退回侦查机关作出建议撤销案件的决定。

2. 对公安机关、国家安全机关和人民检察院自侦部门的侦查活动是否合法实行监督，发现违法情况，及时提出纠正意见。必要时，对重大、疑难复杂案件提前介入并引导侦查取证。

3. 认真审查侦查机关移送审查起诉的刑事案件，对案件审查中发现的漏罪、漏犯进行认定和追诉。

4. 对提起公诉的刑事案件，决定使用简易审理或普通程序简易审理及普通程序审理的意见。出席公诉案件一审法庭，代表国家履行公诉职责和审判监督职责。

5. 对人民法院的审判活动实行监督。审查人民法院刑事判决、裁定，对确有错误的判决、裁定，或者发现刑事审判程序违法的，依法提出抗诉、提请抗诉、建议提请抗诉或者通知人民法院予以纠正。

6. 对执行死刑实行监督。

7. 受理和审查公安机关、国家安全机关对人民检察院决定不起诉要求复议的案件。

8. 积极参与社会治安综合治理，做好"青少年维权岗"的创建工作。

（二）公诉职能与人民监督员制度的切合

公诉部门与侦查监督部门一样，承担着对刑事侦查活动实行监督的职能，它通过案件的移送审查起诉环节实行对检察机关自侦部门侦查活动的有效内部

监督，较之人民监督员更易发现可能存在的包括"八种情形"在内的违法行为。对于公诉部门的主动发现并且予以及时纠正的"八种情形"，是否必须启动人民监督员监督程序的问题，可以参照前述侦查监督部门的相似处理程序进行。

公诉部门对检察机关自侦部门移送审查起诉的案件，如果案件事实符合起诉条件的，均会依法提起公诉。决定不起诉的案件则存在法定不起诉、酌定不起诉和存疑不起诉三种形式，"法定不起诉的"情形启动人民监督员监督程序的责任部门应当是公诉部门无疑，而对酌定不起诉和存疑不起诉的处理意见则往往存在较大争议，实践中往往出现建议自侦部门撤销案件的现象，此时，承担人民监督员监督程序的责任部门就演变为检察机关自侦部门，变更为对"拟撤销案件的"情形进行监督。

除此之外，公诉职能还可能与人民监督员制度发生其他方面的一些冲突，需要有机地予以衔接。

1. 羁押制度与人民监督员制度的冲突与衔接

"拟不起诉的"案件必须接受人民监督员的监督，如果犯罪嫌疑人被羁押的，就存在一个在启动人民监督员程序以前是否先予释放或者变更强制措施，或者继续羁押的问题。我们认为，公诉部门提出的"拟不起诉的"意见后，在启动人民监督员监督程序以前，就应当对犯罪嫌疑人变更较为宽松的强制措施，或者在较有把握时将犯罪嫌疑人先予释放。如此做法的有利之处在于：一是充分体现了保障犯罪嫌疑人人权的需要，即使续后出现"应当给予刑事赔偿"的情形，也可以最大限度地减少损失。二是可以充分地履行人民监督员的监督程序，即使人民监督员评议意见不同意检察机关的意见或者对检察机关的决定提出复议程序，也能在人民监督员监督评议、复议程序期限上给予满足。三是可以解决人民监督员制度与不起诉案件审批制度之间的冲突。根据《报批规定》，省级以下（含省级）人民检察院办理直接受理侦查的案件，拟作不起诉决定的，应当报请上一级人民检察院批准。公诉部门经过对侦查部门移送的案件进行审查，认为应当不起诉的，应当制作拟不起诉意见书，将拟不起诉意见以及相关材料移送本院人民监督员办公室，接受人民监督员监督。经人民监督员履行监督程序，提出表决意见后，公诉部门应当报请检察长或者检察委员会决定。报送案件时，应当将人民监督员的表决意见一并报送。检察长或者检察委员会同意拟不起诉意见的，应当由公诉部门将拟不起诉意见书以及人民监督员的表决意见，连同本案全部卷宗材料，在法定期限届满 7 日前报上一级人民检察院审查。对于共同犯罪的案件，应当将处理同案犯罪嫌疑人的有关法律文书以及案件事实、证据材料复印件等，一并报送上一级人民检察院。

上一级人民检察院公诉部门审查下级人民检察院报送的拟不起诉案件，应当提出是否同意不起诉的意见，连同下级人民检察院人民监督员的表决意见，报请检察长或者检察委员会决定。上一级人民检察院审查下级人民检察院报送的不起诉案件，应当于收到案件 7 日内书面批复下级人民检察院；重大、复杂案件，应当于收到案件 10 日内书面批复下级人民检察院。情况紧急或者因其他特殊原因不能按时送达的，可以先电话通知下级人民检察院执行，随后送达书面批复。上一级人民检察院批准不起诉的，下级人民检察院应当作出不起诉决定，并制作不起诉决定书。上一级人民检察院不批准不起诉的，下级人民检察院应当执行上一级人民检察院的决定。拟不起诉案件，犯罪嫌疑人在押的，不得因报上一级人民检察院审批而超期羁押。羁押期限届满，应当依法变更强制措施。① 犯罪嫌疑人不被羁押后，启动人民监督员程序与办案期限之间的冲突就会自然消失。根据《刑事诉讼规则》第 425 条规定，最高人民检察院对地方各级人民检察院的起诉、不起诉决定，发现确有错误的，应当予以撤销或者指令下级人民检察院纠正。上级人民检察院撤销不起诉决定可能产生两种结果，一种是提起公诉，另一种是作撤销案件处理。即使案件决定提起公诉，犯罪嫌疑人未被羁押亦不影响对其提起公诉。

2. 人民监督员制度与不起诉案件公开审查制度的冲突与衔接

不起诉公开审查是指检察机关对拟作出不起诉决定的案件，在作出不起诉决定前，公开听取诉讼当事人等相关人员意见，并允许公民旁听的一项制度。我国不起诉公开审查制度具有加强诉讼监督、深化检务公开、推进人权保障等积极意义。② 最高人民检察院 2001 年 3 月颁布了《人民检察院不起诉案件公开审查规则（试行）》，2015 年 2 月 28 日最高人民检察院发布的《关于全面推进检务公开工作的意见》又对不起诉案件公开审查制度作了重申：对存在较大争议或在当地有较大社会影响的拟作不起诉案件、刑事申诉案件，实行公开审查。对于在案件事实、适用法律方面存在较大争议或在当地有较大影响的审查逮捕、羁押必要性审查、刑事和解的案件，提起抗诉的案件以及不支持监督申请的案件，探索实行公开审查。研究制定公开审查的操作性指引，规范公开审查的程序。

对不起诉案件开展公开审查活动，是为了充分听取侦查机关（部门）和犯罪嫌疑人、被害人以及犯罪嫌疑人、被害人所委托的人等相关人员对案件的

---

① 周永年主编：《人民监督员制度概论》，中国检察出版社 2008 年版，第 314—315 页。

② 赵愆邑：《我国不起诉公开审查制度探析》，载《法制与社会》2014 年第 1 期。

处理的意见，为人民检察院对案件是否作不起诉处理提供参考。公开审查制度与人民监督员制度的相同之处在于两者所作的意见均非决定性意见。但是人民监督员制度是拟不起诉案件的必经程序，而公开审查制度则并非必经程序，两者之间没有必然的联系。我们建议，在开展不起诉等案件的公开审查活动时，有必要邀请部分人民监督员参加旁听，有利于人民监督员进一步了解案情，广泛听取各方意见，使人民监督员在监督程序中能够发表更为充分的评议意见。

## 五、检察委员会制度与人民监督员制度的衔接

检察委员会所作的决定是最终的决定，必须得到执行。检察委员会制度与人民监督员制度不会发生根本性的冲突，但有一些细节性问题仍需得到较好的衔接。

（一）检察委员会的职责

检察委员会是各级人民检察院进行科学民主决定的法定机构，是人民检察院的业务决策机构，是人民检察院实行民主集中制，坚持集体领导的一种组织形式。根据《人民检察院检察委员会组织条例》第 4 条规定，检察委员会讨论决定重大案件和其他重大问题。检察委员会的具体职责有：

1. 审议、决定在检察工作中贯彻执行国家法律、政策和本级人民代表大会及其常务委员会决议的重大问题。

2. 审议、通过提请本级人民代表大会及其常务委员会审议的工作报告、专题报告和议案。

3. 总结检察工作经验，研究检察工作中的新情况、新问题。

4. 最高人民检察院检察委员会审议、通过检察工作中具体应用法律问题的解释以及有关检察工作的条例、规定、规则、办法等，省级以下人民检察院检察委员会审议、通过本地区检察业务、管理等规范性文件。

5. 审议、决定重大、疑难、复杂案件。

6. 审议、决定下一级人民检察院提请复议的案件或者事项。

7. 决定本级人民检察院检察长、公安机关负责人的回避。

8. 其他需要提请检察委员会审议的案件或者事项。

（二）人民监督员制度与检察委员会案件讨论制度的冲突与衔接

从人民检察院检察委员会工作职责的范围来看，检察委员会制度在审议、决定重大、疑难、复杂案件方面会与人民监督员制度发生一些冲突。重大案件有相应的法律具体规定，而疑难、复杂案件在实践中很难作出明确的界定，遇

到人民监督员各项监督情形时，我们认为可以按照下列原则和程序进行。

1. 处理原则

无论是人民检察院主动提请"三类案件"的监督还是人民监督员发现"八种情形"提起的监督，总的原则是在未经人民监督员评议监督以前，均不宜对"三类案件"和"八种情形"的监督事项先行召开检察委员会进行审议。如果先行召开检察委员会对人民监督员需要实行监督的事项进行审议，检察委员会审议和通过的决定将是最终的决定，再行启动人民监督员监督程序就会流于形式，假设遇到人民监督员的评议意见与检察委员会审议的决定意见相悖时，就会造成实质性冲突，不利于问题的解决。而在召开检察委员会会议之前，将人民监督员监督程序列为召开检察委员会会议之前的必经程序，则有利于检察委员会充分听取人民监督员的评议意见，使人民监督员的监督评议意见切实落到实处。

2. "拟撤销案件的"和"拟不起诉的"案件监督与检察委员会制度的衔接

根据有关规定，拟撤销案件和拟不起诉案件必须报请检察委员会讨论决定。由于人民监督员监督程序是报请检察委员会讨论的必经前置程序，人民监督员的评议意见就有可能与检察委员会的决定产生冲突，实践中应当区别不同情况予以妥善的解决。

（1）对于拟撤销案件的，侦查部门的意见倾向于不能全案认定的，应交由人民监督员监督以后再提交检察委员会讨论决定。人民监督员评议意见认为不拟撤销案件的，而检察委员会讨论决定撤销的，人民监督员可以提请复议。侦查部门倾向于定罪的，无论人民监督员评议的意见是否同意侦查部门的意见，原则上都应当直接移送公诉部门审查起诉，不应提请检察委员会讨论。

（2）对于移送审查起诉的案件，公诉部门倾向于全案不能定罪并建议作撤案处理时，侦查部门同意公诉部门意见的，侦查部门应当主动将案件撤回，由侦查部门负责按"拟撤销案件的"情形启动人民监督员监督程序。

（3）对于移送审查起诉的案件，公诉部门倾向于全案不能定罪并建议作撤案处理而侦查部门不同意的，或者公诉部门倾向于全案证据不足拟作存疑不诉或者定罪不诉的，均应由公诉部门负责提交人民监督员进行评议，然后提请检察委员会讨论决定。

（4）对于公诉部门倾向于有罪，认为案件证据确实充分并应当提起公诉的，即使侦查部门移送的是不起诉的案件，均不宜提请检察委员会讨论，以此充分体现员额检察官的办案责任制，但可以由检察长根据实际情况决定是否提交人民监督员实行监督评议。

3. "犯罪嫌疑人不服逮捕决定的"情形监督与检察委员会制度的衔接

审查逮捕仅是侦查诉讼过程中的一个环节，逮捕的决定是由侦查监督部门的案件承办人提出意见，报经部门负责人审核，分管检察长或检察长批准，原则上无须报请检察委员会讨论。出现"犯罪嫌疑人不服逮捕决定的"情形需要提请人民监督员监督评议时，由侦查监督部门负责，无论人民监督员评议意见是否同意检察机关的意见，都不影响侦查监督部门对原逮捕决定的维持或改变。一般情况下，在提请人民监督员评议以后都不宜提请检察委员会对此情形进行讨论，除非人民监督员不同意逮捕决定，人民检察院维持原逮捕决定，且人民监督员提请复议时，此时的情形才基本符合疑难、复杂案件的要求，检察长可以根据需要指定负责复议的职能部门提请检察委员会讨论。

4. "应当给予刑事赔偿而不依法予以赔偿的"监督情形与检察委员会制度的衔接

造成刑事赔偿的情况是职务犯罪案件侦查活动中最不应该出现的严重后果，应当给予当事人适当的司法救济和刑事赔偿。我们认为刑事赔偿事关检察机关的声誉，是检察工作中的重大事项，经人民监督员监督以后，应当一律报请检察委员会讨论决定，以示慎重。

5. 其他监督情形与检察委员会制度的衔接

其他的监督情形都是侦查过程中应当由侦查部门所承担的责任范围，均是由侦查部门在履行职责过程中出现的问题，按照法律规定，均不应当提请检察委员会进行讨论。经过人民监督员监督评议，认为这些情形不存在的，则监督情形自然消失；人民监督员评议意见认为这些情形存在的，则应当由职能部门报请检察长批准予以纠正；只有当人民监督员评议意见认为这些情形存在的，而职能部门不同意人民监督员评议意见且人民监督员要求复议的，检察长认为有必要时，可以作为重大事项指定复议部门提请检察委员会讨论。

## 六、纪检监察制度与人民监督员制度的衔接

检察机关的纪检监察制度与人民监督员制度有着密切的联系。"检察机关在办案中有徇私舞弊、贪赃枉法、刑讯逼供、暴力取证等违法违纪情况的"监督情形同样是纪检监察部门主要的监督对象，人民监督员对"三类案件"和"八种情形"的监督，也是纪检监督部门对检察机关内设各业务部门的办案情况实现有效监督的途径。将人民监督员制度的外部监督与纪检监督部门的内部监督有效地结合起来，能够充分地发挥各自的职能，形成有效的内外监督制约机制，保障检察机关公正执法。

（一）检察机关纪检监督部门的工作职责

检察机关实行纪检监察制度，目的是强化内部监督，保障检察机关和检察人员忠于宪法和法律，正确履行职责，公正司法，保障检察机关政令畅通，维护检察纪律，促进廉政建设，提高工作效能。检察机关纪检监察部门的主要工作职责包括：

1. 对检察机关和检察人员进行廉政和遵纪守法教育。

2. 对检察机关及其所属内设机构和检察人员遵守和执行法律、法规，贯彻落实党中央、最高人民检察院和上级院重大工作部署和决议决定的情况进行监督。

3. 对检察机关领导班子、领导干部以及检察人员遵守党纪、政纪、检察纪律的情况和落实党风廉洁建设责任制及其勤政廉政的情况进行监督。

4. 受理对检察机关及其所属内设机构和检察人员违反纪律、法律的行为的控告、检举。

5. 调查处理检察机关及其所属的内设机构和检察人员违反纪律、法律的行为，依照党纪检纪惩处违法违纪的单位和人员。

6. 受理纪检监察对象不服纪律处分的申诉和复核申请。

7. 建立健全工作纪律和规章制度，保证检察权的正确行使。

8. 保障党员、检察人员的民主权利和合法权益，维护党的组织、机关的正当权利和集体荣誉。

9. 开展巡视和检务督察工作，协助本院党组落实党风廉洁建设责任制，做好具体组织协调工作。

10. 参加、列席检察委员会有关会议。

11. 有关法规、党规规定由纪检监察部门履行的其他职责。

现行纪检监察制度实行由同级纪委监察机关统一派驻检察机关的制度以后，将对检察机关接受纪检监察机关的有效监督提供更为有利的保障。

（二）人民监督员制度与纪检监察制度的有机切合

人民监督员制度与纪检监察制度具有互补性。由于人民监督员制度与检察机关内部的纪检监察制度在监督性质、适用范围、监督对象、监督程序、监督人员、监督措施和效力等方面都有所不同，两者基本不重叠，各成体系，因而能够较好地互相补充，相辅相成，共同构成检察机关的内部监督制约机制，确保检察机关公正执法、廉洁高效。① 但是，两种制度之间仍然存在一些冲突和

---

① 周永年主编：《人民监督员制度概论》，中国检察出版社 2008 年版，第 337 页。

交叉，需要有机予以切合。

1."检察机关在办案中有徇私舞弊、贪赃枉法、刑讯逼供、暴力取证等违法违纪情况的"情形监督与纪检监察制度的衔接

人民监督员主动发现、提出对"检察机关在办案中有徇私舞弊、贪赃枉法、刑讯逼供、暴力取证等违法违纪情况的"情形进行监督，人民监督员提出监督的该类情形只是人民监督员认为存在的事实，未经调查显然无法对违法违纪行为是否存在予以确认。即使匆忙启动人民监督员监督评议程序，往往也只会产生承办人员与人民监督员各执一词的局面，并不会带来理想的效果。

是否存在违法违纪行为需要一个较长时间的调查处理过程。当人民监督员对此类情形提请监督时，人民检察院应当将相关申请材料交由纪检监察部门调查，调查以后视不同情况决定提请人民监督员实行监督评议：

（1）经调查，确认违法违纪行为不存在的，人民检察院应当及时地提交人民监督员予以监督评议，说明事情的缘由，解释存在的误会，听取人民监督员的意见。

（2）经调查，确认违法违纪行为确实存在的，纪检监察部门应当在提出处理意见后，将相关调查材料和处理意见提交上一级人民检察院人民监督员办公室，启动人民监督员监督程序。在充分吸收人民监督员的评议意见后，对相关违法违纪责任人员作出妥当的处理。

（3）经调查，违法违纪行为情节严重、需要追究刑事责任的，检察长应当将违法违纪责任人员指定侦查部门的专门人员予以侦查，并将调查结果及时地通报人民监督员。此时，由于人民监督员的监督请求事实上已经得到实行，故无须再行启动人民监督员监督程序。

（4）确实存在的违法违纪行为通常会引发其他十类监督情形的出现。在调查期间，如果发现存在任一其他十类监督情形的，无须等到调查结束，人民检察院就应当对产生的其他监督情形及时主动地提请人民监督员实行监督评议。对产生的具体情形实行人民监督员监督评议程序并不妨碍纪检监察部门对检察人员违法违纪行为的继续调查。

2."八种情形"监督与纪检监察制度的切合

"八种情形"的监督从《规定》的要求来看是由案件当事人、相关人员或者人民监督员主动发现后启动的，"八种情形"的出现通常情况下都是由于办案部门或者办案人员的工作失误而造成的，但其中也许隐藏着违法违纪行为的苗头，这恰恰也是应当引起纪检监察部门高度重视之处。纪检监察部门应当随时跟踪人民监督员监督评议的进程，及时扼杀违法违纪行为苗头，督促纠正办案中存在的问题，防范于未然。

　　综上所述的是检察机关主要业务部门、主要检察制度与人民监督员制度之间的冲突与衔接问题。除此之外，检察机关行政装备部门承担着赃款赃物的保管职能。监所检察部门承担着对犯罪嫌疑人、被告人被羁押的案件的羁押期限和办案期限实行监督；对监所检察工作中发现的不需要继续羁押的犯罪嫌疑人、被告人提出释放或者变更强制措施的建议；对指定居所监视居住的执行活动是否合法实行监督；对刑罚执行和监管活动中的职务犯罪案件立案侦查等职责。检察技术处承担着审录分离等职能，负责审讯活动的全程同步录音录像。检察警务部门承担着检察机关自侦案件中犯罪嫌疑人的提讯、看管和羁押工作等。检察机关的相关业务部门、后勤保障部门都与人民监督员制度的实行有着或多或少的联系，在此不再一一赘述。关键在于各职能部门及其检察人员应当高度重视人民监督员工作，在实践中积极支持、配合人民监督员制度的贯彻实行。

# 第四章 人民监督员监督案件的程序

法律规范，从其调整的对象来分，可分为实体法和程序法。凡是具体规定人们的权利和义务关系的法律为实体法（如刑法、民法等）；凡是规定人们的权利和义务得以实施所需的程序或手续的法律，称为程序法（如刑事诉讼法、民事诉讼法等）。程序法是一个总的概念，既包括行政程序法、立法程序法和选举规则、议事规则等非诉讼程序法，也包括行政诉讼法、刑事诉讼法、民事诉讼法等诉讼程序法。

程序主要功能在于及时、恰当地为实现权利和行使职权提供必要的规则、方式和秩序。在国标《质量管理体系基础和术语》GB/T19000—2008/ISO9000—2005 中第 3.4.5 条程序中对于"程序"的定义进行了规定：一个环节，内部嵌套着一系列复杂的逻辑慎密的一个组件，如若一个地方出现了问题就会影响到整个主体或者整件事务。通俗地讲，程序是指工作的操作规程和前后流程。为了描述程序的重要性和公正性，美国当代著名伦理学家罗尔斯在《正义论》一书中形象地把公正程序喻为"切蛋糕"的规则。蛋糕是权利和利益的象征，一个人负责分配蛋糕，如果程序性规则允许他在为别人分配蛋糕时也可以不加限制地为自己留一块，则他将有可能尽量少地分给别人，而尽可能多地留给自己。如果程序性规则规定只有在把蛋糕均等地分配给其他人以后，切蛋糕者本人才能最后领取到自己的那一份蛋糕，那么他就会尽最大努力来均分蛋糕。可见，程序性规则对于实现实体性权利是至关重要的。

人民监督员监督评议程序，是指人民监督员依据一定的规则和流程对纳入人民监督员监督范围内的案件进行评议的过程。根据《规定》，人民监督员监督评议程序可以分为启动程序、评议程序和复核程序三个阶段。

## 第一节 人民监督员监督案件的启动程序

人民监督员实行案件监督需要有被监督的案件来源，存在一个发现案源，发起监督的开启程式。人民监督员监督案件的启动程序，是指对纳入人民监督员案件监督范围的"三类案件"和"八种情形"由谁提请、如何提请和由谁受理、审查及决定等启动人民监督员监督评议程序所作的一系列规程设置。

## 一、人民监督员监督案件的提请

结合《规定》的内容,依据提请案件监督的主体不同,可以分为人民监督员主动发现后要求、案件当事人及相关人员申请和人民检察院主动提请三类。

### (一)人民监督员要求监督

人民监督员要求提请监督,前提条件是认为存在需要监督的情形,实际情况是否存在并不影响人民监督员提出监督的要求,只要人民监督员个人认为存在需要接受监督的情形即可自主提请。对于人民监督员提出监督要求的,原则上都应当启动人民监督员案件监督评议程序。

1. 人民监督员要求提请案件监督的范围

根据《规定》第8条第1款,人民监督员要求启动人民监督员监督程序的案件范围,仅包括《规定》第2条第1款规定的"八种情形"。只要人民监督员认为人民检察院在办理案件中出现了"八种情形"之一的情况,都有权要求启动人民监督员监督程序。而对于"三类案件"的监督则没有主动要求启动监督的权利。但我们认为应当有一个例外,即人民检察院对拟作撤销案件、不起诉处理的两类案件,如果未经人民监督员监督的必经程序而已作撤销案件或不起诉决定的,人民监督员一经发现则应当有要求启动人民监督员监督程序的权利,且人民检察院应当毫无条件地及时重新启动人民监督员案件监督程序,接受人民监督员的评议监督。

2. 人民监督员要求启动监督程序的形式

人民监督员认为具有"八种情形"之一的,要求启动人民监督员案件监督程序,必须是以书面形式,还是口头形式即可?《规定》并未给出明确的答案。结合《规定》出台的相关文件精神,人民监督员制度是人民检察院主动寻求外部监督的有效措施,应该从鼓励人民监督员积极参与、方便参与的角度出发,书面和口头的形式均应当被视为提出监督要求。鉴于此,《规定》虽未对提出启动案件监督的人民监督员的人数作出具体规定,一般理解也只需要有一名人民监督员提出要求即应受理。另外,人民监督员鉴于某些原因不方便直接向人民检察院直接提出启动案件监督程序要求时,也可以通过司法行政机关人民监督员办公室转达本人意愿,此种情况也应当视为要求监督意愿的正式提出。

3. 拓展人民监督员监督渠道的思考

《规定》明确了人民监督员监督评议程序启动的三类主体，即人民监督员要求启动、当事人及相关人员申请启动和人民检察院主动提请监督。根据统计，笔者所在地区 2016 年 1 月至 2016 年 12 月，人民监督员共监督案件 24 件，其中拟撤销案件为 18 件，拟不起诉为 6 件，参与案件监督的人民监督员为 72 人次。24 件案件均为检察机关主动提起的"两类案件"，而其他由人民监督员要求或当事人及相关人员申请启动的属于其他"九种情形"的监督案件实际为 0。另根据资料①，福建省 2015 年 8 月至 2016 年 3 月，全省人民监督员参与案件监督 34 件，其中"拟撤销案件的"为 3 件，"拟不起诉的"为 30 件，犯罪嫌疑人不服逮捕决定 1 件，参与案件监督的人民监督员为 130 人。其他由人民监督员要求或当事人及相关人员申请启动的属于其他"八种情形"的监督案件为 0。分析上述情况存在的主要原因，一是由于人民监督员制度改革全面启动刚刚实施，广泛宣传不够，社会面、当事人及相关人员知晓率不高。二是在操作程序上，人民检察院主动提起监督的程序相对简单，而人民监督员、当事人及相关人员要求或申请启动的，程序较为复杂，特别是对要求或申请启动的，设计了前置审查程序。设计的初衷可能是有助于人民检察院业务部门先行处理解决，但客观上也限制了人民监督员、当事人及相关人员权利的行使。三是虽然《规定》对如何保障人民监督员、当事人及相关人员的知情权作了较多规定，如建立工作通报制度、建立自侦案件程序台账、自侦案件中的权利告知等，但由于这些制度刚刚实施，在具体工作中如何落实还需进一步探索。

（1）要进一步加强人民监督员制度的宣传。通过多种形式，宣传人民监督员制度的意义、内容、工作的方法和途径。加强人民监督员队伍的培训，增强其工作的责任感、使命感，提升监督能力。认真总结人民监督员工作开展情况，梳理监督工作案例，"以案说法"增强宣传效果。

（2）要切实落实人民监督员、当事人及相关人员的知情权。各级检察机关、司法行政机关要充分认识保障人民监督员的知情权是实行人民监督员制度的前提和基础，只有充分保障了人民监督员、当事人及相关人员的知情权，这项制度才能在实践中起到更好的作用。对《规定》确定的保障知情权的一些原则和制度，要在工作中进一步明确，并定期开展监督检查。要进一步细化人民监督员查阅案件台账的制度；对告知当事人及相关人员告知权利的情况，应

---

① 福建省人民检察院、福建省司法厅《关于人民监督员选任管理方式改革试点以来全省案件情况的通报》（闽司〔2016〕70 号）。

当采用书面形式，并纳入案件评查的范围；细化人民监督员参与案件跟踪回访、案件评查工作等，确保工作落到实处。

（3）要方便人民监督员开展监督。对人民监督员、当事人及相关人员要求或申请的监督事项，在前置分流、审查、处理等诸多环节中，尽量简化程序，明确时限要求，提高内部流转工作效率。对人民监督员要求启动监督的，除了《规定》明确的由人民检察院人民监督员办事机构受理外，也可由司法行政机关代为受理。司法行政机关负责人民监督员的日常管理工作，与人民监督员联系比较紧密。另外要落实好人民监督员的工作保障，如评议地点的选择、交通保障及工作补贴等，方便人民监督员参与监督评议工作。

（二）案件当事人申请监督

《规定》第8条第2款明确了当事人及相关人员可以申请启动人民监督员案件监督程序。在此，应当明确几个问题。

1. 申请启动的主体

根据《规定》第8条第2款，申请启动人民监督员案件监督程序的主体为当事人及其辩护人、诉讼代理人或者控告人、举报人、申诉人。

（1）当事人。根据刑事诉讼法的规定，刑事诉讼中的当事人是指犯罪嫌疑人、被告人、被害人、自诉人、附带民事诉讼的原告人和被告人。结合人民监督员监督案件的类别为人民检察院直接受理立案侦查的案件，这里的当事人主要是指犯罪嫌疑人和被害人。

犯罪嫌疑人是指被侦查机关、控诉机关依法进行侦查或者审查、有证据证明涉及犯罪的，但未被正式起诉的人。

被害人是指人身权利、民主权利、财产权利或其他权利遭受犯罪行为直接侵害的人，这里主要是指自侦案件中的被害人。

（2）辩护人。根据刑事诉讼法的规定，犯罪嫌疑人、被告人除自己行使辩护权以外，还可以委托一人至二人作为辩护人。人民检察院侦查部门在第一次开始讯问犯罪嫌疑人或者对其采取强制措施的时候，应当告知犯罪嫌疑人有权委托辩护人。在侦查期间，犯罪嫌疑人只能委托律师作为辩护人。在审查起诉期间，犯罪嫌疑人可以委托律师作为辩护人，也可以委托人民团体或者所在单位推荐的人以及监护人、亲友作为辩护人。但同时规定正在被执行刑罚或者依法被剥夺、限制人身自由的人，不得担任辩护人。

（3）诉讼代理人。根据刑事诉讼法的规定，公诉案件的被害人及其法定代理人或者近亲属，附带民事诉讼的当事人及其法定代理人，自案件移送审查起诉之日起，有权委托诉讼代理人。委托诉讼代理人的规定，参照委托辩护人的规定，即三种人员可以委托作为诉讼代理人：律师；人民团体或者其所在单位推荐的人；监护人、亲友。

（4）控告人。《刑事诉讼法》第108条第2款、第3款规定：被害人对侵犯其人身、财产权利的犯罪事实或者犯罪嫌疑人，有权向公安机关、人民检察院或者人民法院报案或者控告。公安机关、人民检察院或者人民法院对于报案、控告、举报，都应该接受。对于不属于自己管辖的，应当移送主管机关处理，并且通知报案人、控告人、举报人。根据这一规定，控告一般是指被害人及其近亲属或其诉讼代理人，对侵犯被害人合法权益的违法犯罪行为，依法向司法机关告发，要求予以惩处的行为。

（5）举报人。举报是指机关、团体、企事业单位和个人向司法机关和有关部门检举、揭发犯罪嫌疑人的犯罪事实或者犯罪嫌疑人线索的行为。《刑事诉讼法》第84条规定：任何单位和个人发现有犯罪事实或者犯罪嫌疑人，有权利也有义务向公安机关、人民检察院或者人民法院报案或者举报。公民举报可以通过电话举报、信函举报、传真举报、网上举报，也可以当面举报、预约举报或者认为方便的其他形式进行举报。

（6）申诉人。申诉，是指公民、法人或其他组织，认为对某一问题的处理结果不正确，而向国家的有关机关申述理由，请求重新处理的行为。刑事诉讼中的申诉，是指当事人、被害人及其家属或者知道案件情况的其他公民，认为人民法院、人民检察院对已经发生法律效力的判决、裁定或决定有错误，向人民法院或者人民检察院提出要求依法处理，予以纠正的行为。

2. 当事人申请启动的监督案件类型

根据《规定》第8条第2款的规定，当事人及其辩护人、诉讼代理人或者控告人、举报人、申诉人认为人民检察院办理的案件具有本规定第2条第1款情形之一或者第3款第3项情形的，可以申请启动人民监督员监督评议程序。

当事人及相关人员申请启动的监督案件类型与人民监督员要求启动的监督案件范围大体相当，仅增加了"犯罪嫌疑人不服逮捕决定的"一项情形。

当事人及相关人员提出启动人民监督员案件监督程序申请，既可以由自己直接申请，也可以向人民监督员提出请求，由人民监督员接受请求后向人民检察院提出启动人民监督员案件监督程序的要求。

3. 当事人及相关人员的权利告知

当事人及相关人员申请启动人民监督员监督程序，前提条件是要知道人民监督员制度及申请监督的途径，所以在事前进行权利告知是一个重要程序。人民检察院在办理职务犯罪案件的过程中，应当切实履行权利告知义务。

根据《规定》第30条规定，人民检察院在接待属于本院办理的直接受理立案侦查的控告人、举报人、申诉人时，应当告知其有关人民监督员监督事项。人民检察院在办理直接受理立案侦查案件中，应当在第一次讯问犯罪嫌疑人或者对其采取强制措施时告知犯罪嫌疑人有关人民监督员监督事项。除上述规定之外，在具体实务中，还应包括以下几种情况：

（1）对职务犯罪嫌疑人决定立案的，应当在宣布立案决定时，以书面形式告知犯罪嫌疑人"九种情形"有申请人民监督员监督的权利及途径。在宣布不予立案决定的同时，应当告知相关举报人有申请人民监督员监督的权利及途径。

（2）在依法进行搜查、查封、扣押、冻结或者依法处理查封、扣押、冻结财物时，应当以书面形式告知在场的犯罪嫌疑人或其近亲属、见证人，有申请人民监督员监督是否存在违法情形的权利及途径。

（3）人民检察院业务部门在第一次接待当事人及其辩护人、诉讼代理人时，应告知其有关人民监督员监督事项。

（4）在向犯罪嫌疑人宣布逮捕决定时，应当告知其有关人民监督员监督事项。

（三）人民检察院主动提请

人民检察院主动提请人民监督员对案件进行监督的程序，与人民监督员要求启动和案件当事人及相关人员申请启动人民监督员监督程序是有所不同的。其不同之处在于：无论是人民监督员要求启动案件监督程序，还是案件当事人及相关人员申请启动人民监督员监督程序，都是事后监督的一种形式，其要求和申请都存在一个前置审查答复的过程。如果人民监督员或者申请人收到人民检察院的答复意见书后认为没有异议的，人民监督员监督程序即告终止。只有人民监督员或者申请人认为仍有异议的，并经检察长批准，才会正式转入评议启动程序。而人民检察院主动提起监督的案件范围仅包括"拟撤销案件的"和"拟不起诉的"两类案件，属于事前监督，在作出相应决定前都必须接受人民监督员的监督，经检察长批准，即转入监督评议程序。

人民检察院主动提起的监督，除了本院在作出拟撤销案件、拟不起诉前应当接受人民监督员监督外，还有一种情况就是上级人民检察院责令下级人民检察院启动人民监督员监督程序。根据《规定》第13条，上级人民检察院发现下级人民检察院应当接受人民监督员监督而未接受监督的，可以责令下级人民检察院依照本规定启动人民监督员监督程序。

检察机关上下级之间实行领导与被领导的关系，这有别于一般行政机关上下级之间的指导关系。根据《刑事诉讼规则》规定，在刑事诉讼中，最高人民检察院领导地方各级人民检察院和专门人民检察院的工作，上级人民检察院领导下级人民检察院的工作。上级人民检察院对下级人民检察院作出的决定，有权予以撤销或者变更；发现下级人民检察院办理的案件有错误的，有权指令下级人民检察院予以纠正。下级人民检察院对上级人民检察院的决定应当执行，如果认为有错误的，应当在执行的同时向上级人民检察院报告。

关于上级人民检察院责令启动监督的范围，《规定》并未明确，主要有三种理解，第一种意见认为是仅指人民检察院主动提请的"两类案件"；第二种意见认为应该包括全部的"三类案件"和"八种情形"；第三种意见认为这条是兜底条款，不仅局限于《规定》列举的"三类案件"和"八种情形"。我们认为，人民监督员制度全面改革刚刚推开，监督范围不宜过大。同时"九种情形"启动监督程序的主体是人民监督员、案件当事人及其他相关人员，应当尊重人民监督员、案件当事人及其他相关人员选择启动或不启动人民监督员监督程序的主体权利。而对人民检察院主动提起的"两类案件"，属于应当接受监督的情况，客观上也可能存在承办案件的人民检察院不报或漏报而不启动的情况。同时，在实际运作中，决定撤销案件、不起诉还要报请上级人民检察院批准，上级人民检察院在审查过程中也容易发现是否存在未经接受人民监督员监督的情况，从而责令下级人民检察院启动人民监督员监督程序。

## 二、人民监督员监督案件的受理

根据《规定》第 8 条和第 11 条的相关规定，三种不同启动人民监督员监督程序的监督案件的受理部门分别由人民检察院人民监督员办公室和人民检察院控告检察部门受理。

### （一）人民监督员办公室受理

人民检察院人民监督员办公室负责受理人民监督员提请要求启动人民监督员监督程序的监督案件和人民检察院办案部门主动提请监督的"拟撤销案件的""拟不起诉的"两类监督案件。

对于办案部门主动提请监督的两类案件，由人民监督员办公室负责直接启动监督评议程序。而对于人民监督员提请要求启动人民监督员监督程序的案件，人民监督员办公室应当在接受人民监督员书面或口头的监督要求后，指导人民监督员以书面的形式制作《人民监督员要求监督意见书》（附表 4 - 1 - 1）。

**表 4 -1 -1**

# 人民监督员要求监督意见书

_____人民检察院：

我（们）认为，在_____检察院办理的直接受理立案侦查的_____
_____案件中，存在下列第____种情形：

1. 应当立案而不立案或者不应当立案而立案的；
2. 超期羁押或者延长羁押期限决定违法的；
3. 采取指定居所监视居住强制措施违法的；
4. 违法搜查、查封、扣押、冻结或者违法处理查封、扣押、冻结财物的；
5. 阻碍当事人及其辩护人、诉讼代理人依法行使诉讼权利的；
6. 应当退还取保候审保证金而不退还的；
7. 应当给予刑事赔偿而不依法予以赔偿的；
8. 检察人员在办案中有徇私舞弊、贪赃枉法、刑讯逼供、暴力取证等违法违纪情况的。

现根据《最高人民检察院关于人民监督员监督工作的规定》第二条的规定，要求对该案件进行人民监督员监督。

人民监督员签名：

年　　月　　日

人民监督员在《人民监督员要求监督意见书》上签名盖章后即宣告正式受理。

（二）控告检察部门受理

案件当事人及其辩护人、诉讼代理人或者控告人、举报人、申诉人提出启动人民监督员案件监督申请的，则由人民检察院控告部门直接受理，如此可以节省受理、审查的时间。

当事人在押期间提出的申请既可以是书面的，也可以是口头的，办案部门应当制作笔录，并指导其填写《要求人民监督员监督申请书》（附表 4 -1 - 2），并连同相关材料一并转发本院控告检察部门受理。不在押的当事人和其他相关人员提出的申请应当以书面形式向人民检察院控告检察部门直接提交，并在控告检察部门工作人员的指导下填写《要求人民监督员监督申请书》。

表 4 - 1 - 2

# 要求人民监督员监督申请书

_____人民检察院：

我（们）认为，在_____检察院办理的直接立案侦查的_____
____案件中，存在下列第___种情形：

1. 应当立案而不立案或者不应当立案而立案的；

2. 超期羁押或者延长羁押期限决定违法的；

3. 采取指定居所监视居住强制措施违法的；

4. 违法搜查、查封、扣押、冻结或者违法处理查封、扣押、冻结财物的；

5. 阻碍当事人及其辩护人、诉讼代理人依法行使诉讼权利的；

6. 应当退还取保候审保证金而不退还的；

7. 应当给予刑事赔偿而不依法予以赔偿的；

8. 检察人员在办案中有徇私舞弊、贪赃枉法、刑讯逼供、暴力取证等违法违纪情况的；

9. 犯罪嫌疑人不服逮捕的。

现根据《最高人民检察院关于人民监督员监督工作的规定》第八条的规定，申请人民监督员对该案件进行监督。

案件当事人

（辩护人或诉讼代理人、

控告人、举报人、申诉人）签名：

年　　月　　日

## 三、人民监督员监督案件的审查

人民监督员办公室和控告检察部门根据各自权限在分别受理监督案件的要求、提请和申请后，应当进行审查，并根据不同的情况作出相应的处理。

（一）人民监督员办公室的形式审查

对于办案部门主动提请监督的"拟撤销案件的"和"拟不起诉的"两类

案件，都是经过检察长批准后，才移送人民监督员办公室的。因此，人民监督员办公室不具有实体审查或事实审查的职能，仅对办案部门移送的拟接受人民监督员监督评议的案件材料是否齐备进行形式审查，材料不齐备时，可以要求案件承办部门补充。案件承办部门应当在作出拟处理决定之日起 3 日以内将拟处理决定及主要证据目录、相关法律规定等材料移送本院人民监督员办事机构，或者通过本院人民监督员办事机构报送上一级人民检察院，材料不齐备的应当及时补充并做好接受监督评议的准备。对于该两类案件，人民监督员办公室的职责主要是与司法行政机关人民监督员办公室做好工作衔接，组织好人民监督员的监督评议活动。

从形式上看，对于人民监督员要求启动人民监督员案件监督程序的监督案件的受理部门是人民监督员办公室，然而人民监督员办公室并不负责此类监督案件的实体审查工作，根据《规定》第 9 条的规定，应由人民检察院控告检察部门统一对启动人民监督员案件监督程序的要求和申请进行审查。因此，人民监督员办公室应当在受理人民监督员启动监督程序的要求后，及时地将《人民监督员要求监督意见书》和相关材料移送本院控告检察部门进行审查。

（二）控告检察部门的程序审查

根据《规定》第 9 条的规定：人民检察院控告检察部门统一对启动人民监督员监督程序的要求或者申请进行审查。也就是说，人民检察院控告检察部门不仅受理并审查当事人及其辩护人、诉讼代理人或者控告人、举报人、申诉人提起的启动人民监督员监督程序的申请。而且，人民监督员认为人民检察院办理的案件具有《规定》第 2 条第 1 款情形或者第 3 款第 3 项情形之一的，要求启动人民监督员监督程序的，也应当由人民检察院人民监督员办公室受理后移送人民检察院控告检察部门统一审查。

从《规定》第 9 条的规定来看，控告检察部门的审查并不是对启动人民监督员监督程序的要求或者申请进行的事实审查，仅仅是对要求或者申请进行的管辖层级的程序性审查。《规定》第 9 条的规定：属于本院管辖且属于人民监督员监督情形的，按照控告、举报、申诉案件工作程序直接办理或者转交其他部门办理，并及时反馈人民监督员办事机构登记备案；属于本院管辖，具有下列情形之一的，拟送作出决定的人民检察院处理；不属于本院管辖的，移送有管辖权的人民检察院处理：（1）应当立案而上一级人民检察院决定不予立案的；（2）延长羁押期限决定违法的；（3）对涉嫌特别重大贿赂犯罪案件的犯罪嫌疑人采取指定居所监视居住强制措施违法的；（4）犯罪嫌疑人不服逮捕决定的。

以上四种情形的决定权不在本院，故本院无权对启动人民监督员监督程序的要求或者申请进行审查。理由在于以上四种情形的决定权都归上一级或者上级人民检察院，都应当报送作出决定的上级人民检察院审查处理。

控告检察部门对于启动人民监督员监督程序进行管辖权限的程序性审查后，应当将决定自行办理、转交其他业务部门办理或者报送上级人民检察院处理的情况，及时反馈给本院人民监督员办事机构。如需上一级人民检察院人民监督员办公室组织实施人民监督员监督程序的，本院人民监督员办事机构应当及时上报。

人民监督员办公室及时了解和掌握启动人民监督员监督程序的要求或者申请的审查、进展和办理情况，有助于人民监督员办公室加强与司法行政机关的联系，合理安排时间，组织人民监督员及时开展人民监督员监督评议工作。

（三）办案部门的实体审查

《规定》第10条第1款规定：人民检察院控告检察部门或者其他承办部门应当及时对监督事项进行审查，提出处理意见，答复人民监督员或者申请人，并反馈人民监督员办事机构。

控告检察部门统一对监督事项进行实体审查显然是不切实际的。出现监督事项的各种监督情形散见于人民检察院办理案件的各个业务部门，由承办案件的具体部门直接负责对监督事项进行实体审查更为有利。

1. "应当立案而不立案的"情形，尚处于线索的范畴，该线索可能由侦查部门负责处理，也可能处于举报中心的线索管理阶段，可以根据线索管理权限确定审查的相关职能部门。

"不应当立案而立案的"情形势必出现在案件的侦查阶段，应当由侦查部门负责审查。

2. "超期羁押的"情形有可能出现在案件的侦查阶段，也可能出现在审查起诉阶段，对于该类监督事项的实体审查应当指定相应的侦查部门或者公诉部门进行审查。由于侦查监督部门和监所检察部门存在相应的监督职能，也可以由检察长指定侦查监督部门或者监所检察部门负责审查。

"延长羁押期限决定违法的"情形，延长羁押期限的决定权在于上级人民检察院的侦查监督部门，应当由其进行审查。

3. "采取指定居所监视居住强制措施违法的"情形可能出现两种情况。

一种情况是采取指定居所监视居住强制措施未经上一级人民检察院批准，属于程序性违法，对于启动人民监督员程序的要求或者申请的审查应当由本院侦查部门负责审查。

另一种情况是采取指定居所监视居住强制措施已经上一级人民检察院批

准，但事实是不符合采取指定居所监视居住强制措施的法定条件，属于实体性违法，其决定权属于上一级人民检察院。实践中，下一级人民检察院报请的采取指定居所监视居住强制措施的意见，通常由上一级人民检察院对应的侦查部门负责审查，并提出批准或不批准的意见，故出现此类监督情形时，一般情况下应当由上一级人民检察院的侦查部门负责审查。但鉴于《刑事诉讼规则》第118条第2款"对于下级人民检察院报请指定居所监视居住的案件，由上一级人民检察院侦查监督部门依法对决定是否合法进行监督"的规定，当人民检察院受理启动人民监督员监督程序的要求和申请后，由上一级人民检察院的侦查监督部门负责审查更为合理和公正。

4. "违法搜查、查封、扣押、冻结或者违法处理查封、扣押、冻结财物的"的情形，一般出现在案件侦查阶段或者终了阶段，通常与侦查部门有关，应当由侦查部门负责对监督事项进行审查。实践中也会出现公诉部门在审查起诉阶段收缴、扣押相关赃款赃物的情况，此时对监督事项的审查则应当由公诉部门承担。

案件管理部门和行政装备部门承担着对查封、扣押、冻结的财物的保管和具体处置职能，监督事项亦有可能出现在保管、处置环节，此时对于监督事项的审查应由侦查部门具体负责，案件管理部门或者行政装备部门予以配合。

5. "阻碍当事人及其辩护人、诉讼代理人依法行使诉讼权利的"情形，通常出现在侦查阶段或者审查起诉阶段，根据情形所处的阶段可以由相应的侦查部门或者公诉部门负责对监督情形进行审查，或者根据辩护人或诉讼代理人的申诉由检察长指定控告检察部门进行审查。

6. "应当退还取保候审保证金而不退还的"的情形，通常由侦查部门作出取保候审决定，应当由侦查部门对此类监督情形进行审查。公诉部门在案件审查起诉阶段，决定变更羁押措施为取保候审的，则由公诉部门对此监督情形进行审查。

7. 刑事赔偿的职能部门是刑事赔偿办公室，刑事赔偿办公室通常与控告申诉检察部门合署办公，对于"应当给予刑事赔偿而不依法予以赔偿的"监督事项的审查，理应由控告申诉检察部门负责，侦查部门应当予以配合。

8. "检察人员在办案中有徇私舞弊、贪赃枉法、刑讯逼供、暴力取证等违法违纪情况的"情形监督，情况相对复杂。无论是人民监督员的要求，还是当事人或者相关人员申请都仅是个人的认为，尚需要调查核实，对于此类监督情形的审查一般应由纪检监察部门负责审查。如果违法违纪情形确实轻微或者人民检察院认为违法违纪情形不存在的，为了节省审查时间，也可以由相应的案件承办部门负责审查，及时地提出处理意见。

9. "犯罪嫌疑人不服逮捕决定的"监督情形，其决定逮捕的职能属于上一级人民检察院的侦查监督部门，无论是在审查决定逮捕阶段，还是已经执行逮捕以后，对于此类监督事项的审查应当由上一级人民检察院侦查监督部门负责。

对于实践中出现的各种较为复杂的监督情况，根据实际需要，检察长亦可以指定相应的业务部门或者另外指定专人负责审查。

## 四、人民监督员监督案件的确定

县、市两级人民检察院办理的直接受理立案侦查的案件，如果出现"拟撤销案件的"和"拟不起诉的"两类案件监督情形时，由承办案件的相应的侦查部门或者公诉部门负责提出处理意见，报检察长批准后，应当在3日内将拟处理决定及主要证据目录、相关法律规定材料移送本院人民监督员办事机构，报送上一级人民检察院人民监督员办公室，由其负责组织人民监督员实行监督评议。其间，不存在再对其提请监督的事项进行审查的必要，人民监督员办公室仅对报送的材料是否齐备进行形式审查。材料齐备的及时启动人民监督员监督评议程序。

同理，省级人民检察院办理的直接受理立案侦查的案件，出现"拟撤销案件的"和"拟不起诉的"两类案件监督情形时，由承办案件的相应的侦查部门或者公诉部门负责提出处理意见，报检察长批准后，应当在3日以内将拟处理决定及主要证据目录、相关法律规定等材料移送本院人民监督员办公室，由其负责形式审查并启动人民监督员监督评议程序。

在此需要说明的问题有两点：一是"经检察长批准"，检察长统一领导检察院的工作。根据《最高人民检察院关于完善人民检察院司法责任制的若干意见》，明确了检察长应履行的十项职责：决定是否逮捕或是否批准逮捕犯罪嫌疑人；决定是否起诉；决定是否提出抗诉、检察建议、纠正违法意见或提请抗诉，决定终结审查、不支持监督申请；对人民检察院直接受理立案侦查的案件，决定立案、不立案、撤销案件以及复议、复核、复查；对人民检察院直接受理立案侦查的案件，决定采取强制措施，决定采取查封、扣押、冻结财产等重要侦查措施；决定将案件提请检察委员会讨论，主持检察委员会会议；决定检察人员的回避；主持检察官考评委员会对检察官进行考评；组织研究检察工作中的重大问题；法律规定应当由检察长履行的其他职责。此处检察长批准的只是同意"对'拟撤销案件的'和'拟不起诉的'两类监督案件报请人民监督员进行监督评议意见"的批准，而并非是对"拟撤销案件的"和"拟不起诉的"两类案件的决定的批准。

　　二是对"拟撤销案件的"和"拟不起诉的"两类监督案件，在提请人民监督员进行监督评议之前，均不宜召开检察委员会进行讨论。检察长批准决定和检察委员会讨论决定都是对案件所作的最终决定，均不宜轻易更改。"两类案件"需经人民监督员监督评议是必经程序，在此之前先由检察长批准或检察委员会讨论对"拟撤销案件的"和"拟不起诉的"两类案件作出决定，然后再提请人民监督员进行监督评议，显然不够尊重人民监督员的意见，易使人民监督员监督评议流于形式，也不利于人民监督员评议意见出现相左时对案件的重新处理。

　　（一）提出九种监督情形的审查意见

　　除两类案件以外的九种监督事项，人民检察院相关业务部门进行实体审查后，会有两种处理意见。一种意见是不同意或者认为不存在人民监督员要求监督的事项，或者不同意或认为不存在申请人申请启动人民监督员监督程序的事项。另一种意见是认同人民监督员或者申请人提请的理由，在此情况下，人民检察院通常均会及时主动地予以补救或者纠错。人民检察院各案件承办部门在对监督事项进行审查后，应当将处理意见告知本院控告检察部门，由控告检察部门负责统一向人民监督员或者申请人进行答复，人民监督员办事机构应当予以配合。

　　（二）人民监督员的反馈意见及处理

　　人民检察院在审查后，无论是否认同人民监督员或者申请人的意见，人民监督员和申请人对于人民检察院的审查意见同样存在接受和提出异议两种反馈意见。根据《规定》第10条第2款的规定：人民监督员或者申请人对人民检察院的答复意见有异议的，经检察长批准，控告检察部门或者其他承办部门应当将处理意见及主要证据目录、相关法律规定等材料及时移送本院人民监督员办事机构，或者通过本院人民监督员办事机构报送上一级人民检察院，并做好接受监督评议的准备。根据此项规定，《规定》仅对人民监督员和申请人提出异议的情形作了必须启动人民监督员监督程序的明确规定，而并未对人民监督员和申请人未提出异议的情形是否需要启动人民监督员监督评议程序作出具体规定。我们认为，对此情形应当根据实际情况予以区别对待：人民监督员要求监督或者申请人申请监督的事项如果不存在，经答复解释后，人民监督员或申请人表示接受的，可以不启动人民监督员监督评议程序。人民监督员要求监督或者申请人申请监督的事项如果确实存在，人民检察院审查后及时予以纠正或者救济后，人民监督员或者申请人表示接受的，在此情形下人民检察院应当主动地提请人民监督员启动监督评议程序，接受人民监督员的监督评议，虚心接受评议意见，以此彰显检察机关的公平正义。

## 五、关于监督事项审查与提请的期限问题

期限是一个法律行为在时间上的起点和终点，期限在程序上具有规范司法机关行为、保障当事人权利的重要意义。《规定》发布实施以来，关于期限的规定，在实践中主要有两个问题。

### （一）审查期限规定不明确

在监督程序的启动中，除人民检察院主动提起的监督期限有明确的规定外，对人民监督员要求、当事人及相关人员申请启动人民监督员监督程序的，从申请到受理，再到检察机关内部审查、分流、作出处理决定、反馈及移送准备接受监督等诸多环节，均没有明确的期限规定，有的只是以"及时"予以表述。如《规定》第 9 条：人民检察院控告检察部门统一对启动人民监督员监督程序的要求或者申请进行审查。属于本院管辖且属于人民监督员监督情形的，按照控告、举报、申诉案件工作程序直接办理或者转交其他部门办理，并及时反馈人民监督员办事机构登记备案；属于本院管辖，具有下列情形之一的，报送作出决定的人民检察院处理；不属于本院管辖的，移送有管辖权的人民检察院处理；等等。虽然对各个环节作出规定实为困难，但是对受理、审查至提请监督的期限作出一个总的规定较为合理。我们建议，对于人民监督员要求或申请人申请监督的案件，应当在 15 日内提出是否启动人民监督员监督评议程序的意见。鉴于"应当给予刑事赔偿而不依法予以赔偿的"和"检察人员在办案中有徇私舞弊、贪赃枉法、刑讯逼供、暴力取证等违法违纪情况的"两种情形，在实际处理中较为复杂，可以规定在 2 个月以内提出是否启动人民监督员监督评议程序的意见。

### （二）提请期限规定不够合理

人民检察院主动提起的两类案件，《规定》要求案件承办部门应当在作出拟处理决定之日起 3 日内将拟处理决定及主要证据目录、相关法律规定等材料移送本院人民监督员办事机构，或者通过本院人民监督员办事机构报送上一级人民检察院，并做好接受监督评议的准备。而根据《选任管理办法》第 14 条规定，人民检察院办理的案件需要人民监督员进行监督评议的，人民检察院应当在开展监督评议三个工作日前将需要的人数、评议时间、地点以及其他有关事项通知司法行政机关。也就是说，从作出拟处理决定开始，最长需要移送时间三日、通知时间三个工作日，再加上人民监督员评议时间，以及检察机关的移送、研究时间，才能作出正式处理决定。对决定撤销案件或不起诉的，还需

经过上一级检察机关的批准。何况对于犯罪嫌疑人在押的侦查期限和审查起诉期限刑事诉讼法都有明确的规定，报请上级人民检察院批准的时间也应当算在办案期限之内，这样容易造成检察机关超期羁押或因后期时间紧而压缩人民监督员评议的时间。

我们认为，对于人民检察院主动提起的"拟撤销案件的"和"拟不起诉的"两类案件的监督，在提请监督的时限上增加"应当在法定期限届满之日起15日前"的条款，便于操作和把握。

至此，经过以上程序，已经圆满完成人民监督员监督案件的启动程序。需要接受人民监督员监督的案件已经移送到人民检察院人民监督员办公室，由其与司法行政机关人民监督员办公室联系，组织人民监督员开展对监督案件的监督评议工作。

# 第二节　人民监督员监督案件的评议程序

"拟撤销案件的"和"拟不起诉的"两类监督案件，分别由人民检察院侦查部门和公诉部门主动提请。其余九种情形的监督案件分别由人民监督员要求或者申请人申请启动人民监督员监督程序，监督案件经人民检察院各相关业务部门审查，并经检察长批准移送人民检察院人民监督员办公室组织人民监督员开展案件监督评议活动。至此，案件正式进入人民监督员的评议程序。

## 一、人民监督员办公室组织评议的准备工作

人民检察院人民监督员办事机构受理本院各业务部门移送监督的案件后，应当对监督案件进行审查，此时的审查并非是对案件是否应该接受监督的实体审查，而是对移送监督案件材料是否齐备进行的程序或管辖审查。

（一）人民监督员办公室的再次审查

根据《规定》第6条的规定，案件经承办部门审查后，需要移送本院人民监督员办事机构或上级人民检察院人民监督员办公室审查的具体情况如下：

1. 省级人民检察院自行办理、自行审查的案件，由省级人民检察院人民监督员办公室组织人民监督员实施监督。

2. 市级人民检察院办理，报省级人民检察院批准决定，且由省级人民检察院进行监督事项审查的案件，由省级人民检察院人民监督员办公室组织人民监督员实施监督。

3. 县级人民检察院办理，报请上一级人民检察院即市级人民检察院决定的，且由市级人民检察院负责分流审查的监督案件，由市级人民检察院人民监

督员办公室组织人民监督员监督；县级人民检察院办理的需要二次、三次延长羁押期限的案件，须报请省级人民检察院批准，由省级人民检察院进行监督事项审查的案件，由省级人民检察院人民监督员办公室组织人民监督员实施监督。

4. 县级人民检察院办理，自行审查的监督案件，审查后报上一级人民检察院即市级人民检察院人民监督员办公室组织人民监督员实施监督。

5. 市级人民检察院办理，自行审查的监督案件，审查后报上一级人民检察院即省级人民检察院人民监督员办公室组织人民监督员实施监督。

为进一步便于理解和操作，现将案件承办检察院、决定批准检察院、监督事项审查检察院、组织监督检察院的相互关系情况列表如下：

表 4 - 2 - 1

| 案件承办检察院 | 决定批准检察院 | 监督事项审查检察院 | 组织监督检察院 |
|---|---|---|---|
| 县级人民检察院 | 县级人民检察院 | 县级人民检察院 | 市级人民检察院 |
| 县级人民检察院 | 市级人民检察院 | 市级人民检察院 | 市级人民检察院 |
| 县级人民检察院 | 省级人民检察院（第二、三次延押） | 省级人民检察院 | 省级人民检察院 |
| 市级人民检察院 | 市级人民检察院 | 市级人民检察院 | 省级人民检察院 |
| 市级人民检察院 | 省级人民检察院 | 省级人民检察院 | 省级人民检察院 |
| 省级人民检察院 | 省级人民检察院 | 省级人民检察院 | 省级人民检察院 |

省、市级人民检察院人民监督员办公室在审查监督案件的层级管辖的同时，应当对报送的包括处理意见书、主要证据目录、相关法律规定等材料是否完备进行形式审查。不完备的应当通知报送材料的相关业务部门予以补充。

（二）组织实施监督

人民检察院人民监督员办公室在对监督案件进行审查的同时，应当及时与司法行政机关人民监督员办公室取得联系，可以通过书面告知或者网上告知相结合的方式，通知司法行政机关人民监督员办公室做好接收、组织评议的准备。为了节省人民检察院人民监督员办公室与司法行政机关人民监督员办公室之间的联系衔接时间，《选任管理办法》第14条规定，人民检察院办理的案件需要人民监督员进行监督评议的，人民检察院应当在开展监督评议三个工作日前将需要的人数、评议时间、地点以及其他事项通知司法行政机关，以便司法行政机关人民监督员办公室能够充分地做好相应的准备工作。

1. 个案人民监督员的确定

人民监督员监督案件实行"合议监督制"，即由随机抽取的人数为单数的数名人民监督员共同进行案件监督评议工作。实行"合议监督制"的人民监督员组织是一个临时组织，案件监督评议活动结束后即自行解散。因此，在进行案件监督工作中，就应按一定的规则、程序确定人员并开展案件监督评议工作。

根据《规定》第 14 条第 1 款的规定：监督评议案件，应当有三名以上单数的人民监督员参加。重大案件或者在当地有影响的案件，应当有五名以上单数的人民监督员参加案件监督评议工作。参与监督评议人民监督员人数体现了案件监督的群众广泛性，实践中有些检察机关为了避免工作中的麻烦，只简单机械地按照《规定》的最低人数要求选取 3 名或 5 名人民监督员参加监督评议。我们认为，人员的选取应当根据本地历年开展人民监督员监督案件的数量和本辖区内实际选任的人民监督员总数等因素予以综合考虑，尽可能多地让人民监督员参与到案件监督评议的工作中来，避免出现有些人民监督员任期届满尚未参与过监督评议活动的窘况。

司法行政机关人民监督员办公室在接到人民检察院人民监督员办公室关于案件监督的通知后，应当及时地做好以下三项工作：

（1）人民监督员的抽选。确定 3 名以上单数或者 5 名以上单数的人民监督员参加监督评议的人数是由人民检察院人民监督员办公室确定后告知的。抽选的过程实践中也由人民检察院人民监督员办公室的工作人员到司法行政机关人民监督员办公室抽选。为了公正起见，应当按规定要求司法行政机关为抽选程序的主体机关，由司法行政机关人民监督员办公室在接到通知以后，根据人民检察院核定的人数由其随机抽选，除非司法行政机关已经建成人民监督员管理信息网络系统，则可以由人民检察院人民监督员办公室的工作人员在系统内随机抽选。

需要注意的是，假设提请监督的案件是根据人民监督员要求启动人民监督员监督程序的，该名提出监督要求的人民监督员应当当然成为参加监督评议的人选，其余人选则采取随机抽选的方法确定。

（2）通知义务。司法行政机关随机抽取人民监督员人选后，应当及时电话联系人民监督员，询问是否能够按时出席监督评议会议。得到肯定答复的，应制作《参加监督评议通知书》（附表 4－2－2）。及时将评议的时间、地点、案件的基本情况以及是否需要回避等事项告知人民监督员，同时通报给人民检察院人民监督员办公室。得到否定的答复时，司法行政机关应当重新随机抽取人选，补充缺额，确保监督评议会议的定期足额进行。另外，司法行政机关在得到人民监督员的肯定答复以后，应当口头或者函告人民监督员所在单位，说明人民监督员参与监督案件的评议事项，争取其所在单位的支持，以解人民监督员的后顾之忧。

表 4 - 2 - 2

# 参加监督评议通知书

_____人民监督员：

经研究，决定对_____检察院办理的直接立案侦查的_____一案进行人民监督评议。经我局按随机抽取，确定_____、_____、_____、_____等人民监督员组成监督评议小组，对该案进行监督评议。

评议时间：

评议地点：

请您准时参加，如届时不能参加，请及时告知我局人民监督员办公室。

根据最高人民检察院《人民监督员选任管理办法》第十六条规定，人民监督员是监督案件当事人近亲属、与监督案件有利害关系或者担任过监督案件诉讼参与人的，应当自行回避。如有回避事项，也请及时告知我局人民监督员办公室。

联系人：　　　　　　　联系电话：

_____司法局（印）

年　　月　　日

（3）审查回避情形。回避的形式主要有两种情况。一种情况是自行回避。是指人民监督员接到《参加监督评议通知书》或者在参与案件监督评议过程中发现自己有《规定》中应当回避的情形而主动提出回避，这也是人民监督员的义务。另一种情况是决定回避。是指检察机关接到司法行政机关抽取确定的人民监督员信息后，或者在人民监督员参与案件监督评议过程中，发现人民监督员有需要回避情形的，经告知司法行政机关，由司法行政机关决定人民监督员回避或者要求人民监督员自行回避。进入案件监督评议阶段，组织监督评议工作的主体是司法行政机关，决定人民监督员的回避事项也应当由司法行政机关作出。对于案件已进入评议过程中，自行要求回避或者决定要求回避的，一般认为，监督评议程序应当中止，待回避情形消失后，监督评议程序再恢复进行。

2. 组织监督评议会议

事实上，司法行政机关人民监督员办公室最为重要的工作就是组织好人民监督员对监督案件进行的监督评议会议。组织好监督评议会议无外乎参会时间、地点和人员三个要素，司法行政机关在通知人民监督员参加监督评议会议的同时，可以与人民检察院充分协商，自行邀请或者委托人民检察院代为邀请相关人员参加会议。监督评议会议的时间确定后，最关键的就是监督评议会议的地点。实践中，监督评议会议的地点通常选择在人民检察院实为不妥，应当安排在司法行政机关指定的地点较为妥当，有条件的可以在司法行政机关内设置专门的监督评议场所，这样更有利于人民监督员畅所欲言地发表个人的评议意见。

## 二、监督评议会议

一切准备就绪，就可以适时召开监督评议会议。监督评议会议应当按照一案一会的形式开展评议。

### （一）参加人员及其职责

《规定》并未对参加人民监督员监督评议会议的人员作出具体说明，从《规定》的相关内容来看，参加监督评议会议的人员主要有三类：人民监督员办事机构工作人员、人民监督员和人民检察院的案件承办人员。他们在监督评议会议中承担着不同的职责。

1. 人民监督员办公室工作人员的职责

根据《规定》第15条第1项的规定，人民监督员办事机构的工作人员是参加案件监督评议的人员，但没有明确该人民监督员办事机构的工作人员是人民检察院人民监督员办事机构的工作人员，还是司法行政机关人民监督员办事机构的工作人员。从含义内容分析应当是指人民检察院人民监督员办事机构指派人员参加会议，实践中普遍的做法也是由人民检察院人民监督员办事机构的工作人员出席监督评议会议，并且将监督评议的地点设置在人民检察院，在这样的情况下，有些司法行政机关就索性不派员出席监督评议会议，从形式上看又有了检察机关"自己监督自己"之嫌。我们认为，此处的人民监督员办公室应当理解为人民检察院和司法行政机关双方人民监督员办事机构的工作人员，并且应当由司法行政机关人民监督员办公室的工作人员作为"局外人"主导会议进程甚妥，他们的主要职责是向人民监督员提交拟处理意见（决定）书及其相关材料，并告知人民监督员应当遵守的纪律规定和保密要求，把握会议进程并做好会议的后勤保障工作。人民检察院人民监督员办事机构的工作人员则从旁协助，如此更能体现监督评议活动的民主性、公正性。

2. 人民监督员的职责

人民监督员是参加监督评议会议的主角，其职责是听取案件承办人的汇报；查阅案卷材料；向案件承办人提问；弄清案件事实；发表个人评议意见并作出客观公正的评议表决。

### 3. 案件承办人的职责

案件承办人的职责是向人民监督员介绍案情和当事人、辩护人意见，说明拟处理意见（决定）的理由和依据，回答人民监督员提出的问题，在必要时可以出示相关案件材料或播放相关视听资料，代表人民检察院接受人民监督员的评议。

### （二）监督评议会议的程序

从《规定》的内容分析，监督评议会议可以分为两个阶段。第一阶段的目的是向人民监督员汇报案情及拟处理意见（决定），使人民监督员对案情和拟处理意见（决定）有充分的了解。第二阶段是由人民监督员独立进行评议，作出表决意见。具体而言，监督评议会议有以下议程，并按下列流程进行：

### 1. 主持人主持会议

监督评议会议的主持人应当由司法行政机关人民监督员办公室的工作人员担任。首先介绍参加会议的人员，介绍会议召开的背景、人民监督员抽选的情况、会议召开的主要任务、会议议程等事项，并向人民监督员告知应当遵守的纪律和保密要求。

遵守的纪律和保密要求主要是指：公平公正履行监督职责的要求，保守国家秘密、检察工作秘密、有关当事人商业秘密和当事人隐私的要求，独立发表评议意见的要求，有关回避的要求等。

随后由人民检察院人民监督员办公室的工作人员向人民监督员提交拟处理意见（决定）书及有关材料。

### 2. 案件承办人介绍案情

案件承办人介绍案情主要包括三个方面，即案件的基本情况；当事人及辩护人的意见；拟处理意见或拟处理决定的理由和依据。介绍案情应当客观、全面。

一是介绍案件的基本情况，主要包括案件的基本事实、主要证据、事实与证据之间的证明关系以及办案的过程，有助于人民监督员尽快地了解案件的基本情况。

二是介绍当事人及其辩护人的意见。当事人及其辩护人的意见通常来讲大多是从当事人的角度出发，是有利于当事人的。从而使人民监督员更加全面地了解案情，做到"偏听则废、兼听则明"。

三是介绍拟处理意见或拟处理决定的理由和依据。大部分人民监督员都不具有法律专业知识和司法工作背景，介绍相关法律规定及法律适用有助于人民监督员进一步了解案情，为其作出客观公正的监督评议提供帮助。

3. 人民监督员提问

通过案件承办人的介绍，人民监督员仍然不能理解案情或者对案情存有疑问时，有权向案件承办人提问，案件承办人应当耐心仔细地进行释疑和解答。人民监督员对案件承办人的回答仍然不满意的，案件承办人可以向人民监督员出示相关的案件材料，或者相关的视听资料。案件材料包括案件的基本事实、主要证据材料、当事人及辩护意见、申诉材料、办案的基本情况以及法律文书等案卷材料。视听资料则全面反映出讯问犯罪嫌疑人、询问证人等相关人员以及搜查活动等侦查活动的全过程。有助于人民监督员更加深入地了解案情。

待人民监督员了解案情以后，监督评议会议的前半程即宣告顺利结束，后续则由人民监督员独立地完成评议和表决。

4. 人民监督员的评议表决

人民监督员在听取案情介绍、提问、阅卷或观看视听资料的基础上，对案情有了较为充分的了解以后，可以进入下一个阶段的独立评议与表决阶段。

根据《规定》第 17 条第 1 款关于"人民监督员推举一人主持评议和表决工作。人民监督员根据案件情况独立进行评议和表决"的规定，在评议和表决阶段，由人民监督员独立完成评议和表决工作。《规定》第 17 条第 4 款则规定：人民监督员进行评议和表决时，案件承办人应当回避。而对于司法行政机关和人民检察院双方人民监督员办公室的工作人员是否需要回避的问题未作明确说明。为了体现人民监督员评议表决工作的独立性，其他人员原则上也应当一律退场，不得对人民监督员的评议和表决施加影响。与会的人民监督员应当遵照民主推荐的方式推举其中一名人民监督员主持评议和表决工作。由于人民监督员之间相互不甚了解等原因，无法产生主持人时，可以由司法行政机关人民监督员办公室的工作人员指定其中一名人民监督员担任主持工作。主持人应当指定一名资深的人民监督员做好评议和表决的记录工作，或者邀请司法行政机关人民监督员办公室的工作人员担任评议和表决阶段的会议记录。

首先，人民监督员的评议应当主要围绕下列内容进行：案件事实是否清楚；证据是否确凿、充分，能否相互印证；适用法律是否正确、适当；办案程序是否合法；人民检察院拟作出处理意见或决定是否正确或有无存在《规定》中的"八种情形"；办案人员是否严格执法，有无违纪违法情况；案件的社会反映等。

其次，人民监督员评议案件应当依次进行。可以畅所欲言地充分发表个人意见，但不得恶意干扰其他人民监督员自由发表意见。对于每位人民监督员的评议意见，记录人员应当认真记录，并由人民监督员签字确认。

再次，评议结束后，应对监督事项进行表决。司法行政机关人民监督员办

公室的工作人员应在事前向每位人民监督员发放《人民监督员表决票》（附表
4－2－3、表4－2－4）。

表4－2－3　人民监督员表决票

| 承办机关 | | |
|---|---|---|
| 案件名称 | | |
| 表决事项 | 拟撤销案件 | |
| | 拟不起诉 | |
| | 拟维持原逮捕决定 | |
| 表决意见 | 同意人民检察院意见 | |
| | 不同意人民检察院意见 | |

　　注：1. 根据监督事由在"表决事项"栏打"√"；2. 同意或不同意在"表决意见"栏
打"√"；3. 本表抄送：＿＿＿＿检察院。

表4－2－4　人民监督员表决票

| 承办机关 | | |
|---|---|---|
| 案件名称 | | |
| 表决事项 | 应当立案而不立案 | |
| | 不应当立案而立案 | |
| | 超期羁押或者延长羁押期限决定违法 | |
| | 采取指定居所监视居住强制措施违法 | |
| | 违法搜查、查封、扣押、冻结或者违法处理查封、扣押、冻结财物 | |
| | 阻碍当事人及其辩护人、诉讼代理人依法行使诉讼权利 | |
| | 应当退还取保候审保证金而不退还 | |
| | 应当给予刑事赔偿而不依法予以赔偿 | |
| | 检察人员在办案中有徇私舞弊、贪赃枉法、刑讯逼供、暴力取证等违法违纪情况 | |
| 表决意见 | 认为存在违法情形 | |
| | 认为不存在违法情形 | |

　　注：1. 根据监督事由在"表决事项"栏打"√"；2. 同意或不同意在"表决意见"栏
打"√"；3. 本表抄送：＿＿＿＿检察院。

最后，表决应当采用无记名投票的方式进行，由人民监督员自行填写《人民监督员表决票》进行表决，按照少数服从多数的原则形成书面表决意见。表决票由司法行政机关人民监督员办公室的工作人员负责清点，并当众宣布记票结果。书面表决意见由主持评议和表决工作的人民监督员负责填写《人民监督员表决意见书》（以下简称《表决意见书》，附表4－2－5）。

表4－2－5

# 人民监督员表决意见书

表决事项：_____

人民监督员：_____

表决情况、结果及理由：_____

_____

_____

_____

人民监督员的意见和建议：_____

_____

_____

_____

人民监督员签名：

年　月　日

《表决意见书》应当包括表决的情况、结果和理由，也可以附加对人民检察院执法行为的评价与建议。表决的结果既可以是人民监督员的一致意见，也可以是超过半数的大多数人民监督员的意见。并由与会的全体人民监督员逐一签名确认，然后交由司法行政机关人民监督员办公室的工作人员，由其转交至人民检察院人民监督办公室。对于持少数意见的人民监督员，如果意犹未尽的可以另行单独撰写自己的不同意见和理由，通过司法行政机关人民监督办公室的工作人员转交给人民检察院，供人民检察院在最终作出处理意见（决定）时参考。

### 三、评议结果的处理

评议会议形成的《表决意见书》无外乎两种意见，一种意见是同意人民检察院的拟处理意见（决定），另一种是不同意人民检察院的拟处理意见（决定）。司法行政机关将《表决意见书》转交同级人民检察院人民监督员办公室以后，人民检察院人民监督员办公室应当及时予以分流。分流至监督事项相关的本院案件承办部门，或者通过下级人民检察院人民监督员办事机构分流至下级人民检察院的案件承办部门。

承办案件的人民检察院在接到《表决意见书》后，应当认真研究，充分考虑和吸收人民监督员的评议意见，结合案件事实和法律规定，依法作出处理意见或者决定。

对于人民监督员表决意见与人民检察院拟处理意见（决定）相一致的情形，由于双方的意见一致，除法律另有规定的以外，原则上可以由检察长批准决定。慎重起见，也可以通过人民检察院检察委员会讨论决定。

对于人民监督员表决意见与人民检察院拟处理意见（决定）不一致的情形，原则上都应当报请本院检察委员会讨论决定。

值得注意的是，"拟撤销案件的"和"拟不起诉的"两类案件是必须经过人民监督员监督评议程序的案件，且在监督案件实践中占据绝大多数。在接受评议以后，无论人民监督员的表决意见是否与人民检察院的拟处理决定意见相一致，都应当报请本院检察委员会讨论决定，且还需要报请上一级人民检察院批准。

人民检察院作出处理意见或者决定后，应当在处理意见或者决定作出之日起 3 日以内通过本院或者组织案件监督的上级人民检察院人民监督员办公室，将决定告知参加监督评议的人民监督员。决定与人民监督员表决意见不一致的，人民监督员办公室应当会同案件承办部门当面向参加评议的人民监督员作出说明，并告知其有复议的权利。对于人民监督员的其他意见建议，检察机关应当根据情况分流至相关职能部门，认真办理并适时反馈。

### 四、关于监督评议程序中若干问题的评述

现行《规定》确定的监督评议方式和改革前的方式变化不大，主要为案件承办人介绍情况、人民监督员提问、评议和表决，有学者将这种方式表述为类似"报告式"。所谓"报告式"，指人民监督员依照规定，在听取案件一方当事人（主要为案件承办人员）有关事实、证据、法律适用等方面的报告后

进行评议、表决，并作出监督意见的一种监督方式①。我们认为总体上这种方式是适当的，因为人民监督员并非专业法律人士，人民监督员的监督意见也仅是体现司法民意，只有程序上的效力，没有实体上的效力，如果监督评议程序太过复杂，就不利于实践的操作，也影响整个侦查、诉讼程序的进行。但通过近一年来的实践，也发现这种报告式存在一些弊端：一是有的案件侦查时间紧，人民监督员监督评议案件又没有时限规定，有的还存在几个案件一起监督评议、压缩监督评议时间的情况；二是人民监督员事前没有接触过案件，仅有的材料是监督评议会上承办人员递交的材料，难以深入了解案情；三是在监督评议会上仅听取案件承办人的介绍，难免有先入为主、偏听偏信的情况。所以，在总体坚持类似"报告式"监督评议方式的基础上，可以采取以下方式加以完善。

（一）一案一评议制度的确立

"拟撤销案件的"和"拟不起诉的"两类案件是必须提请监督的案件。由于检察机关案多人少矛盾较为突出，实践中案件承办部门往往将两类案件集中在年底或者办案期限即将届满时一并处理，通常会造成监督评议时间较为仓促的局面，容易产生一日评议多案的情况。使得一日召集的人民监督员疲于应对，无法保证监督评议质量，而又使其他人民监督员丧失参与监督评议的机会，常遭人民监督员诟病。建议确立一案一评议制度，禁止几个监督案件集中在一起召开监督评议会议。敦促案件承办部门在法定期限内适时结案，保证人民监督员监督评议活动的顺利进行。

（二）增加阅卷程序

查阅案卷能让人民监督员事前充分了解案情，在案件监督评议会上使得案件承办人员介绍案件更加简洁明了，人民监督员的提问也更具有针对性。由于《规定》在监督评议中没有明确阅卷这一环节，实践中各地情况执行不一。我们认为，对案情比较简单的监督案件，案件承办人员可将案卷带至监督评议会场，在案件承办人员介绍完案情之后，安排必要的时间让人民监督员阅卷。对于案情比较复杂的，在确定人民监督员监督评议人选之后、监督评议会议召开之前，人民检察院人民监督员办公室应当安排时间通知人民监督员来院阅卷。

（三）探索辩护人或当事人参加监督评议会议

《试行规定》第24条第3项"人民监督员可以向案件承办人提出问题，必要时可以旁听案件承办人讯问犯罪嫌疑人、询问证人、听取有关人员陈述、听取本案律师的意见"，对此问题有类似规定，而《规定》则取消了"必要时

---

① 周永年主编：《人民监督员制度概论》，中国检察出版社2008年版，第210页。

可以旁听案件承办人讯问犯罪嫌疑人、询问证人、听取有关人员陈述、听取本案律师的意见"的相关规定。我们认为，对于一些复杂的、有较大争议的或者在当地有较大社会影响的案件，可以探索辩护人或者当事人参加监督评议会议，人民监督员可以当面听取辩护人或当事的意见，也可以直接向辩护人或者当事人提问，以便人民监督员进一步深入了解案情，增强监督评议工作的透明度和公正性。

至于人民监督员在必要时可以旁听案件承办人讯问犯罪嫌疑人、询问证人的规定则实无必要，在实践中也难以实际操作，尤其当犯罪嫌疑人在押时，人民监督员进入看守所实无可能。《规定》转而以"可以播放相关视听资料"予以规定更为实用，检察机关对讯问犯罪嫌疑人和询问重要证人均实行全程同步录音录像制度，通过观看录音录像可以了解犯罪嫌疑人的供述和相关证人的陈述，也能从录音录像资料中体察检察机关的文明办案程度，发现可能存在的违法违纪行为。

（四）探索实行异地监督制度

异地监督制度是指需要人民监督员监督评议的"三类案件"和"八种情形"，承办案件的人民检察院辖区内的人民监督员不得参与该案件的监督评议活动的一项制度。由辖区外的人民监督员对案件进行监督评议，其有利之处显而易见。一方面，由辖区外的其他人民监督员参与监督评议，可以避免人民监督员与案件的利益冲突，有利于人民监督员放下包袱、抛开成见、更具公正之心，畅所欲言地发表评议意见。另一方面，表现出检察机关宽怀大度、光明磊落的胸襟，表达了检察机关不嫌"家丑"，敢于改进和承担责任的勇气，增强了检察工作和办案工作的透明度，进一步提升了检察机关的公信力。同时，将心比心，也能使人民监督员更加体谅检察机关查办职务犯罪案件的实际困难，使人民监督员制度真正发挥外部监督的作用。

鉴于我国的国情和各地实际，市级人民监督员均监督县（市、区）人民检察院承办的案件，异地监督制度可以在一些交通比较发达的市级区域先行先试。A市人民检察院和A市司法局勇于探索，在实行人民监督员监督评议活动中大胆实践异地监督方式，受到了广大人民监督员的广泛好评，也得到了上级检察机关和司法行政机关的充分肯定。

# 第三节　人民监督员监督案件的复议程序

为了切实保障人民监督员监督评议案件的权利行使，完善人民监督员制度的程序规定，《规定》专门设置了第四章复议程序，从第 21 条至第 26 条用 6

个条款对人民监督员的复议程序作了明确规定。

## 一、人民监督员复议程序概述

《规定》第 21 条规定：人民检察院的决定经反馈后，参加监督评议的多数人民监督员仍有异议的，可以在反馈之日起三日以内向组织案件监督的人民检察院提出复议。人民监督员申请复议是指人民监督员对人民检察院作出的经人民监督员评议表决后的案件的处理决定有异议的，向组织案件监督的人民检察院提出重新审查并要求修正决定的行为。《规定》采用的是复议程序，而《试行规定》原先采用的是复核程序，我们有必要对《规定》采用的复议程序的性质加以厘定。

（一）复议和复核的区别

复议是指对有关机关作出的决定表示不服，向其提出复议的申请，由该机关对其作出决定的同一事项进行重新审查的行为。而复核是指对有关机关作出的决定表示不服，向该机关的上级机关提出复核的申请，由该决定机关的上级机关对作出决定的同一事项进行重新审查的行为。两者的主要区别在于：复议的审查主体是原作出决定的机关自己，而复核的审查主体是原作出决定的上级机关。在有些规定下，提请复核必须要经过复议的前置程序，而有些情况下，提请复核则无须经过复议的前置程序。

（二）人民监督员复议的性质

人民监督员提请复议，是人民监督员对"三类案件"和"八种情形"实行监督评议后，其表决意见未被人民检察院采纳，而对人民检察院所作出的决定表示不服提请的复议要求，应当属于准司法性质的复议。

1. 人民监督员提请的复议不同于行政复议

行政复议是指公民、法人或者其他组织不服行政主体作出的具体行政行为，认为行政主体的具体行政行为侵犯了其合法权益，依法向法定的行政复议机关提出复议申请，行政复议机关依法对该具体行政行为进行合法性、适当性审查，并作出行政复议决定的行政行为。而司法复议是指在司法活动过程中，当事人就司法机关作出的某些特定司法行为（包括相关程序及实体性事项所作出的裁定或者决定）不服，从而依法向有关司法机关提出异议，要求撤销或者变更申请的一种救济制度。人民监督员提请的复议更倾向于司法复议的范畴。

2. 人民监督员提请复议也不同于人民检察院上下级之间的复议

根据《人民检察院检察委员会组织条例》第 15 条规定，下级人民检察院对上一级人民检察院检察委员会的决定如果有不同意见，可以提请复议。上一级人民检察院应当在接到复议申请后的一个月内召开检察委员会进行复议并作出决定。经复议认为确有错误的，应当及时予以纠正。人民检察院上下级之间的复议更像"复核"程序，复议的审查和决定是由上级人民检察院负责的，而人民监督员提请的复议，其受理审查的主体机关是组织案件监督的人民检察院。

3. 人民监督员提起复议的性质不同于司法复议的性质

司法复议更多体现为当事人对涉及自身权益的决定或裁定不服，而要求司法机关撤销或者变更司法行为的申请，体现为一种权利救济。人民监督员复议，作为外部监督的一种手段，与参与刑事诉讼程序的当事人享有的复议权具有明显的界限，这是司法独立、公平公平的需要。人民监督员制度的设立以外部监督为出发点，是检察机关依法独立办案与外部监督制度之间具有一种制衡关系，对司法行为进行规范制约的同时，对司法行为产生的实体影响应当慎重，人民监督员复议产生的实体法影响也需有一定限度。人民监督员复议的性质不具有完全的司法性质。

4. 人民监督员提起复议的性质具有准司法性质

首先应当明确人民监督员复议的性质和效果也不完全与司法复议相一致。人民监督员的复议权并不涉及自身权益，虽然在目前的制度设置和法律规范上，该权力救济权性质并不像大多数复议权那样明确，但人民监督员复议权的提出蕴含了要求司法机关变更司法行为的意义在内，该种救济和对司法行为产生的影响是间接的、个案的。之所以说具有准司法的性质，是目前我国人民监督员制度设置的需要，人民监督员复议是通过检察机关对自身查办的案件的再次审查来厘清事实，做到法律适用公平公正。总体而言，人民监督员复议的权利具有影响司法程序的作用，在规范司法行为过程中产生了正面的、积极的引导，但并不对人民检察院依法独立查办案件产生实体影响，故认为其复议权具有准司法的性质较为恰当。

（三）人民监督员复议程序的厘定

人民监督员提请复议，通常情况下是表示与人民检察院作出的决定持相反意见，在此情况下，再由作出决定的人民检察院进行审查显失公允。《试行规定》之所以采用复核的程序，是因为《试行规定》采用的监督评议程序是"同级监督"模式；县（市、区）人民检察院办理的，需要接受人民监督员监督评议的案件或事项，由县（市、区）人民检察院组织人民监督员监督评议活动，并由其作出决定。地市级人民检察院办理的，需要接受人民监督员监督评议的案件或事项，由地市级人民检察院组织人民监督员监督评议活动，并由其作出决定。……在此情况下，人民监督员对人民检察院作出的决定有异议的，采用复核的程序规定，重新受理审查的机关将是上一级人民检察院，程序设置甚为合理。

《规定》采用的是"上提一级"的监督模式，即县（市、区）人民检察院办理的，需要接受人民监督员监督评议的案件或事项，由设区的市级人民检察院组织市级人民监督员开展监督评议活动，地市级人民检察院办理的，需要接受人民监督员监督评议的案件或事项，则由省级人民检察院组织省级人民监督员开展监督评议活动。在此程序设计下，监督模式已经上提一级，而作出决定的仍然是承办案件的下一级人民检察院。人民监督员提请复议针对的是承办案件的人民检察院作出的决定，《规定》设计由组织案件监督的人民检察院对复议进行重新审查相对合理，事实上已经是由作出决定的人民检察院的上一级人民检察院对其复议进行重新审查。何况，县（市、区）级人民检察院承担着95%以上的自侦案件的查办工作，如果在"上提一级"的监督模式上再采用复核程序，那将使所有的人民监督员的复议案件全部聚焦于省级人民检察院，显然程序过于复杂且不切实际。

## 二、人民监督员复议程序的设置

人民监督员的表决意见不被采纳，对人民检察院作出的决定仍有异议的，可以向组织案件监督的人民检察院提出复议，复议应按下列程序进行。

（一）复议的申请

人民监督员应当在人民检察院作出决定反馈之日起3日内提出复议，既可以直接向组织案件监督的人民检察院人民监督员办公室提出申请，也可以通过司法行政机关人民监督员办公室向检察机关转交复议的申请。至于人民监督员在3日以后提出的复议申请，在实践中应当根据办案的实际情况分别处理，一般原则是只要在不耽搁办案期限的情况下均应当予以受理。一方面人民监督员在实践中提出复议的情况实为极个别，另一方面也在于对人民监督员的意见表示充分尊重。复议申请一般情况下应当书面向人民检察院提交《人民监督员复议申请书》（附表4-3-1），口头提出复议申请的，人民检察院人民监督员办公室的工作人员应当指导其填写《人民监督员复议申请书》，并让提出复议的人民监督员悉数签名。

表 4 - 3 - 1

# 人民监督员复议申请书

_____人民检察院：

因申请人对你院告知的《人民监督员监督案件处理结果通知书》关于_____一案的处理决定仍有异议，根据《最高人民检察院关于人民监督员监督工作的规定》第二十一条的规定，特向你院提出复议申请，要求复议。

申请复议事项：

事实与理由：

此致

申请人：　　　（签名）

年　　月　　日

附件：1. 申请书副本____份（其中一份交_____司法局）；

2. 有关材料____份。

在受理人民监督员的复议申请时，实践中还要把握好两个问题：

1. 提请复议的人民监督员人数问题

《规定》第21条对提请复议的人民监督员的人数作了明确规定，即参加监督评议的多数人民监督员仍有异议的，可以提出复议。只要超过简单半数的人民监督员表示异议并在《人民监督员复议申请书》上悉数签名的，即应被视作复议的正式提出。有些同志认为，《人民监督员表决意见书》是由参加监督评议的全体人民监督员签字提交的，那么复议的提请也应当由参加监督评议的全体人民监督员悉数签名才能提请，这显然过于苛刻。假设只要其中一名人民监督员执意不签署姓名就无法启动人民监督员复议程序。

至于参加监督评议的少数人民监督员对人民检察院作出的决定仍有异议、提出复议的问题。根据《规定》，可以不启动人民监督员复议程序，但对其意见仍应当进行认真的审查、研究，及时向其作出答复和说明。

2. 当事人复议问题

启动人民监督员监督评议程序的其中一类情形，是由当事人及其辩护人、诉讼代理人或者控告人、举报人、申诉人申请提起。人民检察院作出决定以后，在向参加监督评议的人民监督员反馈的同时，也会向当事人及其相关人员告知处理决定。如果当事人或者相关人员不服人民检察院决定的，是否能够启动人民监督员复议程序？按照《规定》的相关精神，当事人或者相关人员不服人民检察院决定的，不符合启动人民监督员复议程序的有关规定，可以按照人民检察院有关申诉的法律规定向人民检察院提出申诉。

（二）复议的审查

关于人民监督员提请的复议，《规定》明确由组织案件监督的人民检察院人民监督员办公室统一受理，并及时交由本院的相关业务部门重新审查。

1. 复议审查的职能部门

对人民监督员提请复议的审查，职能部门是组织案件监督的人民检察院的相关业务部门。就下级院承办的案件并由其负责审查启动人民监督员监督评议的案件而言，组织案件监督的人民检察院的相关业务部门对复议的审查职能应当与之相对应。如下级人民检察院提请的"拟撤销案件的"监督案件原先由下级人民检察院的侦查部门负责，对此类监督案件的复议审查就应由相对应的组织案件监督的人民检察院的侦查部门负责重新审查。而由本院审查并启动人民监督员监督评议程序的监督案件，对于人民监督员的复议审查，则仍旧由本院的相同业务部门负责重新审查，如由基层院承办的案件，需要逮捕犯罪嫌疑人时，需报请市级人民检察院批准决定，对于"不服逮捕决定的"监督案件的审查，由市级人民检察院的侦查监督部门负责审查，对于该案的复议则仍由市级人民检察院的侦查监督部门进行复查。此时，检察长应当另行指定其他检察人员进行审查，原先负责启动人民监督员监督评议程序审查的承办人员不宜再负责复议程序的审查，如此可以避免先入为主，有利于加强内部监督，提高复查质量。重新审查不应局限于人民监督员提出复议申请的内容，而是应当重新针对监督案件进行客观全面的审查。

2. 人民监督员办公室审查职能的重新界定

综观《规定》的所有内容，《规定》仅规定人民检察院人民监督员办公室对监督案件的材料是否齐备作形式上的审查，而不承担对监督案件的实体审查职能。我们认为，对于人民监督员提请的复议案件，人民监督员办公室应当承担其双重审查之责任。即由组织案件监督的人民检察院各相关业务部门负责审查人民监督员复议案件的同时，本院人民监督员办公室也应同时承担起对复议案件的审查职责。

人民检察院人民监督员办公室实为人民检察院与人民监督员之桥梁，承担着与人民监督员和人民检察院各业务部门之间互相沟通联系的重任，一般情况下，起着联系沟通、组织监督的作用。但是，在人民监督员提请复议的情况下，应当主动承担起对监督案件的实体审查，因为人民检察院人民监督员办公室通过对监督案件的全程跟踪，更能了解人民监督员的真实想法和意见建议，对案件承办部门的办案情况和实际苦处也较易掌握，由人民监督员办公室这个相对中立的部门同时承担复议的审查，一方面能够更好地为检察长或检察委员会的决策提供参照意见，另一方面也能更好地加强与人民监督员的沟通交流，必要时也能更好地做好向人民监督员的答复和说明工作。

（三）复议决定

负责复议审查的案件承办部门应当及时、全面地对监督案件进行重新审查，提出审查意见报本院检察长或者检察委员会研究决定。

1. 复议的期限

根据《规定》第24条的规定：组织案件监督的人民检察院应当在收到人民监督员提出的复议要求之日起三十日以内作出复议决定，并于复议决定作出之日起三日以内反馈要求复议的人民监督员和承办案件的人民检察院。也就是说，从组织案件监督的人民检察院收到人民监督员提出的复议要求之日起至作出复议决定反馈要求复议的人民监督员，期间总共只有33天，复议程序必须完成。

检察机关作出复议决定的期间，不按工作日计算，具有不间断性，节假日在复议期间并不扣除。参照诉讼法关于期间的有关规定，春节、劳动节、国庆节、星期六和星期日等节假日和公休日均包含在期限之内，只是规定期间最后一日为节假日的，以节假日之后第一日为期间届满之日。

人民监督员复议期限较短，且不能超过复议期限，又不能延长复议期限，还应不妨碍整体的案件诉讼时效。

2. 复议的效力

《规定》第26条明确规定，人民检察院作出的复议决定为最终决定。由此宣告复议程序的终结，也宣告监督案件程序的全部终了。

一是程序上的终止。回顾人民监督员监督评议的全过程，从三类主体启动人民监督员监督程序开始，经过受理、审查分流、提请案件监督、案件监督评议、作出评议决定、人民检察院作出决定、反馈、人民监督员申请复议到最终由人民检察院作出复议决定，救济权利已经穷尽，人民监督员监督程序终止。这与行政复议具有较大差别。根据行政复议法、行政诉讼法的规定，行政相对人对行政复议机关作出的复议决定不服的，可以提出行政诉讼，经过二审法院判决为最终决定。但是有一点是相同的，即人民检察院和人民法院的判决、裁定、决定具有最终法律效力，人民检察院对于人民监督员的复议决定具有最终的法律效力，不得向人民法院提起诉讼。

二是实体上的效力。负责复议的人民检察院作出复议决定后，存在两种结果，一种结果是原处理决定与复议决定不一致的，由作出原处理决定的人民检察院依法及时予以变更或撤销。另一种结果是复议决定与人民监督员的表决意见仍不一致的，负责复议的人民检察院应当及时地向提出复议的人民监督员说明理由。

（四）归档

案件经人民监督员监督评议，人民检察院作出决定，人民监督员没有异议，或者仍有异议提出复议，再由人民检察院作出复议决定，即宣告人民监督员监督程序的完全终结。组织监督的人民检察院人民监督员办公室应当及时按照档案管理规定，将有关文书和材料归档。按照《人民检察院诉讼文书立卷归档办法》等规定，监督文书上明确应当由相关业务部门归档的，由指定的业务部门按照监督流程，将有关法律文书和材料按照目录顺序归档。监督文书上没有明确规定的其他工作文书和材料，由人民检察院人民监督员办公室整理归档。对交由业务部门归档的文书、材料，人民监督员办公室应当复印，并按照案件监督的流程整理归档，保证监督材料的完整。

## 三、人民监督员评议决议的效力问题

回顾人民监督员监督案件的启动、评议、复议程序的全过程，有必要对人民监督员评议决议的效力问题再次进一步地作些探讨。

人民监督员的监督评议意见既不能要求承办案件的人民检察院必须按照自己的监督意见办理，也不能替代承办案件的人民检察院作出处理决定，更不能在承办案件的人民检察院拒绝监督意见后对其施加强制实行力。但是，人民监督员的监督属于社会外部监督，对于人民检察院处理案件和作出决定仍然具有积极的影响。

在目前的客观条件下，人民监督员尚不具备专业的法律知识，与人民检察院检察人员的专业素养存在较大差距，即刻确认人民监督员评议决议的终极效力有可能使案件的最终处理决定产生偏差。因此，人民监督员监督评议意见的效力主要还是体现在人民检察院如何主动吸收其意见的自觉性。对于承办案件的每一个检察院和办案人员，应当深刻领悟人民监督员制度的精神含义，充分考虑和吸收人民监督员的评议意见，将评议决议的效力落实到案件处理决定之中，绝不能将监督评议程序当作"走过场"的游戏。

为此，《规定》增设了人民监督员监督案件的复议程序，对于人民检察院的处理决定仍然持有异议的，可以再次提请复议。事实上，关于人民监督员的评议意见的效力问题还有进一步探讨和发展的空间。

## 四、"漏案"的补充监督

回顾人民监督员制度实施的情况，有时会出现个别监督事项在未经人民监督员监督评议程序前即已由人民检察院作出处理决定的现象，俗称"漏案"。《规定》第 13 条规定：上级人民检察院发现下级人民检察院应当接受人民监督员监督而未接受监督的，可以责令下级人民检察院依照本规定启动人民监督员监督程序。此条规定可以视作对"漏案"监督的补充，但其并未对此情形属于下级人民检察院处理决定作出之前还是之后作出明确解释。在下级人民检察院对案件尚未作出处理决定之前，上级人民检察院发现下级人民检察院应当接受人民监督员监督而未接受监督的，可以按正常的人民监督员监督评议程序展开即可。然而，假如在上级人民检察院发现下级人民检察院应当接受人民监督员监督而未接受监督的情形之前，下级人民检察院已经对案件作出处理决定，此时就会产生是否对下级人民检察院作出的处理决定予以撤销的问题。尤其是"拟撤销案件的"和"拟不起诉的"两类监督案件，经人民监督员监督评议是作出撤销案件决定或不起诉决定前的必经程序。我们认为，发现此类情形的，人民检察院应当先行撤销原撤销案件决定或不起诉决定，待重新实行人民监督员监督评议程序后，才能根据实际情况再对案件作出处理决定。

事实上，发现"漏案"监督的情形，除了上级发现以外，还有可能存在承办案件的人民检察院自行发现；人民监督员主动发现要求监督；申请人再次申诉发现三种情形。处理决定尚未作出的，按普通监督评议程序进行；已经作出决定的，应当先行撤销决定，然后补充进行监督评议程序再行决定。

# 第五章　人民监督员培训的知识撮要

人民监督员的广泛性群众基础决定了他们来自于社会各行各业，大多数都不具有专业的法律背景。实行人民监督员制度，是针对职务犯罪侦查中的监督情形实行的外部监督措施。普通群众在担任人民监督员之后，适当地了解一些法律知识实为必要。

本书第二章至第四章介绍了人民监督员制度的管辖范围、相关案件类型、人民监督员的选任、管理程序、监督评议程序等基础内容，对人民监督员制度的大体框架及内涵作出了介绍，在此特设第五章对"三类案件"和"八种情形"所涉及的法律知识再作些简要描述。本章内容系人民监督员开展案件监督工作时所需的实体法律知识，涉及职务犯罪的基本概念、特征、类型以及几类较为典型的职务犯罪罪名的构成要件、定罪数额和特殊情况。本章介绍的内容也是开展人民监督员培训工作的主要内容，将有助于提高人民监督员的法律素养，使其尽快适应监督角色。

## 第一节　职务犯罪概述

人民监督员制度的设置，主要是为了加强对人民检察院办理直接受理立案侦查案件工作的监督。人民检察院直接受理立案侦查的案件包括《刑法》第八章和第九章规定的贪污贿赂犯罪和渎职犯罪案件，司法实践中通常称为职务犯罪案件。

职务犯罪是刑法研究和司法实践中经常使用的一个名词，如何准确界定职务犯罪的概念直接关系到刑事立法和刑事司法介入这种犯罪形态的广度和深度。我国刑法典中并未明确使用职务犯罪一词，也未以职务为标准对犯罪进行分类规定，职务犯罪只是法学研究者和司法工作者从工作实际需要出发，对贪污贿赂犯罪和渎职犯罪提出的一个法理上的概称。

### 一、职务犯罪的概念和特点

我国法学界对职务犯罪概念有不同角度的各类定义，较为典型的有以下几种："所谓职务犯罪，是指国家公职人员，利用职务上的便利，滥用职权或放弃职责、玩忽职守而危害国家机关正常活动及其公正、廉洁、高效的信誉，致使国家、集体和人民利益遭受重大损失的行为"①；"职务犯罪是指国家工作人员和依法从事公务的人员利用职务上的便利，或者对工作严重不负责任，不履行或不正确履行职责，破坏国家对职务活动的管理职能，致使国家和人民利益遭受重大损失，依照刑事法律应当受到刑罚处罚的行为"②；"职务犯罪是指具备一定职务身份的人利用职务上的便利，滥用职权、玩忽职守，破坏国家对职务行为的管理活动，致使国家和人民利益遭受重大损失的一类犯罪行为的总称"③等不同的观点。

虽然各种不同观点的视角和侧重的内容各异，但总体来说，均离不开犯罪的主体身份、主观方面、客观行为、客体方面四个要素。第一，职务犯罪的主体身份是国家工作人员，我国法律和相关司法解释对于"国家工作人员"以及一些特殊的"准国家工作人员"作出了明确的规定。第二，职务犯罪的主观方面既可能是出于故意也可能是出于过失，例如贪污贿赂犯罪的主观故意较为明显，渎职犯罪大都以过失为其主观状态。第三，在客观方面尽管各种观点的表述差异较大，如有的表述为"利用职务之便进行非法活动，或者滥用职权、玩忽职守、徇私舞弊，破坏国家对职务行为的管理活动"；有的表述为"利用职务上的便利，或滥用职权、不尽职责，破坏国家对职务活动的管理职能"；有的表述为"利用职务上的便利，或者对工作严重不负责任，不履行或不正确履行职责，破坏国家对职务活动的管理职能"等，但从总的方面看还是基本一致的，即一般都认为职务犯罪在本质上是一种严重违背职责的行为。第四，侵犯的客体。刑法意义上的"职务"一词自有其特定含义，它是指行为人依法或受委托代表国家管理社会公共事务的一种资格和权限，职务犯罪强调了职务犯罪具有职务关联性的特点④。因此，职务犯罪所侵犯的客体主要是国家对职务活动的管理职能。

总体来说，职务犯罪可以定义为：国家工作人员，严重违背职责，侵犯了国家对职务活动的管理职能，致使国家和人民利益遭受重大损失，依照刑法应

---

① 王昌学主编：《职务犯罪特论》，中国政法大学出版社 1995 年版，第 49 页。

② 孙谦：《国家工作人员职务犯罪研究》，法律出版社 1998 年版，第 21 页。

③ 冯殿美：《关于职务犯罪的概念、特征和类型》，载《山东大学学报》1999 年第 3 期。

④ 陈成雄：《论我国刑法中的职务犯罪概念》，载《国家检察官学院学报》2003 年第 5 期。

当受到刑罚处罚的行为。

职务犯罪的主要特点是：

（一）职务犯罪主体的学历高、阅历丰富

职务犯罪嫌疑人一般都接受过不同程度的教育，社会地位较高，其社会阅历也较为丰富。这就导致职务犯罪主体的反侦查能力较强，它们往往会寻求更多规避法律制裁的途径，在犯罪痕迹、人证物证等方面留存证据较少。

（二）职务犯罪手段隐蔽，查处难度大

随着时代的进步，职务犯罪手段也日趋隐蔽和多元化。职务犯罪中的经济往来可能会与复杂的商业交易、金融市场、企事业单位资金往来夹杂在一起，也可能将所的经济利益存放在子女、亲戚名下；一些职务犯罪案件也并不直观地损害公民个人利益，具有间接性和滞后性。在国家工作人员这样一种合法身份掩护下的职务犯罪作案时期长，社会危害性和潜伏期较长，查处难度大。

（三）职务犯罪言词证据多，物证、书证少

不同于一般刑事案件有具体的犯罪对象、犯罪现场，物证、书证等特点，职务犯罪案件在证据方面基本没有犯罪现场，权钱交易的隐蔽性和对向性特点决定了言词证据的重要性。没有行贿人或相关人员的证言、犯罪嫌疑人的供述和辩解，案件很难启动立案程序，其他的物证、书证相对于言词证据来说多为间接证据，无法单独完成作为证明犯罪事实的关键性因素。

（四）窝串案现象严重

近年来职务犯罪中共同犯罪、窝串案现象较为突出。职务犯罪案件的犯罪嫌疑人，往往因其所拥有的权力和所处的地位，形成利益共同体，互相包庇、掩饰，共同实施职务犯罪。这一类群体性、团体性的案件社会影响恶劣，且办案的案情复杂、时间紧迫、风险较高，犯罪嫌疑人之间往往建立起攻守同盟、转移赃款赃物、销毁证据，给职务犯罪案件的查办带来很大难度。

## 二、职务犯罪构成要件

犯罪构成是指依照刑法规定，决定某一具体行为的社会危害性及其程度，为该行为构成犯罪所必须的一切客观和主观要件的有机统一，是使行为人承担刑事责任的根据。任何一种犯罪的成立都必须具备犯罪主体、犯罪主观方面、犯罪客体和犯罪客观方面四个方面的构成要件。

（一）职务犯罪主体

犯罪主体是指实施危害社会的行为，依法应当负刑事责任的自然人和单位。自然人主体是指达到刑事责任能力的自然人。单位主体是指实施危害社会行为并应负刑事责任的公司、企业、事业单位、机关、团体。

职务犯罪的主体是特殊主体，即仅限于具备一定职务身份的人员或依法履行职责的单位。《刑法》第93条规定："本法所称国家工作人员，是指国家机关中从事公务的人员。国有公司、企业、事业单位、人民团体中从事公务的人员和国家机关、国有公司、企业、事业单位委派到非国有公司、企业、事业单位、社会团体从事公务的人员，以及其他依照法律从事公务的人员，以国家工作人员论。"最高人民法院印发的《全国法院审理经济犯罪案件工作座谈会纪要》（以下简称《纪要》）中明确："是否属于刑法意义上的国家工作人员应当同时具备以下两个特征：一是从事公务；二是具有一定的身份或者资格。"

可见，从条文释意来看，国家工作人员可以分为"国家机关工作人员"和"以国家工作人员论"两个层次四类人员。

1. 国家机关中从事公务的人员，即国家机关工作人员

具体包括：

（1）在各级国家权力机关、行政机关、审判机关、检察机关和军事机关中从事公务的人员。

（2）根据全国人大常委会的解释，在依照法律、法规规定行使国家行政管理职权的组织中从事公务的人员，或者在受国家机关委托代表国家行使职权的组织中从事公务的人员，或者虽未列入国家机关人员的编制，但在国家机关中从事公务的人员。

（3）在中国共产党的各级机关、人民政协机关中从事公务的人员。

2. 国有公司、企业、事业单位、人民团体中从事公务的人员

国有公司，是指公司财产属于国家所有的公司及国家控股的股份公司。国有企业，是指财产属于国家所有而从事生产性、经营性的企业。国有事业单位，是指国家投资兴办、管理从事科研、教育、文化、体育、卫生、新闻、广播电视、出版等单位。人民团体，是指各民主党派、工商联、各级青、工、妇、团等人民群众团体。

3. 国家机关、国有公司、企业、事业单位委派到非国有公司、企业、事业单位、社会团体从事公务的人员

"委派"，是指委托和派出。受委派从事公务的人员，无论其先前是否具有国家工作人员身份，只要具有合法被委派的身份，即应被视为"以国家工作人员论"。

4. 其他依照法律从事公务的人员

它是指依照宪法、法律、行政法规被选举、被任命从事公务的人员。此类

情况较为复杂，《全国人民代表大会常务委员会关于〈中华人民共和国刑法〉第 93 条第 2 款的解释》对村民委员会等村基层组织人员作了明确界定，村民委员会等村基层组织人员协助人民政府从事下列行政管理工作时，属于《刑法》第九十三条第二款规定的"其他依照法律从事公务的人员"：（1）救灾、抢险、防汛、优抚、扶贫、移民、救济款物的管理；（2）社会捐助公益事业的款物的管理；（3）国有土地的经营和管理；（4）土地征用补偿费用的管理；（5）代征、代缴税款；（6）有关计划生育、户籍、征兵工作；（7）协助人民政府从事其他行政管理工作。

（二）职务犯罪客体

犯罪客体是指刑法所保护而为犯罪行为所侵害的社会关系。确定了犯罪客体，在很大程度上就能确定犯得是什么罪以及它的危害程度，可以从一般客体、同类客体和直接客体的角度来理解。

一般客体也称为犯罪的共同客体，指刑法所保护的而为一切犯罪共同侵害的社会关系。在我国是指社会主义社会关系，社会主义改革和社会主义建设。犯罪的同类客体是根据犯罪所侵害的客体的共同性进行分类、归并，成为国家法律保护的某一类犯罪共同侵害的社会关系。我国刑法将各种共同性的共同客体归并成八类犯罪客体，其中就包含了贪污贿赂类犯罪和渎职侵权类犯罪。直接客体是指具体犯罪所直接侵犯的具体的社会关系，对于直接客体，还可以根据其内容数量进一步分为简单客体和复杂客体，前者是指一个犯罪行为只侵犯了一种具体的社会关系，后者是指一个犯罪行为侵犯了两种以上具体的社会关系，在后一种情况下，应当根据具体情况分清主要客体和次要客体。因此，认定一种犯罪的主要客体和次要客体，一般应该根据直接客体来认定，直接客体对于区分各种具体犯罪的界限，决定量刑轻重都有至关重要的作用。

职务犯罪侵犯的客体是复杂和多元的。总体上讲，其侵犯的客体是国家对职务活动的管理职能和国家的廉政建设制度，贪污贿赂等侵财型职务犯罪还同时侵犯了公私财产关系。

（三）职务犯罪主观方面

犯罪主观方面，亦称犯罪主观要件或者罪过，是指行为人对自己的危害社会的行为及其危害社会的结果所持的故意或者过失的心理态度。犯罪故意是指行为人明知自己的行为会发生危害社会的结果，并且希望或者放任这种结果发生的主观心理态度。犯罪过失是指行为人应当预见自己的行为可能发生危害社会的结果，因为疏忽大意而没有预见，或者已经预见而轻信能够避免，以致发生危害社会的结果的主观心理态度。

职务犯罪在主观方面也表现为故意和过失两种形态。一是由故意构成的职务犯罪，主要包括行为人利用职务之便或滥用职权实施的犯罪，如贪污罪、受贿罪等；二是由过失构成的职务犯罪，主要包括行为人玩忽职守类型的犯罪，如玩忽职守罪等；三是故意或过失均能构成的职务犯罪，如泄露国家机密罪等。

（四）职务犯罪客观方面

犯罪的客观方面是指刑法规定的，说明行为的社会危害性，而为成立犯罪所必须具备的客观事实特征。它包括危害行为和危害结果，犯罪的时间、地点。有时，方法和手段也是少数犯罪的必备条件。犯罪的客观方面是区分罪与非罪、此罪与彼罪；区分犯罪完成与未完成形态；分析与认定犯罪主观要件以及量刑的重要依据。

职务犯罪的客观方面更具复杂性，最本质的特征是：职务犯罪的客观行为一定与犯罪主体具有的职务之间存在必然的联系。其特殊性具体表现在行为的内容、方式和涉及的范围上。从职务犯罪行为的内容上看，主要与职务因素相联系，是利用职务便利，进行非法活动的行为。从职务犯罪的行为方式上看，有积极和消极两种，积极的行为方式主要指贪污受贿、滥用职权等犯罪行为，消极的行为方式主要指玩忽职守类的行为方式。所谓与"公务"的联结性，主要是指其行为与国家机关、国有公司、企业、事业单位、人民团体中从事组织、领导、监督和履行经济职能等具有社会管理性质的公共事务或受上述国有单位委派，代表该国有单位在非国有单位所进行的公共事务相关联。

《纪要》明确：刑法第三百八十五条第一款规定的"利用职务上的便利"，既包括利用本人职务上主管、负责、承办某项公共事务的职权，也包括利用职务上有隶属、制约关系的其他国家工作人员的职权。担任单位领导职务的国家工作人员通过不属于自己主管的下级部门的国家工作人员的职务为他人谋取利益的，应当认定为"利用职务上的便利"为他人谋取利益。"为他人谋取利益"包括承诺、实施和实现三个阶段的行为。只要具有其中一个阶段的行为，如国家工作人员收受他人财物时，根据他人提出的具体请托事项，承诺为他人谋取利益的，就具备了为他人谋取利益的要件。明知他人有具体请托事项而收受其财物的，视为承诺为他人谋取利益。

## 三、职务犯罪的分类

根据不同的标准，职务犯罪可以进行不同的分类。本书从法律规定着手，根据我国刑法对职务犯罪的分类，将职务犯罪分为以下两大类犯罪，它是依据职务犯罪所侵犯的客体的不同而作出的分类方法。

（一）贪污贿赂类职务犯罪

实践中最广泛的职务犯罪就是贪污贿赂犯罪。所谓贪污贿赂类职务犯罪，是指以国家工作人员职务行为的廉洁性为主要犯罪客体而构成的职务犯罪。《刑法》第八章规定了贪污贿赂类犯罪的具体罪名，共计 13 种。

1. 贪污犯罪

贪污类犯罪包括：

（1）贪污罪。国家工作人员利用职务上的便利，侵吞、窃取、骗取或者以其他手段非法占有公共财物的，是贪污罪。受国家机关、国有公司、企业、事业单位、人民团体委托管理、经营国有财产的人员，利用职务上的便利，侵吞、窃取、骗取或者以其他手段非法占有国有财物的，以贪污论。与前两款所列人员勾结，伙同贪污的，以贪污罪的共犯论处。

（2）挪用公款罪。国家工作人员利用职务上的便利，挪用公款归个人使用，进行非法活动的，或者挪用公款数额较大、进行营利活动的，或者挪用公款数额较大、超过 3 个月未还的，是挪用公款罪。挪用用于救灾、抢险、防汛、优抚、扶贫、移民、救济款物归个人使用的，从重处罚。

（3）巨额财产来源不明罪。国家工作人员的财产、支出明显超过合法收入，差额巨大的，可以责令该国家工作人员说明来源，不能说明来源的，差额部分以非法所得论。财产的差额部分予以追缴。

（4）隐瞒境外存款罪。国家工作人员在境外的存款，应当依照国家规定申报。数额较大、隐瞒不报的，构成隐瞒境外存款罪。

（5）私分国有资产罪。国家机关、国有公司、企业、事业单位、人民团体，违反国家规定，以单位名义将国有资产集体私分给个人，数额较大的，对其直接负责的主管人员和其他直接责任人员，处 3 年以下有期徒刑或者拘役，并处或者单处罚金；数额巨大的，处 3 年以上 7 年以下有期徒刑，并处罚金。

（6）私分罚没财产罪。司法机关、行政执法机关违反国家规定，将应当上缴国家的罚没财物，以单位名义集体私分给个人的，依照前款的规定处罚。

2. 贿赂犯罪

贿赂类犯罪包括：

（1）受贿罪。国家工作人员利用职务上的便利，索取他人财物的，或者非法收受他人财物，为他人谋取利益的，是受贿罪。国家工作人员在经济往来中，违反国家规定，收受各种名义的回扣、手续费，归个人所有的，以受贿论处。

（2）单位受贿罪。国家机关、国有公司、企业、事业单位、人民团体，索取、非法收受他人财物，为他人谋取利益，情节严重的，对单位判处罚金，并对其直接负责的主管人员和其他直接责任人员，处 5 年以下有期徒刑或者拘役。前款所列单位，在经济往来中，在账外暗中收受各种名义的回扣、手续费的，以受贿论，依照前款的规定处罚。

（3）利用影响力受贿罪。国家工作人员利用本人职权或者地位形成的便利条件，通过其他国家工作人员职务上的行为，为请托人谋取不正当利益，索取请托人财物或者收受请托人财物的，以受贿论处。国家工作人员的近亲属或者其他与该国家工作人员关系密切的人，通过该国家工作人员职务上的行为，或者利用该国家工作人员职权或者地位形成的便利条件，通过其他国家工作人员职务上的行为，为请托人谋取不正当利益，索取请托人财物或者收受请托人财物，数额较大或者有其他较重情节的，构成利用影响力受贿罪。

（4）行贿罪。为谋取不正当利益，给予国家工作人员以财物的，是行贿罪。在经济往来中，违反国家规定，给予国家工作人员以财物，数额较大的，或者违反国家规定，给予国家工作人员以各种名义的回扣、手续费的，以行贿论处。因被勒索给予国家工作人员以财物，没有获得不正当利益的，不是行贿。

（5）对单位行贿罪。单位为谋取不正当利益而行贿，或者违反国家规定，给予国家工作人员以回扣、手续费，情节严重的，对单位判处罚金，并对其直接负责的主管人员和其他直接责任人员定罪处罚。

（6）介绍贿赂罪。向国家工作人员介绍贿赂，情节严重的，处 3 年以下有期徒刑或者拘役，并处罚金。介绍贿赂人在被追诉前主动交代介绍贿赂行为的，可以减轻处罚或者免除处罚。

（7）单位行贿罪。单位为谋取不正当利益而行贿，或者违反国家规定，给予国家工作人员以回扣、手续费，情节严重的，对单位判处罚金，并对其直接负责的主管人员和其他直接责任人员定罪处罚。

（二）渎职类职务犯罪

所谓渎职类职务犯罪，是指以国家机关的正常活动为主要犯罪客体而构成的职务犯罪。渎职类犯罪规定在《刑法》第九章，共有 44 个罪名。

1. 滥用职权类犯罪

滥用职权类犯罪是指国家机关工作人员超越职权，违法决定、处理其无权决定、处理的事项，或者违反规定处理公务，致使公共财产、国家和人民利益遭受重大损失的行为。该类犯罪有 9 个罪名，分别是：

（1）滥用职权罪。是指国家机关工作人员故意逾越职权，违反法律决定、处理其无权决定、处理的事项，或者违反规定处理公务，致使公共财产、国家和人民利益遭受重大损失的行为。

（2）执行判决、裁定滥用职权罪。司法工作人员在执行判决、裁定活动中，滥用职权，违法采取诉讼保全措施、强制执行措施，致使当事人或者他人的利益遭受重大损失的行为。

（3）滥用管理公司、证券职权罪。是指国家有关主管部门的国家机关工作人员，徇私舞弊，滥用职权，对不符合法律规定条件的公司设立、登记申请或者股票、债券发行、上市申请，予以批准或者登记，致使公共财产、国家和人民利益遭受重大损失的行为。

（4）违法发放林木采伐许可证罪。是指林业主管部门的工作人员违反森林法的规定，超过批准的年采伐限额发放采伐许可证或者违反规定滥发林木采伐许可证，情节严重，致使森林遭受严重破坏的行为。

（5）非法批准征用、占用土地罪。是指国家机关工作人员徇私舞弊，违反土地管理法规，滥用职权，非法批准征用、占用土地，情节严重的行为。

（6）非法低价出让国有土地使用权罪。是指国家机关工作人员徇私舞弊，违反土地管理法规，滥用职权，非法低价出让国有土地使用权，情节严重的行为。

（7）办理偷越国（边）境人员出入境证件罪。是指负责办理护照、签证以及其他出入境证件的国家机关工作人员，对明知是企图偷越国（边）境的人员，予以办理出入境证件的行为。

（8）放行偷越国（边）境人员罪。负责办理护照、签证以及其他出入境证件的国家机关工作人员，对明知是企图偷越国（边）境的人员，予以办理出入境证件的，或者边防、海关等国家机关工作人员，对明知是偷越国（边）境的人员，予以放行的行为。

（9）阻碍解救被拐卖、绑架妇女、儿童罪。是指负有解救职责的国家机关工作人员利用职务阻碍解救被拐卖、绑架的妇女、儿童的行为。

2. 玩忽职守类犯罪

玩忽职守类犯罪主要是指国家机关工作人员严重不负责任，不履行或者不认真履行职责，致使公共财产、国家和人民利益遭受重大损失的行为，也就是通常所说的失职犯罪、"不作为"犯罪。该类犯罪有 11 个罪名，分别是：

（1）玩忽职守罪。指国家机关工作人员严重不负责任，不履行或不认真履行自己的工作职责，致使公共财产、国家和人民利益遭受重大损失的行为。

（2）执行判决、裁定失职罪。在执行判决、裁定活动中，严重不负责任或者滥用职权，不依法采取诉讼保全措施、不履行法定执行职责，或者违法采取诉讼保全措施、强制执行措施，致使当事人或者其他人的利益遭受重大损失的，构成执行判决、裁定失职罪。

（3）失职致使在押人员脱逃罪。是指由于负有监押在押人员的司法工作人员未尽职守或者未严格履行义务或者工作严重不负责任，导致在押人员脱逃造成严重后果的行为。所谓的脱逃，指从羁押场所、改造场所或者押解途中逃走。

（4）国家机关工作人员签订、履行合同失职被骗罪。国家机关工作人员在签订、履行合同过程中，因严重不负责任被诈骗，致使国家利益遭受重大损失的构成本罪。

（5）环境监管失职罪。负有环境保护监督管理职责的国家机关工作人员严重不负责任，导致发生重大环境污染事故，致使公私财产遭受重大损失或者造成人身伤亡的严重后果的，构成本罪。

（6）《刑法修正案（八）》规定了食品监管渎职罪。负有食品安全监督管理职责的国家机关工作人员，滥用职权或者玩忽职守，导致发生重大食品安全事故或者造成其他严重后果的，构成本罪。

（7）传染病防治失职罪。是指从事传染病防治的政府卫生行政部门的工作人员严重不负责任、导致传染病传播或者流行，情节严重的行为。

（8）商检失职罪。国家商检部门、商检机构的工作人员严重不负责任，对应当检验的物品不检验，或者延误检验出证、错误出证，致使国家利益遭受重大损失的行为。

（9）动植物检疫失职罪。动植物检疫机关的检疫人员严重不负责任，对应当检疫的物品不检疫或者延误检疫出证、错误出证，致使国家遭受重大损失的行为。

（10）不解救被拐卖、绑架妇女、儿童罪。是指对被拐卖、绑架的妇女、儿童负有解救职责的国家机关工作人员，接到被拐卖、绑架的妇女、儿童及其家属的解救要求或者接到其他人的举报，而对被拐卖、绑架的妇女、儿童不进行解救，造成严重后果的行为。

（11）失职造成珍贵文物损毁、流失罪。指国家机关工作人员严重不负责任，造成珍贵文物损毁或者流失，后果严重的行为。

3. 徇私舞弊类犯罪

徇私舞弊类渎职犯罪作为渎职侵权犯罪的一种类型，它的主要特点是行为人在实施此类犯罪中，具有"徇私"和"舞弊"两个特征。所谓"徇私"，是指行为人为了私情、私利；所谓"舞弊"，则是指国家机关工作人员在履行职务时，故意违背事实和法律，伪造材料，隐瞒情况，弄虚作假的行为。其含义是行为人因具有徇私、徇情的心理和情节而实施的与职务有关的犯罪。该类犯罪的罪名有 15 个，分别是：

（1）徇私枉法罪。司法工作人员徇私枉法、徇情枉法，对明知是无罪的人而使他受追诉、对明知是有罪的人而故意包庇不使他受追诉，或者在刑事审判活动中故意违背事实和法律作枉法裁判的，构成徇私枉法罪。

（2）民事、行政枉法裁判罪。在民事、行政审判活动中故意违背事实和法律作枉法裁判，情节严重的，构成民事、行政枉法裁判罪。

（3）枉法仲裁罪。依法承担仲裁职责的人员，在仲裁活动中故意违背事实和法律作枉法裁决，情节严重的，构成枉法仲裁罪。

（4）私放在押人员罪。国家司法工作人员，利用职务上的便利私自将在押的犯罪嫌疑人、被告人或者罪犯非法释放的行为。

（5）徇私舞弊减刑、假释、暂予监外执行罪。司法工作人员徇私舞弊，对不符合减刑、假释、暂予监外执行条件的罪犯，予以减刑、假释或者暂予监外执行的，构成徇私舞弊减刑、假释、暂予监外执行罪。

（6）徇私舞弊不移交刑事案件罪。行政执法人员徇私舞弊，对依法应当移交司法机关追究刑事责任的不移交，情节严重的，构成徇私舞弊不移交刑事案件罪。

（7）徇私舞弊不征、少征税款罪。税务机关的工作人员徇私舞弊，不征或者少征应征税款，致使国家税收遭受重大损失的，构成本罪。

（8）徇私舞弊发售发票、抵扣税款、出口退税罪。税务机关的工作人员违反法律、行政法规的规定，在办理发售发票、抵扣税款、出口退税工作中，徇私舞弊，致使国家利益遭受重大损失的行为。

（9）违法提供出口退税凭证罪。其他国家机关工作人员违反国家规定，在提供出口货物报关单、出口收汇核销单等出口退税凭证的工作中，徇私舞弊，致使国家利益遭受重大损失的，构成违法提供出口退税凭证罪。

（10）放纵走私罪。海关工作人员徇私舞弊，放纵走私，情节严重的，构成放纵走私罪。

（11）商检徇私舞弊罪。国家商检部门、商检机构的工作人员徇私舞弊，伪造检验结果的，构成本罪。

（12）动植物检疫徇私舞弊罪。动植物检疫机关检疫人员徇私舞弊，伪造检疫结果的行为，构成本罪。

（13）放纵制售伪劣商品犯罪行为罪。对生产、销售伪劣商品犯罪行为负有追究责任的国家机关工作人员，徇私舞弊，不履行法律规定的追究职责，情节严重的，构成本罪。

（14）帮助犯罪分子逃避处罚罪。有查禁犯罪活动职责的国家机关工作人员，向犯罪分子通风报信、提供便利，帮助犯罪分子逃避处罚的，构成本罪。

（15）招收公务员、学生徇私舞弊罪。国家机关工作人员在招收公务员、学生工作中徇私舞弊，情节严重的，构成本罪。

4. 侵权类犯罪

侵权类犯罪是指国家机关工作人员利用职权侵犯公民人身权利、民主权利，妨害国家机关的正常管理秩序、活动秩序，致使公民的人身权利、民主权利受到侵害的行为。该类犯罪有 7 个罪名，分别是：

（1）非法搜查罪。国家机关工作人员利用职权非法对他人的身体或住宅进行搜查的行为。

（2）非法拘禁罪。是指以拘押、禁闭或者其他强制方法，非法剥夺他人人身自由的犯罪行为。

（3）刑讯逼供罪。是指国家司法工作人员（含纪检、监察等）采用肉刑或变相肉刑乃至精神刑等残酷的方式折磨被讯问人的肉体或精神，以获取其供述的一种极恶劣的刑事司法审讯方法。

（4）暴力取证罪。是指司法工作人员使用暴力逼取证人证言的行为。

（5）虐待被监管人罪。是指监狱、拘留所、看守所等监管机构的监管人员，对被监管人进行殴打或者体罚虐待，情节严重的行为。监管人员指使被监管人殴打或者体罚虐待其他被监管人的，构成本罪。

（6）报复陷害罪。是指国家机关工作人员滥用职权、假公济私，对控告人、申诉人、批评人、举报人实行报复陷害的行为。

（7）破坏选举罪。是指在选举各级人民代表大会代表和国家机关领导人员时，以暴力、威胁、欺骗、贿赂、伪造选举文件、虚报选举票数等手段破坏选举或者妨害选民和代表自由行使选举权和被选举权，情节严重的行为。

5. 泄露国家秘密类犯罪

泄露国家秘密类犯罪是指国家机关工作人员或者非国家机关工作人员违反保守国家秘密法，故意或者过失泄露国家秘密，情节严重的行为。所谓国家秘密是指关系国家的安全和利益，依照法定程序确定，在一定时间内只限一定范围的人员知情的事项。该类犯罪有 2 个罪名，分别是：

（1）故意泄露国家秘密罪。是指国家机关工作人员违反国家保密法的规定，故意泄露国家秘密，情节严重的行为。

（2）过失泄露国家秘密罪。是指国家机关工作人员或非国家工作人员违反保守国家秘密法的规定，过失泄露国家秘密，情节严重的行为。

# 第二节　贪污贿赂犯罪的定罪量刑

贪污贿赂罪是指国家工作人员或国有单位实施的贪污、受贿等侵犯国家廉政建设制度，以及与贪污、受贿犯罪密切相关的侵犯职务廉洁性的行为。2016年4月18日，最高人民法院、最高人民检察院联合发布《最高人民法院、最高人民检察院关于办理贪污贿赂刑事案件适用法律若干问题的解释》（以下简称《两高解释》），明确贪污罪、受贿罪的定罪量刑标准以及贪污罪、受贿罪死刑、死缓及终身监禁的适用原则等，强调依法从严惩治贪污贿赂犯罪。如前所述，贪污贿赂罪共包括 13 个罪名，由于篇幅有限，本节就实践中常见的罪名作重点释意。

## 一、贪污罪

根据我国刑法对贪污罪的界定，国家工作人员利用职务上的便利，侵吞、窃取、骗取或者以其他手段非法占有公共财物的，是贪污罪。受国家机关、国有公司、企业、事业单位、人民团体委托管理、经营国有财产的人员，利用职务上的便利，侵吞、窃取、骗取或者以其他手段非法占有国有财物的，以贪污论。

（一）构成要件

1. 主体要件

主体身份是国家工作人员或者受国家机关、国有公司、企业、事业单位、人民团体委托管理、经营国有财产的人员。国家机关工作人员，即《刑法》第 93 条规定的人员有四类：即国家机关中从事公务的人员；国有公司、企业、事业单位、人民团体中从事公务的人员；国家机关、国有公司、企业、事业单位委派到非国有公司、企业、事业单位、社会团体从事公务的人员；其他依照法律从事公务的人员。

贪污罪的主体范围较同类其他罪名更广，除了共同的主体范围外，还包括了受国家机关、国有公司、企业、事业单位、人民团体"委托"管理、经营国有财产的人员。这与《刑法》第八章中规定的挪用公款、受贿等犯罪均不同，其余罪名中均不包含受"委托"管理、经营国有财产的人员，所谓"委托"，是指因承包、租赁、临时聘用等方式管理、经营国有财产的行为。

2. 主观要件

贪污犯罪的主观方面的要件是故意，更为具体地说其主观上是以非法占有公共财物为目的。

3. 客体要件

贪污罪侵犯的客体既包括了国家工作人员职务的廉洁性，又包括公共财产的所有权。本罪侵犯的直接对象是公共财物，根据《刑法》第 91 条的规定：本法所称公共财产，是指下列财产：（1）国有财产；（2）劳动群众集体所有的财产；（3）用于扶贫和其他公益事业的社会捐助或者专项基金的财产。在国家机关、国有公司、企业、集体企业和人民团体管理、使用或者运输中的私人财产，以公共财产论。《刑法》第 382 条第 2 款规定：受国家机关、国有公司、企业、事业单位、人民团体委托管理、经营国有财产的人员，利用职务上的便利，侵吞、窃取、骗取或者以其他手段非法占有国有财物的，以贪污论。可见贪污罪针对不同主体，规定了不同的侵犯对象，受国家机关、国有公司、企业、事业单位、人民团体委托管理、经营国有财产的人员构成贪污罪，其侵犯的对象必须是国有财产，否则就不能成立贪污罪，可以以职务侵占罪论处。

4. 客观方面

贪污罪的客观方面表现为利用职务上的便利，侵吞、窃取、骗取或者以其他手段非法占有公共财物的行为。包含两层意思：一方面，必须是利用了职务上的便利。职务便利是指利用了职务权力形成的主管、管理、经营、经手公共财物的便利条件。这与仅仅是因为熟悉工作环境、因工作人员的身份便于进出某些单位或者易于接近案发地点等形成的"便利"条件是有根本区别的，仅仅是因为利用了环境条件带来的便利不能认定为与职务权力有联系，因而不构成职务犯罪。另一方面，实施贪污的具体手段是以侵吞、窃取、骗取或者其他手段非法占有等行为。侵吞，是利用职务便利，将自己经手、主管、管理的公共财物非法占有；窃取，是利用职务便利，采用秘密的方式将自己合法管理的公共财物占为己有；骗取，是指利用职务便利，采取虚构事实或者隐瞒真相的方法非法占有公共财物。侵吞、窃取、骗取是刑法列举的几种典型的贪污手段，实践中并不限于以上几种特定的行为。

（二）定罪数额

根据我国《刑法》第 383 条的规定，对贪污罪的处罚根据情节不同，分为"贪污数额较大或者有其他较重情节""贪污数额巨大或者有其他严重情节""贪污数额特别巨大或者有其他特别严重情节"三个量刑档次。2015 年 11 月施行的《刑法修正案（九）》取消了贪污罪、受贿罪的定罪量刑的数额标准，代之以"数额较大""数额巨大""数额特别巨大"，以及"较重情节""严重情节""特别严重情节"。对此，最高人民法院、最高人民检察院根据全国人大常委会授权，在充分论证经济社会发展变化和案件实际情况的基础上，同时考虑"把纪律挺在前面"的反腐败政策要求，通过司法解释对两罪的定罪量刑标准作出具体规定。《两高解释》中有具体的规定，将两罪"数额较大"的一般标准由 1997 年刑法确定的 5000 元调整至 3 万元，"数额巨大"的一般标准定为 20 万元以上不满 300 万元，"数额特别巨大"的一般标准定为 300 万元以上。

其中，贪污数额在 1 万元以上不满 3 万元，具有一定的特定情形的，如属于贪污救灾、抢险、防汛、优抚、扶贫、移民、救济、防疫、社会捐助等特定款物的；曾因贪污、受贿、挪用公款受过党纪、行政处分的；曾因故意犯罪受过刑事追究的；赃款赃物用于非法活动的；拒不交代赃款赃物去向或者拒不配合追缴工作，致使无法追缴的；造成恶劣影响或者其他严重后果的，应当认定为《刑法》第 383 条第 1 款规定的"其他较重情节"，依法判处 3 年以下有期徒刑或者拘役，并处罚金。

同时法律规定，构成贪污罪，如果在提起公诉前如实供述自己罪行、真诚悔罪、积极退赃，避免、减少损害结果的发生，则根据犯罪情节的不同，可以从轻、减轻或者免除处罚。

（三）特殊情形

国家工作人员在国内公务活动或者对外交往中接受礼物，依照国家规定应当交公而不交公，数额较大的，依照贪污罪处罚。国有保险公司工作人员和国有保险公司委派到非国有保险公司从事公务的人员有前款行为的，依照贪污罪处罚。

## 二、挪用公款罪

根据我国刑法对挪用公款罪的规定，国家工作人员利用职务上的便利，挪用公款归个人使用，进行非法活动的，或者挪用公款数额较大、进行营利活动的，或者挪用公款数额较大、超过三个月未还的，是挪用公款罪。

（一）构成要件

1. 主体要件

挪用公款罪的主体是国家工作人员，国家工作人员认定的依据是《刑法》第 93 条，与贪污罪的主体要件基本相同。

2. 主观方面

挪用公款罪的主观方面是故意，并且是直接故意。行为人挪用公款，其主观方面的直接故意具体表现在认识因素和意志因素两个方面。认知因素，行为人认识到自己行为的性质，即明知挪用公款是犯罪行为而为之；意识因素，行为人认识到自己行为将带来的危害后果和法律后果，明知挪用公款会给单位带来危害，即明知挪用公款会受到法律的制裁。

3. 客体要件

刑法理论界一般认为挪用公款罪侵犯的客体是复杂客体，主要侵犯了国家工作人员职务的廉洁性，同时还直接侵犯了公共财产的占有权、使用权和收益权。这两类直接客体中，较为直观的且能够决定量刑轻重的是对公共财产占有权、使用权和收益权的侵犯情形。

4. 客观方面

挪用公款在客观方面的行为表现主要有四种情形。

（1）归个人使用的认定。刑法规定的归个人使用这一要件，在犯罪情形多变的司法实践中，逐步变得宽泛。根据 2002 年《全国人民代表大会常务委员会关于〈中华人民共和国刑法〉第三百八十四条第一款的解释》规定，"公款使用者"分为两类：一类是自然人，包括本人、亲友、其他自然人；另一类是本单位之外的其他单位，包括国有单位、集体单位、私有公司、私有企业等。

（2）挪用公款归个人使用，进行非法活动。刑法条文的规定，似乎只要行为人挪用公款归个人使用，进行非法活动，不论挪用公款数额多少和时间长短，都构成挪用公款罪。这一行为的认定，需要结合 1998 年最高人民法院发布的《最高人民法院关于审理挪用公款案件具体应用法律若干问题的解释》来看，针对挪用公款罪的这一情形作出的解释为：挪用公款归个人使用，进行赌博、走私等非法活动的，构成挪用公款罪，不受"数额较大"和挪用时间的限制。

（3）挪用公款数额较大，归个人进行营利活动。《最高人民法院关于审理挪用公款案件具体应用法律若干问题的解释》指出，挪用公款数额较大，归个人进行营利活动的不受挪用时间和是否归还的限制。在案发前部分或者全部归还本息的，可以从轻处罚，情节轻微的，可以免除处罚。挪用公款存入银行、用于集资、购买股票、国债等，属于挪用公款进行营利活动。所获取的利息、收益等违法所得，应当追缴，但不计入挪用公款的数额。挪用公款给他人使用，明知使用人用于营利活动的，应当认定为挪用人挪用公款进行营利活动。

（4）挪用公款数额较大，超过 3 个月未还。此种情形主要是指挪用公款进行非法活动和营利活动以外的一般性活动，《最高人民法院关于审理挪用公款案件具体应用法律若干问题的解释》第 2 条第 2 款规定：挪用正在生息或者需要支付利息的公款归个人使用，数额较大，超过三月但在案发前全部归还本金的，可以从轻处罚或者免除处罚。

（二）定罪数额

刑法对挪用公款罪的定罪量刑有"构成挪用公款罪""情节严重""数额巨大"三种情形。根据《刑法修正案（九）》和《两高解释》规定：

1. 挪用公款归个人使用，进行非法活动，数额在 3 万元以上的，应当依照刑法第 384 条的规定以挪用公款罪追究刑事责任。

2. 挪用公款归个人使用，进行非法活动，数额在 300 万元以上的，应当认定为刑法第 384 条第 1 款规定的"数额巨大"。

3. 挪用公款归个人使用，进行非法活动，具有下列情形之一的，应当认定为刑法第 384 条第 1 款规定的"情节严重"：

（1）挪用公款数额在 100 万元以上的；

（2）挪用救灾、抢险、防汛、优抚、扶贫、移民、救济特定款物，数额在 50 万元以上不满 100 万元的；

（3）挪用公款不退还，数额在 50 万元以上不满 100 万元的；

（4）其他严重的情节。

4. 挪用公款归个人使用，进行营利活动或者超过 3 个月未还，数额在 5 万元以上的，应当认定为刑法第 384 条第 1 款规定的"数额较大"。

5. 挪用公款归个人使用，进行营利活动或者超过 3 个月未还，数额在 5 百万元以上的，应当认定为刑法第 384 条第 1 款规定的"数额巨大"。

6. 挪用公款归个人使用，进行营利活动或者超过 3 个月未还，具有下列情形之一的，应当认定为刑法第 384 条第 1 款规定的"情节严重"：

（1）挪用公款数额在 200 万元以上的；

（2）挪用救灾、抢险、防汛、优抚、扶贫、移民、救济特定款物，数额在 100 万元以上不满 200 万元的；

（3）挪用公款不退还，数额在 100 万元以上不满 200 万元的；

（4）其他严重的情节。

（三）特殊情形

1. 单位决定将公款给个人使用行为的认定

经单位领导集体研究决定将公款给个人使用，或者单位负责人为了单位的利益，决定将公款给个人使用的，不以挪用公款罪定罪处罚。上述行为致使单位遭受重大损失，构成其他犯罪的，依照刑法的有关规定对责任人员定罪处罚。

2. 挪用公款供其他单位使用行为的认定

根据全国人大常委会《关于〈中华人民共和国刑法〉第三百八十四条第

一款的解释》的规定，"以个人名义将公款供其他单位使用的""个人决定以单位名义将公款供其他单位使用，谋取个人利益的"，属于挪用公款"归个人使用"。在司法实践中，对于将公款供其他单位使用的，认定是否属于"以个人名义"，不能只看形式，要从实质上把握。对于行为人逃避财务监管，或者与使用人约定以个人名义进行，或者借款、还款都以个人名义进行，将公款给其他单位使用的，应认定为"以个人名义"。"个人决定"既包括行为人在职权范围内决定，也包括超越职权范围决定。"谋取个人利益"，既包括行为人与使用人事先约定谋取个人利益实际尚未获取的情况，也包括虽未事先约定但实际已获取了个人利益的情况。其中的"个人利益"，既包括不正当利益，也包括正当利益；既包括财产性利益，也包括非财产性利益，但这种非财产性利益应当是具体的实际利益，如升学、就业等。

3. 国有单位领导向其主管的具有法人资格的下级单位借公款归个人使用的认定

国有单位领导利用职务上的便利指令具有法人资格的下级单位将公款供个人使用的，属于挪用公款行为，构成犯罪的，应以挪用公款罪定罪处罚。

4. 挪用有价证券、金融凭证用于质押行为性质的认定

挪用金融凭证、有价证券用于质押，使公款处于风险之中，与挪用公款为他人提供担保没有实质的区别，符合刑法关于挪用公款罪规定的，以挪用公款罪定罪处罚，挪用公款数额以实际或者可能承担的风险数额认定。

5. 挪用公款归还个人欠款行为性质的认定

挪用公款归还个人欠款的，应当根据产生欠款的原因，分别认定属于挪用公款的何种情形。归还个人进行非法活动或者进行营利活动产生的欠款，应当认定为挪用公款进行非法活动或者进行营利活动。

6. 挪用公款用于注册公司、企业行为性质的认定

申报注册资本是为进行生产经营活动作准备，属于成立公司、企业进行营利活动的组成部分。因此，挪用公款归个人用于公司、企业注册资本验资证明的，应当认定为挪用公款进行营利活动。

7. 挪用公款后尚未投入实际使用的行为性质的认定

挪用公款后尚未投入实际使用的，只要同时具备"数额较大"和"超过三个月未还"的构成要件，应当认定为挪用公款罪，但可以酌情从轻处罚。

## 三、私分国有资产罪；私分罚没财物罪

国家机关、国有公司、企业、事业单位、人民团体，违反国家规定，以单位名义将国有资产集体私分给个人，数额较大的，对其直接负责的主管人员和

其他直接责任人员，则构成私分国有资产罪。私分罚没财物罪是私分国有资产罪的加重情形，指的是司法机关、行政执法机关违反国家规定，将应当上缴国家的罚没财物罪，以单位名义集体私分给个人，其直接负责的主管人员和其他直接责任人员构成私分罚没财物罪。

**（一）构成要件**

1. 主体要件

本罪是单位犯罪，私分国有资产罪的犯罪主体是国家机关、国有公司、企业、事业单位、人民团体。私分罚没财物罪的主体特指司法机关、行政执法机关。

2. 主观方面

本罪主观方面是故意，且在犯罪实施过程中，其主观方面体现的是单位意志。

3. 客体要件

本罪侵犯的客体是复杂客体，既侵犯了国家工作人员的职务廉洁性，也侵犯了国有财产的所有权。"国有资产"指的是国家依法取得和认定的，或者国家以各种形式对企业投资和投资收益、国家向行政事业单位拨款等形成的资产。

4. 客观方面

本罪客观行为上是违反国家规定，以单位名义将国有资产私分给个人，数额较大的行为。"以单位名义"是指私分国有资产的行为是单位集体研究决定的，体现了单位的意志。"私分给个人"是指分给单位的每一位成员或者绝大多数成员。如果只分给少部分人员，则构成贪污罪。另外，主管人员或者直接负责人是否分得财物并不影响本罪的构成，且要求私分的数额达到较大的标准。

**（二）本罪与贪污罪的区别**

由于私分国有资产罪是从贪污罪中分离后形成的一个独立罪名，它与共同贪污罪存在许多相似之处。特别是两者在客观方面都是由多个人实施共同侵占国有财产或资产的行为，而且共同贪污行为的对象也可以是国有资产，但两者存在以下区别。

1. 主观意志不同

贪污罪主观意志的外在形态表现为自然人的个体（或少数人）犯罪意志，具有将公共财产非法据为己有的目的。而私分国有资产罪主观意志的外在形态则是个体犯罪意志的集合，表现为一种群体犯罪意志，且具有非法将国有资产为单位谋利的目的。

2. 犯罪主体不同

贪污罪的犯罪主体均身为国家工作人员的自然人，而私分国有资产罪的犯罪主体只能是国有单位，任何自然人都不能成为私分国有资产罪的犯罪主体。

3. 客观行为表现不同

贪污罪在侵吞公共财物时是个人名义，占有公共财物是归犯罪的个人所得，即使是多人决定共同贪污的行为，在犯罪所得的归属上，占有的公共财物也是归共同犯罪的几个人所得，其他人无份，也不知道。而私分国有资产罪是单位犯罪，是以单位名义将国有资产集体私分，单位犯罪的本质特征就是为单位的利益实施犯罪，单位全部职工至少绝大多数职工均参加了分配。

4. 社会危害程度不同

私分国有资产罪的特点是有权决定者利用职权便利非法为"大家"谋利益，私分国有资产有权决定者所获取的，通常只是私分国有资产总数中的一份，数额相对较小；"大家"所获取的，因份额较多、往往占私分国有资产总数中的大部分。因此，其主观恶性程度相对较轻。共同贪污罪的特点则是有权决定者（国家工作人员）利用职权便利为极少数人谋私利，由此显现出较深的主观恶性程度。

## 四、巨额财产来源不明罪；隐瞒境外存款罪

巨额财产来源不明罪，指的是国家工作人员的财产、支出明显超过合法收入，差额巨大的，可以责令该国家工作人员说明来源，不能说明来源的，差额部分以非法所得论。国家工作人员在境外的存款，应当按照国家规定申报。数额较大、隐瞒不报的，构成隐瞒境外存款罪。

1. 主体要件

两罪的主体均是国家工作人员。

2. 主观要件

两罪的主观方面均是故意犯罪。

3. 客体要件

巨额财产来源不明罪侵犯的客体是国家工作人员的职位廉洁性。本罪虽不直接反映出贪污贿赂犯罪事实，但本罪设立的目的是严厉打击贪污贿赂犯罪，为了严密法网，将一定情况下司法机关无法证实的犯罪事实的证明责任予以转移，本质上依旧是为维护国家工作人员的职位廉洁性和社会主义的财产关系，保护国有财产、集体财产和公民个人的财产所有权。隐瞒境外财产罪的犯罪客体除了职务廉洁性以外，还有国家的外汇管理制度。

4. 客观方面

巨额财产来源不明罪客观方面表现为国家工作人员财产、支出明显超过合法收入，但是其本人又无法说明其合法来源的行为。即当国家工作人员出现了"财产、支出明显超过合法收入"的情形时，可以责令该国家工作人员说明来源，在其不能说明来源的情况下，出现巨大差额的部分，以犯罪论。《刑法》第 395 条第 1 款规定的"不能说明"，包括以下情况：（1）行为人拒不说明财产来源；（2）行为人无法说明财产的具体来源；（3）行为人所说的财产来源经司法机关查证并不属实；（4）行为人所说的财产来源因线索不具体等原因，司法机关无法查实，但能排除存在来源合法的可能性和合理性的。"非法所得"，一般是指行为人的全部财产与能够认定的所有支出的总和减去能够证实的有真实来源的所得。在具体计算时，应注意以下问题：（1）应把国家工作人员个人财产和与其共同生活的家庭成员的财产、支出等一并计算，而且一并减去他们所有的合法收入以及确属与其共同生活的家庭成员个人的非法收入。（2）行为人所有的财产包括房产、家具、生活用品、学习用品及股票、债券、存款等动产和不动产；行为人的支出包括合法支出和不合法的支出，包括日常生活、工作、学习费用、罚款及向他人行贿的财物等；行为人的合法收入包括工资、奖金、稿酬、继承等法律和政策允许的各种收入。（3）为了便于计算犯罪数额，对于行为人的财产和合法收入，一般可以从行为人有比较确定的收入和财产时开始计算。

## 五、受贿罪

《刑法》第 385 条规定，国家工作人员利用职务上的便利，索取他人财物的，或者非法收受他人财物，为他人谋取利益的，是受贿罪。国家工作人员在经济往来中，违反国家规定，收受各种名义的回扣、手续费，归个人所有的，以受贿论处。

### （一）构成要件

1. 主体要件

受贿罪的主体是特殊主体，按照现行刑法的规定，受贿罪的主体只能是国家工作人员。关于国家工作人员范围，遵照《刑法》第 93 条规定。

2. 主观方面

受贿罪的主观方面是故意。即行为人明知利用职务上的便利索取或非法收受他人财物的行为是一种损害其职务行为廉洁性的行为，仍决意实施这种行为。

3. 客体要件

受贿罪侵犯的客体是复杂客体，具体包括公务行为的纯洁与真实性，公务行为的不可收买性，确保社会大众对公务人员及其执行公务行为包括收买的信赖，使国家意志不因公务人员的图利渎职行为而受到阻挠和篡改。

4. 客观方面

受贿罪的客观方面主要是指"利用职务上的便利，索取他人财物"或者"利用职务上的便利，非法收受他人财物，为他人谋取利益"这两种行为。

"利用职务上的便利"，既包括利用本人职务上主管、负责、承办某项公共事务的职权，也包括利用职务上有隶属、制约关系的其他国家工作人员的职权。担任单位领导职务的国家工作人员通过不属自己主管的下级部门的国家工作人员的职务为他人谋取利益的，应当认定为"利用职务上的便利"为他人谋取利益。

第一，利用职务上的便利，索取他人财物。即索贿，行为人利用职务的便利，主动向他人索要、勒索财物，这一情形无论是否已经帮助他人谋取利益，均以构成受贿罪论处。

第二，利用职务上的便利，非法收受他人财物，为他人谋取利益。这一情形要求以为他人谋取利益为要件。为他人谋取利益包括承诺、实施和实现三个阶段的行为。只要具有其中一个阶段的行为，如国家工作人员收受他人财物时，根据他人提出的具体请托事项，承诺为他人谋取利益的，就具备了为他人谋取利益的要件。明知他人有具体请托事项而收受其财物的，视其承诺为他人谋取利益。

第三，根据我国刑法规定，对于经济受贿和斡旋受贿也按照受贿罪论处。国家工作人员在经济往来中，违反国家规定，收受各种名义的回扣、手续费，归个人所有的，以受贿论处。《刑法》第388条第1款：国家工作人员利用本人职权或者地位形成的便利条件，通过其他国家工作人员职务上的行为，为请托人谋取不正当利益，索取请托人财物或者收受请托人财物的，以受贿论处。"利用本人职权或者地位形成的便利条件"，是指行为人与被其利用的国家工作人员之间在职务上虽然没有隶属、制约关系，但是行为人利用了本人职权或者地位产生的影响和一定的工作联系，如单位内不同部门的国家工作人员之间、上下级单位没有职务上隶属、制约关系的国家工作人员之间、有工作联系的不同单位的国家工作人员之间等。

（二）定罪数额

根据《最高人民法院、最高人民检察院关于办理贪污贿赂刑事案件适用法律若干问题的解释》（以下简称《若干问题的解释》）规定：

1. 受贿数额在 3 万元以上不满 20 万元的，应当认定为《刑法》第 383 条第 1 款规定的"数额较大"，依法判处 3 年以下有期徒刑或者拘役，并处罚金。

2. 受贿数额在 1 万元以上不满 3 万元，具有：

（1）曾因贪污、受贿、挪用公款受过党纪、行政处分的；

（2）曾因故意犯罪受过刑事追究的；

（3）赃款赃物用于非法活动的；

（4）拒不交待赃款赃物去向或者拒不配合追缴工作，致使无法追缴的；

（5）造成恶劣影响或者其他严重后果的；

或者具有下列情形之一的：

①多次索贿的；

②为他人谋取不正当利益，致使公共财产、国家和人民利益遭受损失的；

③为他人谋取职务提拔、调整的。

应当认定为《刑法》第 383 条第 1 款规定的"其他较重情节"，依法判处 3 年以下有期徒刑或者拘役，并处罚金：

3. 受贿数额在 10 万元以上不满 20 万元，具有以下情节的，应当认定为《刑法》第 383 条第 1 款规定的"其他严重情节"，依法判处 3 年以上 10 年以下有期徒刑，并处罚金或者没收财产。

（1）多次索贿的；

（2）为他人谋取不正当利益，致使公共财产、国家和人民利益遭受损失的；

（3）为他人谋取职务提拔、调整的。

4. 受贿数额在 20 万元以上不满 300 万元的，应当认定为刑法第 383 条第 1 款规定的"数额巨大"，依法判处 3 年以上 10 年以下有期徒刑，并处罚金或者没收财产。

5. 受贿数额在 300 万元以上的，应当认定为刑法第 383 条第 1 款规定的"数额特别巨大"，依法判处 10 年以上有期徒刑、无期徒刑或者死刑，并处罚金或者没收财产。

受贿数额在 150 万元以上不满 300 万元，具有"多次索贿的；为他人谋取不正当利益，致使公共财产、国家和人民利益遭受损失的；为他人谋取职务提拔、调整的"情形之一的，应当认定为刑法第 383 条第 1 款规定的"其他特别严重情节"，依法判处 10 年以上有期徒刑、无期徒刑或者死刑，并处罚金或者没收财产。

受贿数额特别巨大，犯罪情节特别严重、社会影响特别恶劣、给国家和人民利益造成特别重大损失的，可以判处死刑。

（三）特殊情形

1. 离职国家工作人员收受财物行为的处理

根据《最高人民法院关于国家工作人员利用职务上的便利为他人谋取利益离退休后收受财物行为如何处理问题的批复》规定的精神，国家工作人员利用职务上的便利为请托人谋取利益，并与请托人事先约定，在其离职后收受请托人财物，构成犯罪的，以受贿罪定罪处罚。

2. 共同受贿犯罪的认定

根据刑法关于共同犯罪的规定，非国家工作人员与国家工作人员勾结，伙同受贿的，应当以受贿罪的共犯追究刑事责任。非国家工作人员是否构成受贿罪共犯，取决于双方有无共同受贿的故意和行为。国家工作人员的近亲属向国家工作人员代为转达请托事项，收受请托人财物并告知该国家工作人员，或者国家工作人员明知其近亲属收受了他人财物，仍按照近亲属的要求利用职权为他人谋取利益的，对该国家工作人员应认定为受贿罪，其近亲属以受贿罪共犯论处。近亲属以外的其他人与国家工作人员通谋，由国家工作人员利用职务上的便利为请托人谋取利益，收受请托人财物后双方共同占有的，构成受贿罪共犯。国家工作人员利用职务上的便利为他人谋取利益，并指定他人将财物送给其他人，构成犯罪的，应以受贿罪定罪处罚。

3. 以借款为名索取或者非法收受财物行为的认定

国家工作人员利用职务上的便利，以借为名向他人索取财物，或者非法收受财物为他人谋取利益的，应当认定为受贿。具体认定时，不能仅看是否有书面借款手续，应当根据以下因素综合判定：

（1）有无正当、合理的借款事由；

（2）款项的去向；

（3）双方平时关系如何、有无经济往来；

（4）出借方是否要求国家工作人员利用职务上的便利为其谋取利益；

（5）借款后是否有归还的意思表示及行为；

（6）是否有归还的能力；

（7）未归还的原因；等等。

4. 涉及股票受贿案件的认定

在办理涉及股票的受贿案件时，应当注意：

（1）国家工作人员利用职务上的便利，索取或非法收受股票，没有支付股本金，为他人谋取利益，构成受贿罪的，其受贿数额按照收受股票时的实际价格计算。

（2）行为人支付股本金而购买较有可能升值的股票，由于不是无偿收受请托人财物，不以受贿罪论处。

（3）股票已上市且已升值，行为人仅支付股本金，其"购买"股票时的实际价格与股本金的差价部分应认定为受贿。

## 六、行贿罪

为谋取不正当利益，给予国家工作人员以财物的，是行贿罪。在经济往来中，违反国家规定，给予国家工作人员以财物，数额较大的，或者违反国家规定，给予国家工作人员以各种名义的回扣、手续费的，以行贿论处。因被勒索给予国家工作人员以财物，没有获得不正当利益的，不是行贿。

（一）构成要件

1. 主体要件

本罪的主体是一般主体，凡年满 16 周岁的具有完全刑事责任能力的自然人均能构成本罪。

2. 主观方面

本罪的主观方面是故意犯罪，并且要求具有"谋取不正当利益"的主观目的，行为人如果没有"谋取不正当利益"的目的，则不构成本罪。

3. 客体要件

本罪的客体侵犯的依旧是国家工作人员的职务廉洁性。在具体犯罪实施过程中，也可能侵犯正常的经济管理秩序和市场公平竞争秩序。

4. 客观方面

本罪客观方面的要素，一是要求为谋取不正当利益，这里的"谋取不正当利益"与"两高"《关于办理行贿刑事案件具体应用法律若干问题的解释》中的规定一致，已在前详述，在此不再赘述。二是要求给予国家工作人员财物。根据《刑法》第 389 条第 3 款的规定，"因被勒索给予国家工作人员以财物，没有获得不正当利益的，不是行贿"。可见，除了主动给予国家工作人员财物构成行贿罪以外，在有求于国家工作人员的职务行为时，出于国家工作人员的索取而给予财物，也构成行贿罪，只有未谋取不正当利益的，法律才将之排除在外。另外，在国家工作人员利用职务之便为自己谋取不正当利益之后，给予国家工作人员财物以示感谢或者作为职务行为的报酬的，依旧应当认定构成行贿罪。

（二）定罪数额

《刑法》第 389 条规定，对犯行贿罪的，处五年以下有期徒刑或者拘役，并处罚金；因行贿谋取不正当利益，情节严重的，或者使国家利益遭受重大损失的，处五年以上十年以下有期徒刑，并处罚金；情节特别严重的，或者使国家利益遭受特别重大损失的，处十年以上有期徒刑或者无期徒刑，并处罚金或者没收财产。

刑法对行贿罪的定罪量刑也规定了"构成行贿罪""情节严重或者使国家利益遭受重大损失""情节特别严重或者使国家利益遭受特别重大损失的"三种量刑档次。根据"两高"《若干问题的解释》第 7 条的规定，为谋取不正当利益，向国家工作人员行贿，数额在 3 万元以上的，应当依照刑法第 390 条的规定以行贿罪追究刑事责任。

1. 行贿数额在 1 万元以上不满 3 万元，但具有"向三人以上行贿的；将违法所得用于行贿的；通过行贿谋取职务提拔、调整的；向负有食品、药品、安全生产、环境保护等监督管理职责的国家工作人员行贿，实施非法活动的；向司法工作人员行贿，影响司法公正的；造成经济损失数额在 50 万元以上不满 100 万元的"情形之一的，应当依照刑法第 390 条的规定以行贿罪追究刑事责任。

2. 具有"行贿数额在一百万元以上不满五百万元的；行贿数额在五十万元以上不满一百万元，并具有本解释第七条第二款第一项至第五项规定的情形之一的；其他严重的情节"情形之一的，应当认定为刑法第 390 条第 1 款规定的"情节严重"。为谋取不正当利益，向国家工作人员行贿，造成经济损失数额在 100 万元以上不满 500 万元的，应当认定为刑法第 390 条第 1 款规定的"使国家利益遭受重大损失"。

3. 具有"行贿数额在五百万元以上的；行贿数额在二百五十万元以上不满五百万元，并具有本解释第七条第二款第一项至第五项规定的情形之一的；其他特别严重的情节"情形之一的，应当认定为刑法第 390 条第 1 款规定的"情节特别严重"。为谋取不正当利益，向国家工作人员行贿，造成经济损失数额在 500 万元以上的，应当认定为刑法第 390 条第 1 款规定的"使国家利益遭受特别重大损失"。

4. 行贿人在被追诉前主动交待行贿行为的，可以从轻或者减轻处罚。其中，犯罪较轻的，对侦破重大案件起关键作用的，或者有重大立功表现的，可以减轻或者免除处罚。

## 七、单位行贿罪

《刑法》第 393 条规定了单位行贿罪，是指单位为谋取不正当利益而行贿，或者违反国家规定，给予国家工作人员以回扣、手续费，情节严重的行为。

（一）构成要件

1. 主体要件

单位行贿罪的主体是单位，所谓"单位"，包括公司、企业、事业单位、机关、团体。与单位受贿罪不同，并不仅仅局限于国有公司、企业、事业单位、机关、团体，还包括集体所有制企业、中外合作企业、有限公司、外资公司、私营公司等。

2. 主观方面

单位行贿罪在主观方面表现为直接故意。

3. 客体要件

单位行贿罪侵犯的客体，主要是国家机关、公司、企业、事业单位和团体的正常管理活动和职能活动及声誉。

4. 客观方面

单位行贿罪在客观方面表现为公司、企业、事业单位、机关、团体为了谋取不正当利益，给予国家工作人员以财物，数额较大的，或者违反国家规定，给予上述人员以"回扣""手续费"，情节严重的行为。

（二）定罪数额

《刑法》第393条规定，单位为谋取不正当利益而行贿，或者违反国家规定，给予国家工作人员以回扣、手续费，情节严重的，对单位判处罚金，并对其直接负责的主管人员和其他直接责任人员，处五年以下有期徒刑或者拘役。根据相关解释，单位行贿罪涉嫌下列情形之一的，应予立案：

1. 单位行贿数额在20万元以上的；

2. 单位为谋取不正当利益而行贿，数额在10万元以上不满20万元，但具有下列情形之一的：（1）为谋取非法利益而行贿的；（2）向3人以上行贿的；（3）向党政领导、司法工作人员、行政执法人员行贿的；（4）致使国家或者社会利益遭受重大损失的。

# 第三节 渎职犯罪的定罪量刑

渎职罪是指国家机关工作人员利用职务上的便利或者徇私舞弊、滥用职权、玩忽职守，妨害国家机关的正常活动，损害公众对国家机关工作人员职务活动客观公正性的信赖，致使国家与人民利益遭受重大损失的行为。渎职犯罪作为整个犯罪领域中的特殊犯罪，严重影响国家机关的正常管理活动，妨害国家机关实现其基本职能，甚至给国家和人民的生命财产造成重大损失，从而降低国家机关的威信，严重损害人民群众对国家机关管理活动的合法性、公正性和有效性的信赖。而且渎职犯罪往往伴随着受贿、徇私枉法等犯罪相勾结，其社会危害性更大。因此，法律还对渎职犯罪与其他犯罪之间的认定关系作出了相应规定。

国家机关工作人员实施渎职犯罪并收受贿赂，同时构成受贿罪的，除刑法另有规定的以外，以渎职犯罪和受贿罪数罪并罚。国家机关工作人员实施渎职行为，放纵他人犯罪或者帮助他人逃避刑事处罚，构成犯罪的，依照渎职罪的规定定罪处罚。国家机关工作人员与他人共谋，利用其职务行为帮助他人实施其他犯罪行为，同时构成渎职犯罪和共谋实施的其他犯罪共犯的，依照处罚较重的规定定罪处罚。国家机关工作人员与他人共谋，既利用其职务行为帮助他人实施其他犯罪，又以非职务行为与他人共同实施该其他犯罪行为，同时构成渎职犯罪和其他犯罪的共犯的，依照数罪并罚的规定定罪处罚。国家机关负责人员违法决定，或者指使、授意、强令其他国家机关工作人员违法履行职务或者不履行职务，构成刑法分则第九章规定的渎职犯罪的，应当依法追究刑事责任。

## 一、滥用职权类犯罪

《刑法》第 397 条第 1 款对滥用职权罪作出了规定，滥用职权罪是指国家工作人员超越职权，违法决定、处理其无权决定、处理的事项，或者违反规定处理公务，致使公共财产、国家和人民利益遭受重大损失的行为。

（一）构成要件

1. 主体要件

本罪的主体是特殊主体，只能是国家机关工作人员。2002 年《关于〈中华人民共和国刑法〉第九章渎职罪主体适用问题的解释》的规定，在依照法律、法规规定行使国家管理职权的组织中从事公务的人员，或者在受国家机关委托代表国家机关行使职权的组织中从事公务的人员，或者虽未列入国家机关人员编制但在国家机关中从事公务的人员，在代表国家机关行使职权时，有渎职行为，构成犯罪的，依照刑法关于渎职罪的规定追究刑事责任。国有公司、企业、事业单位、人民团体中从事公务的人员和国家机关、国有公司、企业、事业单位委派到非国有公司、企业、事业单位、社会团体从事公务的人员，以及其他依照法律从事公务的人员，不能成为本罪的主体。

2. 主观方面

本罪的主观方面是故意，同时包含了直接故意和间接故意。行为人明知道自己的行为会造成公共财产、国家和人民利益的损失，依旧追求或者放任这一结果的发生。从司法实践看，对危害结果持间接故意的情况比较多见。至于行为人是为了自己的利益滥用职权，还是为了他人的利益滥用职权则不影响本罪的成立。

3. 客体要件

本罪侵犯的客体是国家机关的正常管理职能。滥用职权的行为多种多样，不同犯罪行为侵犯的客体也各不相同，例如，执行判决、裁定滥用职权罪侵犯的客体是司法机关的正常活动秩序；滥用管理公司、证券职权罪侵犯的客体是公司设立审批、登记机关和股票、债券发行、上市审批机关的正常活动；非法批准征用、占用土地罪侵犯的客体，是国家土地管理、城市规划等机关的正常活动，以及其他有关国家机关的正常管理活动；阻碍解救被拐卖、绑架妇女、儿童罪所侵害的客体为复杂客体，其既侵犯了国家机关及其工作人员的信誉，而且还侵犯了被拐卖、绑架妇女、儿童的人身权利，等等。

4. 客观方面

本罪客观方面主要表现为违反或者超越法律规定的权限和程序而使用手中的权力，并且因此造成了公共财产、国家和人民利益的重大损失。在认定本罪时，应当重点关注行为与结果之间是否存在因果关系。

一是行为人超越职权。例如，行为人行使了属于其他国家机关的权力；行为人行使了属于上级主管部门的权力或者对有隶属关系的下级部门滥用指令。

二是行为人违反规定的程序行使职权。这种情形中，行为人本身具有决定、处理某事项的职权，但是不按照法律、规章规定的决策程序进行，独断专行。

三是致使公共财产、国家和人民利益遭受重大损失。根据司法解释的规定，渎职类犯罪造成的"经济损失"，是指渎职犯罪或者与渎职犯罪相关联的犯罪立案时已经实际造成的财产损失，包括为挽回渎职犯罪所造成损失而支付的各种开支、费用等。立案后至提起公诉前持续发生的经济损失，应一并计入渎职犯罪造成的经济损失。债务人经法定程序被宣告破产，债务人潜逃、去向不明，或者因行为人的责任超过诉讼时效等，致使债权已经无法实现的，无法实现的债权部分应当认定为渎职犯罪的经济损失。渎职犯罪或者与渎职犯罪相关联的犯罪立案后，犯罪分子及其亲友自行挽回的经济损失，司法机关或者犯罪分子所在单位及其上级主管部门挽回的经济损失，或者因客观原因减少的经济损失，不予扣减，但可以作为酌定从轻处罚的情节。

（二）定罪标准

刑法对滥用职权的构罪量刑标准有"造成重大损失""情节特别严重"两

种表示情形。

1. 立案标准

根据 2006 年《最高人民检察院关于渎职侵权犯罪案件立案标准的规定》（以下简称《立案标准的规定》），滥用职权涉嫌下列情形之一的，应予立案：

（1）造成死亡 1 人以上，或者重伤 2 人以上，或者重伤 1 人、轻伤 3 人以上，或者轻伤 5 人以上的；

（2）导致 10 人以上严重中毒的；

（3）造成个人财产直接经济损失 10 万元以上，或者直接经济损失不满 10 万元，但间接经济损失 50 万元以上的；

（4）造成公共财产或者法人、其他组织财产直接经济损失 20 万元以上，或者直接经济损失不满 20 万元，但间接经济损失 100 万元以上的；

（5）虽未达到（3）（4）两项数额标准，但（3）（4）两项合计直接经济损失 20 万元以上，或者合计直接经济损失不满 20 万元，但合计间接经济损失 100 万元以上的；

（6）造成公司、企业等单位停业、停产 6 个月以上，或者破产的；

（7）弄虚作假，不报、缓报、谎报或者授意、指使、强令他人不报、缓报、谎报情况，导致重特大事故危害结果继续、扩大，或者致使抢救、调查、处理工作延误的；

（8）严重损害国家声誉，或者造成恶劣社会影响的；

（9）其他致使公共财产、国家和人民利益遭受重大损失的情形。

2. 重大损失的标准

2013 年最高人民法院、最高人民检察院《关于办理渎职刑事案件适用法律若干问题的解释（一）》（以下简称《解释（一）》）第 1 条对"重大损失"进行了规定，认为有下列情形之一的可以认定为造成了"重大损失"：

（1）造成死亡 1 人以上，或者重伤 3 人以上，或者轻伤 9 人以上，或者重伤 2 人、轻伤 3 人以上，或者重伤 1 人、轻伤 6 人以上的；

（2）造成经济损失 30 万元以上的；

（3）造成恶劣社会影响的；

（4）其他致使公共财产、国家和人民利益遭受重大损失的情形。

国家机关工作人员滥用职权或者玩忽职守，致使公共财产、国家和人民利益遭受重大损失的，处 3 年以下有期徒刑或者拘役。

3. 情节特别严重标准

《立案标准的规定》对"情节特别严重"进行了规定，认为有下列情形之一的，可以认定为刑法第 397 条规定的"情节特别严重"：

（1）造成伤亡达到前款第（一）项规定人数 3 倍以上的；

（2）造成经济损失 150 万元以上的；

（3）造成前款规定的损失后果，不报、迟报、谎报或者授意、指使、强令他人不报、迟报、谎报事故情况，致使损失后果持续、扩大或者抢救工作延误的；

（4）造成特别恶劣社会影响的，其他特别严重的情节。

国家机关工作人员滥用职权或者玩忽职守，情节特别严重的，处 3 年以上 7 年以下有期徒刑。

《刑法》第 397 条关于滥用职权罪的规定属于普通法条，此外，刑法还规定了其他一些特殊的滥用职权的犯罪，即特别法条，包括执行判决、裁定滥用职权罪；滥用管理公司、证券职权罪；违法发放林木采伐许可证罪；非法批准征用、占用土地罪；非法低价出让国有土地使用权罪；办理偷越国（边）境人员出入境证件罪；放行偷越国（边）境人员罪；阻碍解救被拐卖、绑架妇女、儿童罪等罪名。国家机关工作人员滥用职权的行为触犯特别法条时，也可能同时触犯本法条。在这种情况下，应按照特别法优于普通法的原则认定犯罪，即认定为特别法条规定的犯罪，而不笼统地认定为滥用职权罪。因滥用职权类犯罪本质上依旧符合滥用职权的行为特征，故此不再一一展开论述，滥用职权类犯罪的特殊罪名的定罪数额因其犯罪形态的特殊性而存在差异，具体参见《解释（一）》《立案标准的规定》《直接受理立案标准的规定》等相关法律。

## 二、玩忽职守类犯罪

我国《刑法》第 397 条第 1 款一并对玩忽职守犯罪作出了规定。玩忽职守是指国家机关工作人员严重不负责任，不履行或者不正确履行职责，致使公共财产、国家和人民利益遭受重大损失的行为。

### （一）构成要件

1. 主体要件

本罪主体要件同滥用职权罪的主体范围。但在其他滥用职权行为构成的一些特殊的罪名上，主体要件的范围小于国家工作人员，例如签订、履行合同失职被骗罪的主体是国家机关工作人员，执行判决、裁定失职罪的主体是司法工作人员，动、植物检疫失职罪的主体是动植物检疫机关的检疫人员等。

2. 主观方面

本罪主观方面只能是过失。该罪与滥用职权相应，故意犯罪的情况下，通常涉嫌滥用职权罪。

3. 客体要件

本罪侵犯的客体是国家机关的正常管理职能。就特殊罪名具体来说根据犯罪行为的不同涉及各个不同领域的国家管理职能。例如，执行判决、裁定失职罪侵犯的客体是司法机关的正常活动秩序；失职致使在押人员脱逃罪侵犯的客体是国家监管机关的监管制度，即看守所、拘留所、少年犯管教所、拘役所、劳改队、监狱等监管机关的监管制度；环境监管失职罪侵犯的客体是国家环境保护机关的监督管理活动和国家对保护环境防治污染的管理制度。

4. 客观方面

本罪客观方面表现为严重不负责任、不履行或者不正确履行职责，导致公共财产、国家和人民利益遭受重大损失的行为。不履行职责和不正确履行职责，前者是不作为的形式，后者既可以是作为的形式，也可以是不作为的形式。具体来说，行为人未履行职责、擅离职守、未尽职责、履职行为不积极等都可以成为玩忽职守的表现形式。本罪在行为结果上，要求造成的损失与玩忽职守行为之间存在因果联系，玩忽职守罪的因果关系具有其本身的特点，表现出一定的复杂性和特殊性。诸多玩忽职守罪的危害后果的发生，并不是行为人所实施的玩忽职守行为所必然造成的，具有一定的偶然性和间接性，客观危害后果的发生并不是行为人玩忽职守行为所直接造成，而是由于行为人玩忽职守行为有关的他人行为或者客观事件的发生所直接造成的，在认定中需要特别注意。关键一点是，玩忽职守行为必须造成公共财产、国家和人民利益重大损失。

（二）定罪标准

根据"两高"《解释（一）》的规定，玩忽职守构罪的具体量刑标准同滥用职权罪的标准，不再赘述。

（三）正确把握玩忽职守罪的法律界限

滥用职权犯罪往往与贪污贿赂等侵财型职务犯罪交织在一起，而玩忽职守犯罪则表现为一种消极的行为方式，在实践中经常不为社会和大众所理解，造成阻力大、干扰多、认定难等实际问题。因此，必须厘清一些关系。

1. 罪与非罪的界限

一方面，要正确把握玩忽职守犯罪与工作失误的界限。因工作失误往往也会给国家和人民的利益造成重大的损失，从表面上看，两者存在相似之处，却也有严格的区别。一是客观行为的特征不同。工作失误，主观上行为人是认真履行自己的职责义务，并且也是在认真履行自己的职责义务的。而玩忽职守罪则表现为行为人不履行或者不正确履行自己的职责义务。二是导致发生危害结果的原因不同。工作失误是行为人由于政策不明确，业务能力和水平低，缺乏工作经验，因而计划不周、措施不当、方法不对，或者制度不完善、管理上存在弊端等原因，以致在积极工作决策中发生失误，造成公共财产、国家和人民利益损失的行为。行为人主观上想办好事却事与愿违，缺乏犯罪必须具备的主观条件，这与玩忽职守犯罪有着本质的区别。但是对于那些在国家法律政策不允许的情况下，借口"改革"之名，盲目决策，管理混乱，给国家和人民利益造成重大损失的，绝不能让他们以工作失误蒙混过关，逃避罪责。

另一方面，应当厘清一般玩忽职守行为与玩忽职守罪的界限，两者的关键区别在于造成重大损失的认定上。确有玩忽职守行为，但是没有造成损失，或者造成的损失后果尚未达到追究刑事责任标准的，不能以犯罪论处，可以给予相应的行政、纪律处分。

2. 玩忽职守罪与滥用职权罪的界限

玩忽职守罪与滥用职权罪的主体要件都必须是国家机关工作人员，法律规定造成损失的结果要件也相同。两者的区别主要在于犯罪的主观方面是故意还是过失。滥用职权是行为人意识到自己在行使权力，不该用而用，该用而不用，因而超越职权而滥用职权，是故意犯罪。而玩忽职守则为行为人意识到自己应该履行职责，由于各种原因而不履行职责或者不认真履行职责，通常表现为过失犯罪。

3. 玩忽职守罪与重大责任事故罪的界限

玩忽职守罪与重大责任事故罪在主观方面的罪过形式都是过失，客观方面都要求造成严重的危害后果。两者的主要区别在于：一是主体不同。玩忽职守罪的主体是国家机关工作人员，而重大责任事故罪的主体是工厂、矿山、林场、建筑企业或者其他企业、事业单位的职工。二是行为发生的场合不同。玩忽职守罪发生在国家机关的管理活动中，而重大责任事故罪则发生在生产、作业过程中。三是犯罪客体不同。玩忽职守罪的客体是国家机关的正常管理活动，而重大责任事故罪的客体是公共安全。

4. 玩忽职守罪的法条竞合界限

《刑法》第 397 条规定了一般的玩忽职守罪，这是关于玩忽职守的一个总的罪名。同时又在本章的其他条款中规定了由特定国家工作人员在特定的行业内实施玩忽职守行为而构成的特定的玩忽职守犯罪。具体包括：《刑法》第 400 条第 2 款司法工作人员由于严重不负责任，致使在押的犯罪嫌疑人、被告人或者罪犯逃脱的失职致使在押人员逃脱罪；《刑法》第 406 条国家机关工作人员在签订、履行合同过程中，由于严重不负责任，致使国家和人民利益遭受重大损失的国家工作人员签订、履行合同失职被骗罪；《刑法》第 408 条有监督管理职责的国家机关工作人员严重不负责任，导致发生重大环境污染事故，致使公私财产遭受重大损失或者造成人身伤亡的严重后果的环境监管失职罪；《刑法》第 409 条从事传染病防治的政府卫生行政部门的工作人员严重不负责任，导致传染病传播或者流行，情节严重的传染病防治失职罪；《刑法》第 412 条第 2 款国家商检部门、商检机构的工作人员严重不负责任，对应当检验的物品不检验，或者延误检验出证、错误出证，致使国家和人民利益遭受重大损失的商检失职罪；《刑法》第 413 条第 2 款动植物检疫机关的检疫人员严重不负责任，对应当检疫的物品不检疫，或者延误检疫出证、错误出证，致使国家和人民利益遭受重大损失的动植物检疫失职罪；《刑法》第 419 条国家机关工作人员严重不负责任，造成珍贵文物损毁或者流失的失职造成珍贵文物损毁、流失罪；《刑法》第 399 条第 3 款司法工作人员在执行判决、裁定活动中，严重不负责任，不依法采取诉讼保全措施、不履行法定执行职责，致使当事人或者其他人的利益遭受重大损失的执行判决、裁定失职罪；《刑法》第 416 条第 1 款对被拐卖、绑架的妇女、儿童负有解救职责的国家机关工作人员，接到被拐卖、绑架的妇女、儿童及其家属的解救要求或者接到其他人的举报，而对被拐卖、绑架的妇女、儿童不进行解救，造成严重后果的不解救被拐卖、绑架的妇女、儿童罪；等等。遇到此类案例，按照特别法条优于普通法条的原则认定。

### 三、徇私舞弊类犯罪

徇私舞弊罪，是指司法工作人员和有关国家工作人员利用职务上的便利和权力，对明知是无罪的而使他受追诉，对明知是有罪的人而故意包庇不使他受追诉，或者故意颠倒黑白作枉法裁判；或者利用职务包庇、窝藏经济犯罪分子等，隐瞒、掩饰其犯罪事实的行为。

根据刑法的规定徇私舞弊罪属于渎职罪中的罪名，徇私舞弊罪是滥用职权和玩忽职守的加重处罚情节。《刑法》第 397 条规定：国家机关工作人员滥用职权或者玩忽职守，致使公共财产、国家和人民利益遭受重大损失的，处三年以下有期徒刑或者拘役；情节特别严重的，处三年以上七年以下有期徒刑。本法另有规定的，依照规定。国家机关工作人员徇私舞弊，犯前款罪的，处五年以下有期徒刑或者拘役；情节特别严重的，处五年以上十年以下有期徒刑。本法另有规定的，依照规定。徇私舞弊作为一种行为动因，在滥用职权罪中转化为犯罪动机，而在玩忽职守罪中仅仅是一种犯罪原因，尚不具备犯罪动机的性质。只要具备滥用职权或玩忽职守的构成要件，就可以构成相应罪名，然徇私舞弊作为动因情节，属于一种情节恶劣的表现，此处将徇私舞弊类案件单独分类，是从犯罪客观行为的类同性角度出发予以的一种人为的分类，并非是刑法罪名的种属关系分类。

因徇私舞弊类犯罪并非一种独立的罪名，故在此分类下涵盖了徇私枉法罪，民事、行政枉法裁判罪；枉法仲裁罪；私放在押人员罪；徇私舞弊不征、少征税款罪，徇私舞弊发售发票、抵扣税款、出口退税罪等不同罪名，在构成要件与定罪标准上都存在较大差异，在此处就与人民监督员开展案件监督工作相关联的罪名予以简要介绍。

（一）徇私枉法罪

司法工作人员徇私枉法、徇情枉法，对明知是无罪的人而使他受追诉、对明知是有罪的人而故意包庇不使他受追诉，或者在刑事审判活动中故意违背事实和法律作枉法裁判的，构成徇私枉法罪。如有此类情形，不管是否构成犯罪，都是人民监督员重点监督的对象。

1. 构成要件

（1）主体要件。徇私枉法罪是一种比较典型的渎职犯罪，犯罪主体必须是司法工作人员。所谓"司法工作人员"，根据《刑法》第94条的规定，是指有侦查、检察、审判、监管职责的工作人员。

（2）主观要件。本罪在主观上只能是故意，本罪行为人在主观上处于一种明知状态，即明知是无罪或者有罪的人，依旧通过自己的行为使他受追诉、不受追诉或者枉法裁判。

（3）客体要件。本罪侵犯的客体是国家司法机关刑事诉讼的正常秩序和公民或者单位的合法权利。徇私枉法的行为违背了法律正义的要求，并造成任意出入人罪的结果，因而严重妨害了国家司法活动的正常进行，同时，司法工作人员徇私枉法、徇情枉法，也侵犯了公民个人或者单位的合法权利。

（4）客观方面。本罪在动机上主要是"徇私枉法、徇情枉法"，指的是司法工作人员在侦查、检察、审判、监管工作中，为了满足私情、私利，如贪图钱财、庇护亲友、讨好上级、不得罪领导，或者为了泄愤报复、栽赃陷害等而徇私枉法。

实践中，在把握徇私枉法罪构成要件时，应关注以下几个方面问题：

第一，对明知是无罪的人而使他受追诉。所谓无罪是指实体法上的无罪和程序法上的无罪，即依照刑法或者刑事诉讼法之规定，缺乏犯罪的事实和证据，不能认定构成犯罪的情形。对明知是无罪的人而使他受追诉是指司法工作人员根据已经掌握的事实和证据，明知不能认定他人有罪（包括情节显著轻微、危害不大不认为是犯罪的情况），徇私情、私利，以追究刑事责任为目的，枉法进行立案、侦查（含采取强制措施）、起诉和审判。

第二，对明知是有罪的人而故意包庇不使他受追诉。包庇是指对明知是有罪的人，采取伪造、隐匿、毁灭证据或者其他隐瞒事实、违背法律的手段故意包庇使其不受立案侦查（含采取强制措施）、起诉或审判。还包括故意违背事实真相和法定程序，违法变更强制措施或者虽然采取强制措施，但实际放任不管，致使有罪的人逃避刑事追诉的情形。

第三，在刑事审判活动中故意违背事实和法律作枉法裁判的行为。这种行为只能发生在人民法院的刑事审判过程中。违背事实和法律枉法裁判包括两种情形：一是公开地不依据已经查清的案件客观事实和法律的明文规定进行判决或裁定；二是故意歪曲事实和法律进行判决和裁定。刑事审判活动中的枉法裁判，既可以是将无罪裁判为有罪、轻罪裁判为重罪，也可以是将有罪裁判为无罪、罪重裁判为罪轻。

2. 定罪标准

根据《立案标准的规定》的规定，徇私枉法行为涉嫌下列情形之一的，应予立案：

（1）对明知是没有犯罪事实或者其他依法不应当追究刑事责任的人，采取伪造、隐匿、毁灭证据或者其他隐瞒事实、违反法律的手段，以追究刑事责任为目的立案、侦查、起诉、审判的；

（2）对明知是有犯罪事实需要追究刑事责任的人，采取伪造、隐匿、毁灭证据或者其他隐瞒事实、违反法律的手段，故意包庇使其不受立案、侦查、起诉、审判的；

（3）采取伪造、隐匿、毁灭证据或者其他隐瞒事实、违反法律的手段，故意使罪重的人受较轻的追诉，或者使罪轻的人受较重的追诉的；

（4）在立案后，采取伪造、隐匿、毁灭证据或者其他隐瞒事实、违反法律的手段，应当采取强制措施而不采取强制措施，或者虽然采取强制措施，但中断侦查或者超过法定期限不采取任何措施，实际放任不管，以及违法撤销、变更强制措施，致使犯罪嫌疑人、被告人实际脱离司法机关侦控的；

（5）在刑事审判活动中故意违背事实和法律，作出枉法判决、裁定，即有罪判无罪、无罪判有罪，或者重罪轻判、轻罪重判的；

（6）其他徇私枉法应予追究刑事责任的情形。

（二）私放在押人员罪

国家司法工作人员，利用职务上的便利私自将在押的犯罪嫌疑人、被告人或者罪犯非法释放的行为。

1. 构成要件

（1）主体要件。本罪主体为司法工作人员。

（2）主观方面。私放在押人员罪在主观上是故意。它与失职致使在押人员脱逃罪的区别在于：失职致使在押人员脱逃罪在主观上应当是过失。

（3）客体要件。本罪侵犯的客体是国家监管机关的监管制度，即看守所、拘留所、少年犯管教所、拘役所、劳改队、监狱等监管机关的监管制度。凡经公安机关、检察院、人民法院拘留、逮捕、判刑的犯罪嫌疑人、被告人或者罪犯，一般来说，都是因他们实施了或可能实施危害社会的行为，需要受到刑罚惩罚的犯罪分子。监管机关关押罪犯的目的，是为了惩罚和改造他们，使他们成为自食其力的新人，消除其继续犯罪的条件，私放罪犯，使其逃脱关押，不仅使其有继续犯罪的可能，而且破坏了监管机关的监管制度。

（4）客观方面。私放在押人员罪在客观方面表现为私自将被关押的犯罪嫌疑人、被告人、罪犯非法释放的行为。私放犯罪嫌疑人、被告人、罪犯可以由作为和不作为构成。具体行为方式有的是滥用职权，篡改刑期，使犯罪嫌疑人、被告人、罪犯"合法"逃避关押；有的虽未篡改刑期，但假借事由，将刑期未满的犯罪嫌疑人、被告人、罪犯擅自作为刑满释放；有的则把依法逮捕的罪犯有意当作错捕释放；也有的利用提审、押解罪犯的机会私放犯罪嫌疑人、被告人、罪犯而谎称罪犯脱逃；或者为罪犯逃离关押场所创造条件等。

2. 定罪标准

根据《立案标准的规定》的规定，涉嫌下列情形之一的，应予立案：

（1）致使依法可能判处或者已经判处 10 年以上有期徒刑、无期徒刑、死刑的犯罪嫌疑人、被告人、罪犯脱逃的；

（2）致使犯罪嫌疑人、被告人、罪犯脱逃 3 人次以上的；

（3）犯罪嫌疑人、被告人、罪犯脱逃以后，打击报复报案人、控告人、举报人、被害人、证人和司法工作人员等，或者继续犯罪的；

（4）其他致使在押的犯罪嫌疑人、被告人、罪犯脱逃，造成严重后果的情形。

## 四、国家工作人员利用职权实施的侵犯公民人身权利、民主权利类犯罪

侵犯公民人身权利、民主权利，是我国刑法规定的一类犯罪，指非法侵犯公民的人身权利和民主权利的行为。1979 年《刑法》第 131 条规定：保护公民的人身权利、民主权利和其他权利，不受任何人、任何机关非法侵犯。违法侵犯情节严重的，对直接责任人予以刑事处罚。国家工作人员利用职权实施的侵犯公民人身权利。民主权利类犯罪包括国家工作人员利用职权实施的非法拘禁案、非法搜查案、刑讯逼供案、暴力取证案、虐待被监管人案、报复陷害

案和破坏选举案七种具体案件。

（一）非法拘禁罪

非法拘禁罪是指以拘押、禁闭或者其他强制方法，非法剥夺他人人身自由的犯罪行为。该罪名本身并非是特殊主体犯罪，本罪的犯罪主体为一般主体，但是对国家机关工作人员利用职权实施的本罪，《刑法》第238条第4款规定"国家机关工作人员利用职权犯前三款罪的，依照前三款的规定从重处罚"。即国家机关工作人员这一身份情节，是本罪的加重情节。

该罪的构成要件如下：

1. 主体要件

本罪是一般主体。

2. 主观方面

本罪在主观方面是故意，过失不构成本罪。

3. 客体要件

本罪侵犯的客体是公民的人身自由权。我国《宪法》第37条规定：中华人民共和国公民的人身自由不受侵犯。任何公民，非经人民检察院批准或者决定或者人民法院决定，并由公安机关执行，不受逮捕，禁止非法拘禁和以其他方法非法剥夺或者限制公民的人身自由。公民的人身自由权，只有依法律规定被法律授权的司法机关批准，才能依法剥夺其自由权，除此以外，任何单位和个人均不得剥夺公民的人身自由权。

4. 客观方面

本罪在客观方面表现为行为人有拘禁或者其他强制方法，实施了非法剥夺他人人身自由的行为，其行为方式既可以是作为，也可以是不作为。第一，要求剥夺他人人身自由的方式是非法的。所谓拘禁，是强制他人在一定的时间内失去行动的自由，限制人身自由的措施必须在法律规定的范围内行驶，无权拘禁他人的人或者有权但滥用拘禁他人的行为都可以构成本罪。第二，拘禁行为具有强制性。该拘禁行为是违背他人意志的，并且通过一定手段使他人处于被管束范围内。第三，非法拘禁属于连续犯，犯罪时间长短并不影响犯罪构成，只影响量刑轻重。时间过于短暂、情节轻微的，没有造成较大危害，不应以犯罪论处。

（二）刑讯逼供罪

刑讯逼供是指国家司法工作人员（含纪检、监察等）采用肉刑或变相肉刑乃至精神刑等残酷的方式折磨被讯问人的肉体或精神，以获取其供述的一种极其恶劣的刑事司法审讯方法。

1. 构成要件

（1）主体要件。本罪主体是特殊主体，即司法工作人员。刑讯逼供是行为人在刑事诉讼过程中，利用职权进行的一种犯罪活动，构成这种主体要件的只能是有权办理刑事案件的司法人员。

（2）主观要件。本罪在主观上是故意。

（3）客体要件。本罪侵犯的客体既包括国家司法机关的正常活动，又包括公民的人身权利。刑讯逼供通过非法手段获取用于定罪量刑的证据材料的行为，扰乱了正常的司法秩序。同时，其行为又极易造成公民人身权利受损，故而侵犯的是复杂客体。

（4）客观方面。本罪在客观方面表现为对犯罪嫌疑人或被告人实行肉刑或变相肉刑，逼取口供的行为。第一，本罪的犯罪对象是侦查过程中的犯罪嫌疑人和起诉、审判过程中的刑事被告人。第二，刑讯逼供罪的行为特征是对人犯实行肉刑或变相肉刑，且具体手段是多样的。所谓肉刑，是指对被害人的肉体施行暴力打击、残害，对其制造难以忍受的皮肉之苦，如吊打、捆绑、殴打、跪钉板、夹手指及其他折磨人的肉体的方法。所谓变相肉刑，是指行为人不直接对被害人身体实施暴力打击、残害，而是用其他方法给被害人造成难以忍受的肉体痛苦，例如，长时间不准睡觉、不准坐卧、日晒、火烤、冷冻等折磨身体的方法。第三，刑讯逼供一般均存在逼取口供的行为。刑讯逼供行为致人伤残、死亡的，依照故意伤害罪、故意杀人罪的规定定罪从重处罚。

2. 定罪标准

根据《立案标准的规定》的规定，刑讯逼供行为涉嫌下列情形之一的，应予立案：

（1）以殴打、捆绑、违法使用械具等恶劣手段逼取口供的；

（2）以较长时间冻、饿、晒、烤等手段逼取口供，严重损害犯罪嫌疑人、被告人身体健康的；

（3）刑讯逼供造成犯罪嫌疑人、被告人轻伤、重伤、死亡的；

（4）刑讯逼供，情节严重，导致犯罪嫌疑人、被告人自杀、自残造成重伤、死亡，或者精神失常的；

（5）刑讯逼供，造成错案的；

（6）刑讯逼供3人次以上的；

（7）纵容、授意、指使、强迫他人刑讯逼供，具有上述情形之一的；

（8）其他刑讯逼供应予追究刑事责任的情形。

（三）暴力取证罪

暴力取证是指司法工作人员使用暴力逼取证人证言的行为。

1．构成要件

（1）主体要件。本罪主体是司法工作人员，即有侦查、检察、审判、监管职责的国家工作人员。

（2）主观要件。本罪主观方面是故意，且一般逼取证人证言的目的都比较明显。

（3）客体要件。本罪的侵犯的客体与刑讯逼供侵犯的客体一样，既包括国家司法机关正常的秩序，又包括公民的人身权利。

（4）客观方面。本罪表现为司法工作人员使用暴力逼取证人证言的行为。暴力，既包括捆绑悬吊、鞭抽棒打、电击水灌、火烧水烫等直接伤害证人人身使其遭受痛苦而被迫作证的肉刑，亦包括采取长时间罚站、不准睡觉、冻饿、曝晒等折磨证人身体、限制证人人身自由而迫使其作证的变相肉刑。本罪与刑讯逼供的目的不同。暴力取证罪行为人的目的是为了逼取证人证言，刑讯逼供罪行为人是为了逼取犯罪嫌疑人或被告人口供。本罪与刑讯逼供的犯罪对象不同。暴力取证罪的对象限于刑事案件的证人，刑讯逼供罪的对象则是犯罪嫌疑人和被告人。本罪与刑讯逼供的行为方式有差异。刑讯逼供既可以是暴力方式，也可以是非暴力方式，而暴力取证罪则只能以暴力方式构成。

2．定罪标准

根据《立案标准的规定》的规定，暴力取证罪是指司法工作人员以暴力逼取证人证言、被害人陈述的行为。涉嫌下列情形之一的，应予立案：

（1）手段残忍、影响恶劣的；

（2）致人自杀或者精神失常的；

（3）造成冤、假、错案的；

（4）3次以上或者对3人以上进行暴力取证的；

（5）授意、指使、强迫他人暴力取证的。

（四）报复陷害罪

报复陷害是指国家机关工作人员滥用职权、假公济私，对控告人、申诉人、批评人、举报人实行报复陷害的行为。

1．构成要件

（1）主体要件。本罪的主体是特殊主体，即国家机关工作人员。

（2）主观方面。本罪在主观方面表现为直接故意，并且具有报复陷害他人的目的。如果没有报复陷害的目的，而是由于政策水平不高，思想方法主观片面，工作作风简单粗暴、对事实未能查清等原因，对控告人、申诉人、批评人、举报人处理不当，致使其遭受损失的，可以构成渎职等职务犯罪或者其他侵犯公民人身权利的犯罪，但不构成本罪。

（3）客体要件。本罪侵犯的客体包括国家机关的正常活动和公民的人身、民主权利。

（4）客观方面。本罪在客观方面表现为滥用职权、假公济私，对控告人、申诉人或批评人、举报人实行打击报复陷害的行为。行为人必须是滥用职权、假公济私，即违反有关规定，超出职权范围，假借公事名义，陷害他人，在这个意义上说，报复陷害行为是一种渎职行为。报复陷害的方式多种多样，如制造种种理由或借口，非法克扣工资、奖金，或开除公职、党籍，或降职、降薪，或压制学术、技术职称的评定等。本罪的具体行为方式要与行为人的职权地位相联系，否则就构成其他犯罪。

2. 定罪标准

根据《立案标准的规定》的规定，报复陷害，涉嫌下列情形之一的，应予立案：致使被害人的人身权利、民主权利或者其他合法权利受到严重损害的；致人精神失常或者自杀的；手段恶劣、后果严重的。

## 五、泄露国家秘密类犯罪

泄露国家秘密类犯罪包括故意泄露国家秘密罪和过失泄露国家秘密罪。一并规定在我国《刑法》第398条中，故意泄露国家秘密罪、过失泄露国家秘密罪，指的是国家机关工作人员违反保守国家秘密法的规定，故意或者过失泄露国家秘密，情节严重的行为。《刑法》第398条第2款同时规定，非国家机关工作人员犯前款罪的，依照前款的规定酌情处罚。该罪的构成要件如下。

1. 主体要件

本罪的主体多为国家机关工作人员，但根据法律规定，非国家机关工作人员也可单独构成本罪。

2. 主观方面

本款条文将故意和过失分别罗列，即泄露国家秘密可以是故意也可以是过失。

3. 客体要件

本罪侵犯的客体是国家保密制度。

4. 客观方面

本罪客观方面表现为以下几个方面：第一，行为违反了保守国家秘密法的规定；行为人实施了具有不遵守国家秘密法的制度要求的违法行为。第二，行为人具有泄密的行为。泄密就是行为人对自身掌握的国家秘密做出泄露的行为，根据《中华人民共和国保守秘密法实施办法》第35条的规定"泄露国家秘密"是指违反保密法律、法规和规章"使国家秘密被不应知悉者知悉"或

"使国家秘密超出了限定的接触范围，而不能证明未被不应知悉者知悉的"情况。第三，该罪名要求达到"情节严重"的程度。

## 六、查处渎职类职务犯罪的困境

与其他刑事犯罪，特别是与贪污贿赂犯罪相比，渎职犯罪更多的是一种过程中的犯罪，即因为履行职责不当或不履行职责，导致严重后果从而构成犯罪。在区分渎职类犯罪的罪与非罪时，犯罪行为与行政管理行为之间存在密切的联系，渎职行为与行政行为之间常常存在较为模糊的界限。

（一）主体身份存在困惑

根据《刑法》第 93 条的规定，国家工作人员不仅包括在国家机关中从事公务的人员，还包括"以国家工作人员论"的国家工作人员，即所谓准国家工作人员。在现实生活中大量存在的具有国家机关工作人员和企事业单位工作人员双重身份的主体如何认定，受法律委托或经合法授权而履行一定管理公务职能的企事业单位工作人员是否属于国家工作人员，以及当前基层的林业站、财政所、电管所等七站八所工作人员在行使一定行政管理职权时是否属于国家机关工作人员等，很难认定。①

（二）主观过失证据查实困难

渎职罪一般多为过失犯罪，在认定渎职行为时，必须要证明行为人主观上存在过失行为。而实践中，受到行政权限五花八门、领导决策程序环环相扣、各部门职能的描述概括化等各方面影响，要查实行为人在失职方面的证据较为困难，在主观上更是难以证实存在过失。渎职类犯罪的查处往往伴随着贪污、贿赂犯罪并发，在一定程度上也是受渎职类犯罪证实难度较大所致。

（三）犯罪危害损失难以认定

随着我国查处渎职犯罪案件的逐步深入，渎职行为涉及行业、领域的多样性使损失结果呈现出多样性特征，也使司法机关在一些渎职犯罪损失结果的认定和处理上遇到了极大困难。间接损失作为损失结果范围与种类的地位逐步得到了明确，但实践中想要通过证据查实间接损失尚面临许多困难，损失结果计算与评价机制缺失，司法实践中司法机关查办滥用职权等渎职犯罪带来了疑问与困难，也引起了理论界和实务界对于该问题的质疑和争论。

鉴于以上原因，在查办渎职类案件的司法实践中，常常会遇到更多的阻力和困难，甚至引起群众的同情和不予理解。此种情形也是应当引起人民监督员

---

① 崔胜实：《过失渎职犯罪研究》，吉林大学 2005 年博士学位论文。

关注的问题。

# 第四节　"十一类"监督情形的知识撷要

《规定》第2条对人民监督员监督案件的范围作出了具体规定，涵盖了"三类案件"和"八种情形"共计"十一类"情形。每一类情形的适用都有不同的程序和条件，下面逐一进行介绍。

## 一、"应当立案而不立案或者不应当立案而立案的"监督情形的知识撷要

对于"应当立案而不立案或者不应当立案而立案的"情形的监督，关键在于对"立案"这一规定的把握上。《刑事诉讼法》第107条、第112条对立案作出了规定。第107条规定：公安机关或者人民检察院发现犯罪事实或者犯罪嫌疑人，应当按照管辖范围，立案侦查。第112条规定：人民法院、人民检察院或者公安机关对于报案、控告、举报和自首的材料，应当按照管辖范围，迅速进行审查，认为有犯罪事实需要追究刑事责任的时候，应当立案，认为没有犯罪事实，或者犯罪事实显著轻微，不需要追究刑事责任的时候，不予立案，并且将不立案的原因通知控告人。鉴于职务犯罪的特殊性和职务犯罪侦查实践的可操作性，此规定显然忽略了检察机关自行发现的案件来源和初查活动的重要性。

职务犯罪案件的立案应当是指人民检察院根据国家机关、人民团体、企事业单位、公民个人的报案、控告、举报、自首或者自行发现的属于自己直接受理范围的案件线索，经过进一步初查后，认为有犯罪事实需要追究刑事责任的，决定将其作为刑事案件进行侦查或者审判的一种诉讼活动。深刻领悟立案的概念，对职务犯罪侦查活动的顺利进行有着重大的影响。

（一）立案的条件

立案的条件是指立案必须具备的事实根据和法律依据。侦查实践中，初查所获取的材料仅仅为立案提供了事实上的依据，究竟能否立案，还要看是否符合立案的法定理由。根据《刑事诉讼法》第107条的规定，立案必须具备两个条件：一是认为有犯罪事实；二是需要追究刑事责任。

1. 认为有犯罪事实

从词面意思上分析，"有犯罪事实"即现有证据已经能够充分证明犯罪事实的客观存在；而"认为"两字带有侦查人员或侦查机关主观判断的成分。公安机关侦查的普通刑事案件，犯罪事实一般会自动暴露，犯罪事实在案发时

就已经明朗，无须"认为"，现有的证据就能够充分证明犯罪事实的客观存在。检察机关侦查的职务犯罪则相反，由于犯罪事实一般不会自动暴露，犯罪事实的存在只是一些线索，即使经过深入仔细的初查，在绝大多数情况下仍然只能获取犯罪事实存在的证据指向，必须通过立案后的侦查才能明确证实犯罪事实的客观存在。认为有犯罪事实是立案的犯罪事实条件，相对于公安机关侦查普通刑事案件的立案而言，职务犯罪案件的立案对于犯罪事实条件的把握存在较大的难度，实践中可以从以下几个层次进行考量。

（1）不能把"认为有犯罪事实"狭隘的理解为"有犯罪事实"。"有犯罪事实"人为地缩小了"认为有犯罪事实"的内涵，进而理解为"犯罪事实客观存在"，这将使职务犯罪立案、决策举步维艰。不可否认，确实有部分贪污、挪用公款类案件或者渎职侵权类案件在立案时能够达到"犯罪事实客观存在"的证据程度，遇此情况应当当机立断，毫不犹豫地坚决立案。但是大部分职务犯罪案件，尤其是绝大部分贿赂类案件根本无法在初查终结时就满足"犯罪事实客观存在"的条件，即使进入线索突破程序，首次讯问之后，有些初查对象仍然拒不供述犯罪事实，如果坚持"犯罪事实客观存在"这一标准，其结果只能使一些原本应当立案的案件难以进入侦查程序，并且无法对初查对象采取相应的侦查措施，从而影响对案件的侦破和对职务犯罪的打击力度。

（2）"认为有犯罪事实"虽然具有主观推测的因素，但必须基于对初查材料的全面分析判断，立足于深入细致的初查工作所获取的足量的情报信息的基础上，绝不能只是侦查人员的主观想象、怀疑或猜测，更不能凭空捏造。对"认为有犯罪事实"把握过宽，将会使一些原本不应该进入侦查程序的案件进入侦查程序，从而不必要地侵犯一些人的合法权益，也会造成大立大撤的现象。要知道职务犯罪案件侦查对象的特殊性，一旦造成不应当被立案的国家工作人员被立案侦查，势必对检察机关的声誉和正常工作秩序带来极大的负面影响。

（3）正确把握"认为有犯罪事实"的实质内涵。对于"认为有犯罪事实"的过严、过宽把握都将有损案件的及时立案，影响到立案后正常的侦查活动。正确把握"认为有犯罪事实"的实质，必须立足于精细化初查过程中获取的大量情报信息，以及对于这些情报信息的客观公正的分析研判，从而使指挥人员和侦查人员树立起犯罪事实客观存在的内心确信。一方面这种内心确信必须来源于客观公正的初查材料和侦查人员的丰富实践经验，另一方面这种内心确信的犯罪事实必须在立案后的侦查过程中得到明确证实，这才是检验"认为有犯罪事实"客观存在的唯一标准。

（4）"认为有犯罪事实"必须上升为集体意志。侦查人员是侦查活动的实际操作者，"认为有犯罪事实"的内心确信首先源自于侦查人员，然后通过侦查部门负责人、分管领导、最后上升为检察长代表检察院做出立案的决定。侦查人员内心确信"认为有犯罪事实"，必须得到指挥人员的确认，如果出现不协调的意见，检察长或者指挥人员应当高度重视，及时统一思想，以利于调整案件立案后的侦查活动步调一致。

2. 需要追究刑事责任

这是立案的刑事责任条件。就是根据刑法和刑事诉讼法的规定，其行为依法构成犯罪，需要追究刑事责任。也就是该犯罪事实，按照法律有关规定，应当受到刑事处罚。如果该犯罪事实是属于法律规定不需要追究刑事责任的，则不应当立案，即使已经立案，也应当及时撤销案件。

立案的事实条件和法律条件是职务犯罪案件立案的必备条件，两者必须同时具备，缺一不可。

（二）立案的程序

在具备了立案的两个条件以后，应当根据不同罪名的立案标准进行对照，规定是否立案。立案的标准，是指检察机关对职务犯罪案件或犯罪事实决定是否立案，应当掌握的准则和尺度。最高人民检察院《关于人民检察院直接受理立案侦查案件立案标准的规定（试行）》对各种不同的职务犯罪制定了具体的立案标准。立案标准不等于定罪量刑的标准，两者不能混淆。人民检察院决定对职务犯罪案件立案以后，应当按照《刑事诉讼法》第183—185条的程序进行。

1. 制作立案报告书

人民检察院对于直接受理的案件，经审查认为有犯罪事实需要追究刑事责任的，应当制作立案报告书，经检察长批准后予以立案。

2. 报送上一级人民检察院备案

在决定立案之日起3日以内，将立案备案登记表、提请立案报告和立案决定书一并报送上一级人民检察院备案

3. 上一级人民检察院审查

上一级人民检察院应当审查下级人民检察院报送的备案材料，并在收到备案材料之日起30日以内，提出是否同意下级人民检察院立案审查意见。上级院可以在报经检察长或者检委会决定后，书面通知下级院纠正，也可以直接作出决定，通知下级人民检察院执行。

4. 执行上一级人民检察院决定

下级人民检察院在收到上一级人民检察院的审查意见后，根据上级院的审查决定执行，在收到上一级人民检察院的决定或者书面通知之日起的10日内

将执行情况向上一级人民检察院报告。

5. 人大代表立案的特殊程序

根据《全国人民代表大会和地方各级人民代表大会代表法》关于人大代表司法保障的规定，《刑事诉讼规则》第185条对人大代表的立案作出了特殊规定："人民检察院决定对人民代表大会代表立案，应当按照本规则第一百三十二条规定的程序向该代表所属的人民代表大会主席团或者常务委员会进行通报。"

（三）不立案

检察机关初查线索终结后，对于不符合"认为有犯罪事实，需要追究刑事责任"立案条件的案件，应当作出不立案决定。同时，在法律规定的特定情形下，即使有犯罪事实存在，初查材料也已经能够证明犯罪事实，仍应当作出不立案决定。

1. 不符合"认为有犯罪事实"的立案条件

根据《刑事诉讼规则》第176条的规定，"认为没有犯罪事实的"侦查部门应当提请批准不予立案。主要是指检察机关在经过初查活动后，经过客观调查和内心确认，根据初查中获取的现有证据，在侦查人员心中充分确信并不存在犯罪事实，或无法证明存在犯罪事实，则应当作出不立案决定。在职务犯罪侦查活动中，因其由人到事的特殊侦查方式，一些据以开始初查的证据材料往往较为零散和抽象，在其后的初查活动中，初查对象或初查指向虽然是明确的，但是犯罪事实和证明犯罪事实的证据材料是不确定的。因此，在经过了一段时间的调查核实后，发现初查对象并不存在犯罪事实也是非常正常的现象，此时就应当作出不立案决定，不进入刑事诉讼程序。根据法律规定，初查活动并不限制初查对象的人身自由，亦不对其相关财物采取扣押、查封等限制措施，同时初查活动的隐秘性也不对初查对象产生不良影响，因而，根据初查情况作出不立案决定，案件不进入立案后的侦查程序，是职务犯罪案件办理过程中的正常现象。

2. 不符合"需要追究刑事责任"的立案条件

在有足够证据证明存在有犯罪事实的情况下，如果符合法律规定的情形，则也应当作出不立案决定。根据《刑事诉讼规则》第176条侦查部门应当提请批准不予立案的规定，主要是依据《刑事诉讼法》第15条规定的情形：（一）情节显著轻微、危害不大，不认为是犯罪的；（二）犯罪已过追诉时效期限的；（三）经特赦令免除刑罚的；（四）依照刑法告诉才处理的犯罪，没有告诉或者撤回告诉的；（五）犯罪嫌疑人、被告人死亡的；（六）其他法律规定免予追究刑事责任的。在立案前如果发现存在这五种不追究刑事责任的情形的，就应当作出不立案决定。

　　3. 事实或证据尚不符合立案条件

　　根据《刑事诉讼规则》第176条的规定，"事实或证据尚不符合立案条件的"侦查部门应当提请批准不予立案。事实或证据尚不符合立案条件，是指根据前期初查掌握的证据材料，初查对象的部分犯罪事实或证据已经被掌握，但是尚未达到让检察人员充分确信"有犯罪事实"的程度，或者该证据材料证明犯罪事实尚无法排除其他合理怀疑。

　　综合上述内容，借此理解"应当立案而不立案或者不应当立案而立案的"监督情形的含义，"应当立案而不立案"的监督情形主要是指检察院侦查部门针对已经满足立案条件的职务犯罪案件，没有采取立案措施，人民监督员可以就此提出要求监督的请求。不应当立案而立案是指人民检察院办理的直接受理立案侦查案件实际上并未符合立案标准，或者存在法定不追究刑事责任的情形，在人民检察院立案以后，人民监督员可以实施监督。

## 二、"超期羁押或者延长羁押期限决定违法的"监督情形的知识撮要

　　羁押，并非是法定的强制措施，而是依附于逮捕、拘留以后的一种限制人身自由的强制状态。理解超期羁押或者延长羁押期限违法的具体内涵，务必要了解羁押本身的概念和法律对羁押期限的规定。

　　（一）羁押的期限

　　刑事侦查中的羁押期限，主要是指犯罪嫌疑人在侦查中被逮捕以后到侦查终结的期限。逮捕的羁押期限可以分为一般羁押期限、特殊羁押期限和重新计算的羁押期限三种。

　　1. 一般羁押期限

　　主要是《刑事诉讼法》第154条规定：对犯罪嫌疑人逮捕后的侦查羁押期限不得超过二个月。如果犯罪嫌疑人在逮捕以前已被拘留的，拘留的期限不包括在侦查羁押期限之内。

　　2. 特殊羁押期限

　　主要是指一定情况下羁押期限的延长。根据《刑事诉讼法》第154条的规定，案情复杂、期限届满不能终结的案件，可以经上一级人民检察院批准延长一个月。

　　《刑事诉讼法》第155条规定，因为特殊原因，在较长时间内不宜交付审判的特别重大复杂的案件，由最高人民检察院报请全国人民代表大会常务委员会批推延期审理。

《刑事诉讼法》第 156 条规定，下列案件在本法第一百五十四条规定的期限届满不能侦查终结的，经省、自治区、直辖市人民检察院批准或者决定，可以延长二个月：

（1）交通十分不便的边远地区的重大复杂案件；

（2）重大的犯罪集团案件；

（3）流窜作案的重大复杂案件；

（4）犯罪涉及面广，取证困难的重大复杂案件。

《刑事诉讼法》第 157 条规定，对犯罪嫌疑人可能判处十年有期徒刑以上刑罚，依照本法第一百五十六条规定延长期限届满，仍不能侦查终结的，经省、自治区、直辖市人民检察院批准或者决定，可以再延长二个月。

3. 重新计算羁押期限

法律规定在一定情况下可以重新计算羁押期限，主要有以下几种情形：

（1）在侦查期间，发现犯罪嫌疑人另有重要罪行的，自发现之日起依照《刑事诉讼法》第 154 条的规定重新计算侦查羁押期限。重新计算侦查羁押期限的，由公安机关决定，无须人民检察院批准，但须报人民检察院备案。

（2）犯罪嫌疑人不讲真实姓名、住址，身份不明的，侦查羁押期限自查清其身份之日起计算，但不得停止对其犯罪行为的侦查取证。对于犯罪事实清楚，证据确实、充分的，也可以按其自报的姓名移送人民检察院审查起诉。

（3）对被羁押的犯罪嫌疑人作精神病鉴定的时间，不计入侦查羁押期限。其他鉴定时间则应当计入羁押期限。

另外，法律也对刑事拘留的羁押期限作了相应规定。刑事拘留是公安机关、人民检察院对直接受理的案件，在侦查过程中，遇到法定的紧急情况时，对于现行犯或者重大嫌疑分子所采取的临时剥夺其人身自由的强制方法。根据《刑事诉讼法》第 132 条的规定，人民检察院在直接受理立案侦查的案件中，对于具有"（1）犯罪后企图自杀、逃跑或者在逃的；（2）有毁灭、伪造证据或者串供可能的"两种情形的犯罪嫌疑人、被告人有权决定拘留。人民检察院对直接受理立案侦查的案件中被拘留的人，认为需要逮捕的，应当在 10 日内作出决定。在特殊情况下，决定逮捕的时间可以延长 1 日至 4 日。对于不需要逮捕的，应当立即释放。对于需要继续侦查，并且符合取保候审、监视居住条件的，依法取保候审或者监视居住。由此可以确定，刑事拘留的羁押期限最长为 14 日。

（二）超期羁押和延长羁押期限决定违法的概念厘定

超期羁押是指依法被刑事拘留、逮捕的犯罪嫌疑人、被告人，在侦查、审查起诉、审判阶段的羁押时间超过刑事诉讼法规定的羁押时限的一种违法行为。例如，未及时办理延期审批手续导致超期羁押；案件在刑事诉讼流程的交接过程中导致超期羁押；在案件上报请示或审批阶段出现超期羁押；办案单位所认定的有别名的犯罪嫌疑人、被告人的姓名与关押的不一致，由于未及时沟通信息而出现超期羁押；犯罪嫌疑人数地作案，取证点多线长，作案次数特别多，久查不清；犯罪嫌疑人明确，但证据不足，难以结案；同案犯在逃，在押犯的犯罪事实不清，影响结案等诸多原因都可能出现超期羁押的情况。

延长羁押期限，根据刑事诉讼法的有关规定，都应当根据权限报上级人民检察院批准。"延长羁押期限决定违法的"监督情形主要是针对市级人民检察院和省级人民检察院的审批权。即下级人民检察院报请延长羁押期限的案件并不符合延长羁押期限的法定条件，而具有审批权限的上级人民检察院作出了批准延长羁押期限的决定，或者不具有审批权限的上级人民检察院超越权限作出了批准延长羁押期限的决定。

超期羁押或者延长羁押期限决定违法的两种情形严重侵犯了犯罪嫌疑人、被告人的合法权益，影响司法公信力和刑事诉讼程序的正常流转，人民监督员可以针对上述情况实施监督。

### 三、"采取指定居所监视居住强制措施违法的"监督情形的知识撮要

《刑事诉讼法》对监视居住规定在第 72 条：人民法院、人民检察院和公安机关对符合逮捕条件，有下列情形之一的犯罪嫌疑人、被告人，可以监视居住：

1. 患有严重疾病、生活不能自理的；
2. 怀孕或者正在哺乳自己婴儿的妇女；
3. 系生活不能自理的人的唯一扶养人；
4. 因为案件的特殊情况或者办理案件的需要，采取监视居住措施更为适宜的；
5. 羁押期限届满，案件尚未办结，需要采取监视居住措施的。对符合取保候审条件，但犯罪嫌疑人、被告人不能提出保证人，也不交纳保证金的，可以监视居住。监视居住由公安机关执行。

而对于指定居所监视居住的规定，新修改的《刑事诉讼法》第 73 条规定："监视居住应当在犯罪嫌疑人、被告人的住处执行；无固定住处的，可以在指定的居所执行。对于涉嫌危害国家安全犯罪、恐怖活动犯罪、特别重大贿赂犯罪，在住处执行可能有碍侦查的，经上一级人民检察院或者公安机关批准，也可以在指定的居所执行。但是，不得在羁押场所、专门的办案场所

执行。"

（一）指定居所监视居住的概念

我国刑事诉讼法规定的强制措施包括拘传、取保候审、监视居住、拘留和逮捕，指定居所监视居住是监视居住的一种执行方式，修改前的刑事诉讼法规定的监视居住包括有固定住处的监视居住和因无固定住处而指定居所的监视居住，修改后刑事诉讼法规定的监视居住包括有固定住处的监视居住、因无固定住处而指定居所的监视居住、因特殊案件的侦查需要而指定居所的监视居住三种情形。

指定居所监视居住作为监视居住的一种执行方式，其非羁押性附属于监视居住的非羁押性。根据修改后《刑事诉讼法》第73条的规定，监视居住是介于取保候审和逮捕之间的一种限制自由的非羁押性强制措施，既是对符合逮捕条件但又具备特殊情形的犯罪嫌疑人、被告人的替代措施，也是对符合取保候审条件但不能提出保证人，也不交纳保证金的犯罪嫌疑人、被告人的补充措施。

（二）指定居所监视居住的条件

指定居所监视居住首先要符合法律关于监视居住的一般条件。一是监视居住作为取保候审的补充措施，即符合取保候审的条件。《刑事诉讼法》第65条规定了取保候审的条件。二是监视居住作为逮捕的替代措施，即符合逮捕条件。此外，指定居所监视居住的适用还有属于自己的特殊的适用要件：

1. 犯罪嫌疑人、被告人无固定住处的；

2. 对于涉嫌危害国家安全犯罪、恐怖活动犯罪、特别重大贿赂犯罪，在住处执行可能有碍侦查的，经上一级人民检察院或者公安机关批准的。后者为防止出于侦查目的滥用指定居所监视居住，设置了上一级批准的更为严苛的条件。

指定居所监视居住应区别于羁押式的强制措施，又有别于犯罪嫌疑人、被告人居家的住处，必须具备一定的要件。满足办案安全、生活起居和便于监视、管理的要求。既要保证办案安全、人身安全，还要具备生活饮食起居的必要设施。

指定居所监视居住的违法，主要是指执行主体、执行程序、适用条件、指定居所条件是否符合法律规定等各方面情形。例如，"指定居所监视居住"措施的适用前提是"存在有碍侦查的情形"，如果存在滥用或者变相使用，或者办案部门为了达到适用"指定居所监视居住"措施的目的，刻意地创造适用条件等其他违法行为时，均属于人民监督员可以实施监督的范围。

## 四、违法搜查、查封、扣押、冻结或者违法处理查封、扣押、冻结财物的监督情形的知识撮要

强制性侦查措施是针对任意性侦查措施而言的，指侦查机关在侦查过程中为了收集或保全犯罪证据、查获犯罪嫌疑人而通过强制方法对相对人采取的侦查措施。而对物的强制性措施主要指搜查、扣押、查询、查封、冻结等侦查措施。《刑事诉讼法》第二章的第五节、第六节对搜查、查封、扣押强制措施适用的具体条件作出了规定。

### （一）搜查的规定

搜查是指侦查人员为了收集犯罪证据，查获犯罪人，对犯罪嫌疑人以及可能隐藏罪犯或者犯罪证据的人的身体、物品、住处和其他有关的地方进行的搜索和检查。进行搜查，必须向被搜查人出示搜查证。在执行逮捕、拘留的时候，遇有紧急情况，不另用搜查证也可以进行搜查。在搜查的时候，应当有被搜查人或者他的家属，邻居或者其他见证人在场。搜查妇女的身体，应当由女工作人员进行。搜查的情况应当写成笔录，由侦查人员和被搜查人或者他的家属，邻居或者其他见证人签名或者盖章。如果被搜查人或者他的家属在逃或者拒绝签名、盖章，应当在笔录上注明。

### （二）查封、扣押、冻结的规定

刑事诉讼法规定，在侦查活动中发现的可用以证明犯罪嫌疑人有罪或者无罪的各种财物、文件，应当查封、扣押；与案件无关的财物、文件，不得查封、扣押。对查封、扣押的财物、文件，要妥善保管或者封存，不得使用、调换或者损毁。对查封、扣押的财物、文件，应当会同在场见证人和被查封、扣押财物、文件持有人查点清楚，当场开列清单一式二份，由侦查人员、见证人和持有人签名或者盖章，一份交给持有人，另一份附卷备查。

人民检察院、公安机关根据侦查犯罪的需要，可以依照规定查询、冻结犯罪嫌疑人的存款、汇款、债券、股票、基金份额等财产。有关单位和个人应当配合。犯罪嫌疑人的存款、汇款、债券、股票、基金份额等财产已被冻结的，不得重复冻结。对查封、扣押的财物、文件、邮件、电报或者冻结的存款、汇款、债券、股票、基金份额等财产，经查明确实与案件无关的，应当在3日以内解除查封、扣押、冻结，予以退还。

侦查机关不依照法律规定实施搜查、查封、扣押、冻结的强制措施，或者对以上涉及的相关财产违规处理的，人民监督员可以就此情形实施

监督。

## 五、"阻碍当事人及其辩护人、诉讼代理人依法行使诉讼权利的"监督情形的知识撮要

《刑事诉讼法》第 47 条规定：辩护人、诉讼代理人认为公安机关、人民检察院、人民法院及其工作人员阻碍其依法行使诉讼权利的，有权向同级或者上一级人民检察院申诉或者控告。人民检察院对申诉或者控告应当及时进行审查，情况属实的，通知有关机关予以纠正。

检察机关在案件办理过程中，应当依法保障案件当事人及其辩护人、诉讼代理人的诉讼权利。例如，当事人有权要求有利害关系的相关人员申请回避的权利；有权提出控告申诉的权利；有权委托诉讼代理人的权利等。此监督情形详见于第三章第二节相关内容，在此不再赘述。人民监督员发现有阻碍当事人及其辩护人、诉讼代理人依法行使诉讼权利的情形，可以实施监督。

## 六、"应当退还取保候审保证金而不退还的"监督情形的知识撮要

取保候审是指在刑事诉讼中公安机关、人民检察院和人民法院等司法机关对未被逮捕或逮捕后需要变更强制措施的犯罪嫌疑人、被告人，为防止其逃避侦查、起诉和审判，责令其提出保证人或者交纳保证金，并出具保证书，保证随传随到，对其不予羁押或暂时解除其羁押的一种强制措施。

《刑事诉讼法》第 65 条明确规定：人民法院、人民检察院和公安机关对有下列情形之一的犯罪嫌疑人、被告人，可以取保候审：

（一）可能判处管制、拘役或者独立适用附加刑的；

（二）可能判处有期徒刑以上刑罚，采取取保候审不致发生社会危险性的；

（三）患有严重疾病、生活不能自理，怀孕或者正在哺乳自己婴儿的妇女，采取取保候审不致发生社会危险性的；

（四）羁押期限届满，案件尚未办结，需要采取取保候审的。

《刑事诉讼法》第 66 条规定：人民法院、人民检察院和公安机关决定对犯罪嫌疑人、被告人取保候审，应当责令犯罪嫌疑人、被告人提出保证人或者交纳保证金。

《刑事诉讼法》第 69 条规定："……犯罪嫌疑人、被告人在取保候审期间未违反前款规定的，取保候审结束的时候，应当退还保证金。"

保证金应当按照法律规定，在取保候审人员未出现违法情形时，取保候审

结束后予以退还。若在取保候审结束后，检察机关未能按照法律要求予以退还保证金的，人民监督员可以按要求实施监督。

### 七、"应当给予刑事赔偿而不依法予以赔偿的"监督情形的知识撮要

刑事赔偿是指公安机关、国家安全机关、检察机关、审判机关、监狱管理机关及其工作人员违法行使职权，侵犯当事人人身权、财产权造成损害而给予的赔偿。人民监督员监督的刑事赔偿主要指检察机关应当给予的赔偿。《国家赔偿法》对刑事赔偿作出了具体规定，例如，对没有犯罪事实的人错误逮捕的，作出逮捕决定的检察机关即成为赔偿义务机关；自侦部门办理案件刑讯逼供、殴打或者以其他暴力行为造成身体伤害或者死亡的，或者违法使用武器、警械造成公民身体伤害或者死亡的；违法采取查封、扣押、冻结、追缴等措施，造成财产损害的；等等。诸如此类行为按照《国家赔偿法》应当履行赔偿义务而没有依法进行赔偿的，人民监督员有权要求履行监督职责，对此类情形实施监督。

### 八、"检察人员在办案中有徇私舞弊、贪赃枉法、刑讯逼供、暴力取证等违法违纪情况的"监督情形的知识撮要

此种监督情形，是人民监督员对于检察人员办案规范化进行的监督。这里的徇私舞弊、贪赃枉法、刑讯逼供、暴力取证，主要指检察人员办案中出现了该类行为，并不一定要达到构成刑事犯罪的程度。

徇私舞弊主要是指颠倒黑白、枉法裁判，对明知是无罪的人而使他受追诉，对明知是有罪的人而故意包庇不使他受追诉，或者隐瞒犯罪事实、包庇犯罪分子等行为；贪赃枉法是指贪污受贿、违法违纪、不按法定的程序和职权范围滥用权力等行为；刑讯逼供主要指侦查人员采用肉刑或变相肉刑，乃至精神刑等残酷的方式折磨被讯问人的肉体或精神，以获取其供述的行为；暴力取证主要指司法人员使用暴力逼取证人证言的行为。

以上各种违法违纪行为是国家法律和检察纪律所严令禁止的，人民监督员对于检察人员在办案中出现上述行为的，即可以实施监督，这里的监督范围应当是广泛的，故而对于监督行为的定义不应过于严苛，只要人民监督员认为可能存在有以上几种行为，即使并不满足构成犯罪的各项要件或者并未达到刑事犯罪的程度，也应当属于人民监督员监督的范畴。

### 九、"拟撤销案件的"监督情形的知识撮要

撤案是在立案后的侦查过程中或者侦查终结时发现不应当对犯罪嫌疑人追

究刑事责任的，应当撤销案件。撤案与不立案其本质都是因为初查对象或者犯罪嫌疑人的犯罪事实经过调查或审查后，不符合应当追究刑事责任的条件，两者是发生在不同的过程中作出的不同决定。刑事撤案是与刑事立案相对应的概念，是指侦查机关将已经作为侦查对象的"犯罪事实"或者"犯罪嫌疑人"排除出侦查程序，终止侦查活动的一种法律行为。简单地说，撤案就是从程序上不再对有关人员进行刑事追究。

（一）撤销案件的条件

刑事诉讼法对撤销案件作了相应的规定，《刑事诉讼法》第 166 条规定：人民检察院侦查终结的案件，应当作出提起公诉、不起诉或者撤销案件的决定。通常情况下，人民检察院拟对自侦案件作出撤销案件处理的，均在案件侦查终结以后处理。根据《刑事诉讼法》第 161 条的规定：在侦查过程中，发现不应对犯罪嫌疑人追究刑事责任的，应当撤销案件；犯罪嫌疑人已被逮捕的，应当立即释放，发给释放证明，并且通知原批准逮捕的人民检察院。这是保障无罪的人免受刑事追究的法律规定，确定了撤案的及时性原则。

刑事诉讼法还规定了刑事责任的限制性条款，在此情形下，可以撤案。《刑事诉讼法》第 15 条规定，有下列情形之一的，不追究刑事责任，已经追究的，应当撤销案件，或者不起诉，或者终止审理，或者宣告无罪：

1. 情节显著轻微、危害不大，不认为是犯罪的；
2. 犯罪已过追诉时效期限的；
3. 经特赦令免除刑罚的；
4. 依照刑法告诉才处理的犯罪，没有告诉或者撤回告诉的；
5. 犯罪嫌疑人、被告人死亡的；
6. 其他法律规定免予追究刑事责任的。

（二）撤案的本质

从撤案的本质来看，立案的本意并不包含对犯罪的确定性认识。根据现行刑事诉讼法的规定，立案的条件主要包括三个方面，即有犯罪事实发生、需要追究刑事责任、有管辖权。鉴于现实生活中复杂的犯罪现象，这三个条件均比较抽象和原则，缺乏量化的把握标准，在一定程度上存在侦查人员的主观判断。因此，立案的本意是基于使犯罪嫌疑人承担刑事责任的可能而启动的侦查程序，并非对犯罪嫌疑人刑事责任的终局性判定。立案程序所承载的是一种犯罪可能而非确定，因此，侦查程序本身仍是一种由浅入深的认识过程，侦查人员对于案件事实的认识会随着侦查程序的进行发生改变，由于客观上的不可逆性以及侦查人员认识能力的局限性，总有一些案件虽然穷尽了现有技术和法律许可范围内的侦查手段，仍然无法查清案件事实，既缺乏充分证据证明犯罪人有罪，也没有充分的证据排除犯罪嫌疑人犯罪的可能。撤销案件程序是基于对侦查中认识的有限性和渐进性，符合认识论的规律。[①] 但是案件的撤销，本质上属于一种程序性规定，其带来的后果却带有实体性的效果，因此，撤案是否及时、是否恰当、是否存在滥用等一系列问题，需要人民监督员予以监督。

（三）撤案的程序

《刑事诉讼法》第 161 条关于撤案的规定，在具体程序上并不明确。《公安机关办理刑事案件程序规定》第 165 条虽然规定需要撤销案件的，办案部门应当制作撤销案件报告，报县级以上公安机关负责人批准。犯罪嫌疑人已被逮捕的，应当立即释放，发给释放证明，并通知原批准逮捕的人民检察院。但是如何启动撤案程序，仍无详细规定。

检察机关自侦案件的撤案程序，应当与立案程序相对应。在侦查过程中，案件承办人、其他侦查人员、上级有关部门发现，或犯罪嫌疑人或代理人等控诉，证明案件属于撤案情形的，案件承办人应当提出撤案意见，报其所在部门负责人审核同意或集体研讨决定后，制作撤案请示报告，经由检察长批准或检察委员会决定后撤案，并将相关撤案通知书送达当事人。受害人控告的，还应当告知受害人。同时，要考虑撤案权的监督与制约，侦查机关作出的撤案决定如果不正确，会造成不良影响甚至带来严重后果。因此，引入人民监督员制度，将拟撤销案件的情形设置为必须接受人民监督员监督的事项，是完善撤销案件制度的实际需要。事实上，对"拟撤销案件的"情形的监督，在人民监督员监督案件总量上占据绝大多数。撤销案件以后，应当妥善处理好善后工作。

## 十、"拟不起诉的"监督情形的知识撮要

不起诉的概念与移送审查起诉的概念相对应。根据《刑事诉讼法》第 166 条的规定，人民检察院侦查终结的案件应当作出提起公诉、不起诉或者撤销案件的决定。检察机关在刑事诉讼中具有代表国家提起公诉的职能，鉴于现实的需要，为了加强检察机关内部监督机制，切实履行国家赋予的法律监督职责，对职务犯罪案件实行侦诉分离。侦查部门提起公诉或不起诉的意见，必须移送公诉部门审查，决定提起公诉或不起诉，或者建议退回侦查部门撤销案件，撤销案件由侦查部门负责处置。职务犯罪案件的立案条件较高，即认为有犯罪事

---

① 郝双梅：《刑事撤案若干问题研究》，载《天津法学》2011 年第 2 期。

实需要追究刑事责任，且犯罪主体的特殊性决定着立案的严肃性、慎重性，故绝大部分职务犯罪案件在侦查终结以后均将被移送起诉。

（一）不起诉的概念

根据《刑事诉讼法》第 166 条、第 168 条和《刑事诉讼规则》第 390 条的规定，移送审查起诉应当满足下列条件：

（1）犯罪事实、犯罪情节清楚，犯罪性质和罪名的认定正确；

（2）证据确实、充分；

（3）依法需要追究刑事责任；

（4）侦查活动合法，法律手续完备；

不符合上述条件的，则应当作出不起诉处理。

刑事不起诉主要是指检察机关代表国家对已经侦查终结的刑事案件进行全面审查以后确认犯罪嫌疑人的行为不符合提起公诉的法定条件时，决定不将其提交管辖法院接受审判，而作出终止刑事诉讼活动的相应处理。刑事不起诉是一种程序上的处分，而非实体上的处分。公诉机关在刑事诉讼中的职能是控诉，它在对某一案件作出不起诉处分时，表明其将不向法院请求审判，放弃对犯罪嫌疑人的控诉，但公诉机关无权对案件进行实体处分，即公诉机关不能处分当事人的人身和财产。公诉机关作出的不起诉决定只是对案件程序上的处理，是基于案件实体上的认识，但并非实体上的处分，更不能是有罪处理，这同我国刑事诉讼法修改前的免予起诉有本质区别。

（二）不起诉的类别及条件

我国《刑事诉讼法》第 173 条第 1 款、第 2 款规定：犯罪嫌疑人没有犯罪事实，或者有本法第十五条规定的情形之一的，人民检察院应当作出不起诉决定。对于犯罪情节轻微，依照刑法规定不需要判处刑罚或者免除刑罚的，人民检察院可以作出不起诉决定。本条第 3 款规定：人民检察院决定不起诉的案件，应当同时对侦查中查封、扣押、冻结的财物解除查封、扣押、冻结。对被不起诉人需要给予行政处罚、行政处分或者需要没收其违法所得的，人民检察院应当提出检察意见，移送有关主管机关处理。有关主管机关应当将处理结果及时通知人民检察院。第 171 条第 4 款规定：对于补充侦查的案件，人民检察院仍然认为证据不足，不符合起诉条件的，可以作出不起诉的决定。根据《刑事诉讼规则》第 286 条的规定，具有下列情形之一，不能确定犯罪嫌疑人构成犯罪和需要追究刑事责任的，属于证据不足，不符合起诉条件：

（1）据以定罪的证据存在疑问，无法查证属实的；

（2）犯罪构成要件事实缺乏必要的证据予以证明的；

（3）据以定罪的证据之间的矛盾不能合理排除的；

（4）根据证据得出的结论具有其他可能性的。

据此，不起诉可以分为以下三类情形：

1. 法定不起诉

法定不起诉是根据《刑事诉讼法》第 173 条第 1 款的规定作出的不起诉，检察机关对于犯罪嫌疑人有本法第 15 条的规定的情形之一的，没有自由裁量的权利，必须作出不起诉的决定。根据《刑事诉讼法》第 15 条的规定，法定不起诉适用于以下几种情形：

（1）情节显著轻微、危害不大，不认为是犯罪的；

（2）犯罪已过追诉时效期限的；

（3）经特赦令免除刑罚的；

（4）依照刑法告诉才处理的犯罪，没有告诉或者撤回告诉的；

（5）犯罪嫌疑人、被告人死亡的；

（6）其他法律规定免予追究刑事责任的。

2. 酌定不起诉

又称相对不起诉或裁量不起诉，是根据《刑事诉讼法》第 173 条第 2 款的规定作出的不起诉，必须是犯罪情节轻微，依照刑法规定不需要判处刑罚或免除刑罚的，主要有以下几点：

（1）犯罪嫌疑人在中华人民共和国领域外犯罪，依照我国刑法规定应当负刑事责任，但在外国已经受过刑事处罚的；

（2）犯罪嫌疑人又聋又哑，或者是盲人的；

（3）犯罪嫌疑人因防卫过当或紧急避险超过必要限度，并造成不应有危害而犯罪的；

（4）为犯罪准备工具制造条件的；

（5）在犯罪过程中自动终止或自动有效防止犯罪结果发生的；

（6）在共同犯罪中，起次要或辅助作用的；

（7）被胁迫诱骗参加犯罪的；

（8）犯罪嫌疑人自首或自首后立功的；

（9）犯罪轻微又自首的或犯罪较重而有立功表现的。

3. 证据不足不起诉

证据不足不起诉是根据《刑事诉讼法》第 171 条第 4 款作出的不起诉。依据《刑事诉讼规则》的规定，具有下列情形之一的，不能确定犯罪嫌疑人构成犯罪或需要追究刑事责任的，属于证据不足，不符合起诉条件，可以作出不起诉决定：

（1）据以定罪的证据存在疑问，无法查证属实的；

（2）犯罪构成要件事实缺乏必要的证据予以证明的；

（3）据以定罪的证据之间的矛盾不能合理排除的；

（4）根据证据得出的结论具有其他可能性的。

在职务犯罪侦查实践中，一般均不拟适用法定不起诉，证据不足不起诉和附条件不起诉等情形，因为检察机关内设的侦查部门和公诉部门对于案件的最终处理均要报请检察长或检察委员会讨论批准决定，遇到此类情形时，一般均由侦查部门作撤案处理，以免造成被不起诉人长期、无休止的申诉。而适用酌定不起诉，一方面体现了治病救人的法律精神，另一方面能够树立起坦白从宽的典型，为分化瓦解犯罪分子，促进侦查工作的良性发展创造有利的外部环境。

（三）不起诉的救济

根据《刑事诉讼法》第177条的规定：对于人民检察院依照本法第一百七十三条第二款规定作出的不起诉决定，被不起诉人如果不服，可以自收到决定书后七日以内向人民检察院申诉。人民检察院应当作出复查决定，通知被不起诉的人，同时抄送公安机关。具体来说，根据《刑事诉讼规则》第420条至第425条的规定，对不起诉人的救济应当按照以下程序进行：

1. 被不起诉人对不起诉决定不服，在收到不起诉决定书后7日以内提出申诉的，应当由作出决定的人民检察院刑事申诉检察部门立案复查。被不起诉人在收到不起诉决定书7日后提出申诉的，由刑事申诉检察部门审查后决定是否立案复查。

2. 人民检察院刑事申诉检察部门复查后应当提出复查意见，认为应当维持不起诉决定的，报请检察长作出复查决定；认为应当变更不起诉决定的，报请检察长或者检察委员会决定；认为应当撤销不起诉决定提起公诉的，报请检察长或者检察委员会决定。

3. 复查决定书应当送达被不起诉人、被害人，撤销不起诉决定或者变更不起诉的事实或者法律根据的，应当同时将复查决定书抄送移送审查起诉的公安机关和本院有关部门。

4. 人民检察院作出撤销不起诉决定提起公诉的复查决定后，应当将案件交由公诉部门提起公诉。

5. 人民检察院复查不服不起诉决定的申诉，应当在立案3个月以内作出复查决定，案情复杂的，不得超过6个月。

6. 被不起诉人对不起诉决定不服，提出申诉的，应当递交申诉书，写明申诉理由。被害人、被不起诉人没有书写能力的，也可以口头提出申诉，人民检察院应当根据其口头提出的申诉制作笔录。

7. 最高人民检察院对地方各级人民检察院的起诉、不起诉决定，上级人民检察院对下级人民检察院的起诉、不起诉决定，发现确有错误的，应当予以撤销或者指令下级人民检察院纠正。

起诉与不起诉某种意义上讲决定了犯罪嫌疑人是否会被追究刑事责任，起诉意味着案件由人民法院作出有罪或者无罪的判决，而不起诉则意味着犯罪嫌疑人不被追究刑事责任，需要谨慎对待，引入人民监督员制度对此类案件实行监督实为必要。

## 十一、犯罪嫌疑人不服逮捕决定的监督情形的知识撮要

《刑事诉讼法》第 79 条对逮捕及其条件予以了规定，对有证据证明有犯罪事实，可能判处徒刑以上刑罚的犯罪嫌疑人、被告人，采取取保候审尚不足以防止发生下列社会危险性的，应当予以逮捕：

（一）可能实施新的犯罪的；

（二）有危害国家安全、公共安全或者社会秩序的现实危险的；

（三）可能毁灭、伪造证据，干扰证人作证或者串供的；

（四）可能对被害人、举报人、控告人实施打击报复的；

（五）企图自杀或者逃跑的。

对有证据证明有犯罪事实，可能判处十年有期徒刑以上刑罚的，或者有证据证明有犯罪事实，可能判处徒刑以上刑罚，曾经故意犯罪或者身份不明的，应当予以逮捕。

被取保候审、监视居住的犯罪嫌疑人、被告人违反取保候审、监视居住规定，情节严重的，可以予以逮捕。

由此可见，逮捕是指由人民检察院或者人民法院批准或决定，由公安机关执行，对有证据证明有犯罪事实，可能判处徒刑以上刑罚的犯罪嫌疑人、被告人在一定时间内完全剥夺人身自由的一种强制措施。逮捕的适用必须同时符合三个条件，一是有证据证明有犯罪事实。"有证据证明有犯罪事实"同时需具备几个条件，即有证据证明发生了犯罪事实；有证据证明该犯罪事实是犯罪嫌疑人实施的；证明犯罪嫌疑人实施犯罪行为的证据已查证属实的。二是可能判处徒刑以上刑罚。如果犯罪嫌疑人犯罪情节轻微，可能只会判处拘役、管制、罚金刑等的，则不适用逮捕措施。三是确有逮捕必要，逮捕要求犯罪行为具有一定程度的社会危害性。另外，法律对于逮捕的期限作了严格规定，逮捕的期限同羁押期限，已在前面作了解释，在此不作赘述。

逮捕是刑事侦查活动中最严厉的一种强制措施。我国宪法和法律都作了严

格规定，"任何公民，非经人民检察院批准或决定，或者人民法院决定，并由公安机关执行，不受逮捕"。逮捕在一定时间内剥夺了犯罪嫌疑人的人身自由，稍有不慎就有可能侵犯案件当事人的合法权利。为此，人民检察院对于职务犯罪嫌疑人的逮捕作了更为严格的规定，人民检察院侦查部门在职务犯罪案件侦查活动中，在认为依照法律规定有必要逮捕犯罪嫌疑人的情况下，自己无权决定，必须提请人民检察院侦查监督部门审查，经其审查后，报检察长或者检察委员会作出是否批准逮捕的决定。并且在审批的层级上作了提升，实行上提一级的审批方式，即县（市、区）人民检察院承办的职务犯罪案件，需要逮捕犯罪嫌疑人的，需报请地市级人民检察院侦查监督部门审查后批准决定是否逮捕，由地市级人民检察院承办职务犯罪案件，需要逮捕犯罪嫌疑人的，需报请省级人民检察院侦查监督部门审查，由省级人民检察院作出是否批准逮捕的决定。

在职务犯罪侦查实践中，由于立案、刑拘、逮捕是一系列连贯的侦查措施，人民监督员很难及时地发现并提出监督要求。一般情况下均由案件当事人和相关人员提出"不服逮捕决定的"申请，为了切实贯彻人民监督员制度，《规定》将此类监督情形设置为必须接受人民监督员监督的必经程序。与此相适应，提请人民监督员监督的此类监督情形的审查和人民监督员不服人民检察院的处理决定而申请的复议的审查，均由作出逮捕决定的人民检察院的侦查监督部门负责，而并非是承办案件的人民检察院。

# 第六章　人民监督员制度的展望

回溯以往，人民监督员制度自创建伊始，就引起了学界争论的热潮，如制度本身的渊源、对宪法精神的贯彻、对公民宪法权利的维护等。经历了十多年的试点和摸索之后，无论是从司法实践和司法体制的角度，还是从理论研究的角度，该制度已逐渐为"法律界"所认可，并取得了广泛的社会认同。作为我国司法改革浓墨重彩的一笔，人民监督员制度的确立为我国检察机关赢得了司法民主化、司法透明化的声誉。如今"法律界"对人民监督员制度的关注和讨论，已然从"制度存立"的论证转为"制度修缮"的设计上来。随着新规定的颁布，又恰逢国家监察委员会的建制，检察系统内部有必要把握机遇，以从实践出发返璞理论，继而指导新的实践之原则，对人民监督员制度进行体制意义上的梳理和展望。有鉴于此，可以对人民监督员制度的存在和发展作两个方面的思考。一方面，从刑事诉讼法立法修正的角度，是否可以加入人民监督员制度？此为本章讨论的问题之一。另一方面，司法实践中，除了检察工作之外，还有审判工作和警务工作两大板块；然而，审判工作、警务工作的部分环节总存在缺乏社会认同、缺少公众参与的问题，一些群众上访的理由不单是基于检察机关的业务工作，还有很大一部分原因是基于对法院系统、公安系统的不信任产生的。如何提升司法机关的公信力？能否除检察工作外，在审判工作和警务工作的部分环节加入人民监督员制度？此为本章讨论的问题之二。

## 第一节　人民监督员制度的立法展望

本节意在收束全文，为人民监督员砥砺前行的沿革历程进行总结式的宏观描述，从法律属性上梳理人民监督员制度的脉络。

### 一、人民监督员制度的法律定位

关于人民监督员制度的法律定位，我们认为有三个基本属性需要把握，分别是：外部监督之属性、准权力监督之属性以及事前事后混合监督之属性。

（一）外部监督制度

根据现行有关人民监督员制度的规定，人民监督员制度试点的初期阶段，该制度仅仅具备外部监督的第一个特征，即独立性，而并不具备制约性和权威性，因而理论共识是，人民监督员制度很难说属于真正的外部监督。部分学者提出：首先，由于人民监督员的产生并没有经过选举，所以，人民监督员的监督并不能代表人民，不能属于人民的监督。其次，人民监督员的职责仅仅是检察机关内部的规范性文件赋予的，而并非来自法律的赋予。再次，人民监督员的表决并不具有法律上的效力，充其量也只能启动检察机关内部的监督程序。最后，人民监督员的监督程序的进行离不开检察院的组织与管理，因而，它附属于检察院的监督程序。也有部分学者，将目前的人民监督员制度称为"准外部监督"。① 这是因为，从案件的实质处理程序来看，虽然在人民监督员对案件提出监督的意见后，还需由检察长或检察委员会进行审查，并最终作出是否同意人民监督员作出的处理意见的决定，换言之，由于案件处理的入口和出口的最终决定权仍由检察机关行使，人民监督员的监督工作不能起到决定性的意义，因而，这种监督具有很强的内部监督的色彩，但是，从人民监督员制度的运行机制来看，在检察机关办理自侦案件的过程中，往往是在要对犯罪嫌疑人作出有利的决定时，人民监督员的工作程序才开始启动。在这一意义上，由于人民监督员属于检察机关的具有其他身份的外部人员，因而，这种监督就具备了外部监督的特征。

我们认为，随着《选任管理办法》的出台，人民监督员制度已然被定位为外部监督。根据该办法的第 8 条，只要拥护我国宪法、品行良好、公道正派、身体健康的年满 23 周岁的中国公民，同时具有高中以上文化学历，即可以担任人民监督员。当然，同人民陪审员类似，因犯罪受过刑事处罚的或者被开除公职的人员，不得担任人民监督员。作为原则条款而言，该办法明确地解决了试点阶段广被诟病的"精英化"问题，不仅如此，该办法还规定了监督员选任的自荐模式，同时明确指出人民监督员人选中具有公务员或者事业单位在编工作人员身份的人员，一般不超过选任名额的 50%。②

就目前存在的学理上对人民监督员究竟应定位为外部监督还是内部监督，抑或是混合监督模式，我们给出如下的观点：

1. 从检察机关创设人民监督员制度的目的上来看，人民监督员制度的建立是为了更好地监督检察机关对自侦案件的处理，从而真正实现"谁来监督监督者"的问题

如果把人民监督员制度的未来转向确定为内部监督的话，就直接违背了这

---

① 参见黄河：《人民监督员制度的定位——从法律监督分类的角度》，载《行政与法》2006 年第 4 期。

② 参见《人民监督员选任管理办法》第 11 条。

一最终目的。因为，无论是哪一种内部监督形式，即使该内部监督的形式非常的强化，也都会由于在内部容易形成利益共同体，而导致监督的无效化和低效化。而且，将人民监督员制度的未来定位于内部监督，也容易导致与检察机关内部采取的内部监督措施不相适应。近几年来，我国检察机关在内部监督机制方面已经有了相应的监督形式，如实行了"检务督察"的内部监督制约机制。然而，这种内部监督始终无法摆脱其"内部"造成的局限，因而，如果只强调人民监督员制度内部监督的属性，就会容易忽视其社会各界监督的外部监督属性。

2. 从"监督"一词的原意上来看，它本是指监察督促。如果要使监督有效，那么，必然是由客观的、外部的力量来行使"监察"和"督促"之责

检察机关作为客观的、外部的监督主体对公安机关和国家安全机关的侦查活动行使监督权，这种形式无疑能够真正地实现监督的本意。但是，对于检察机关的自侦案件来说，由于法律没有明确规定客观的、外部的监督主体，以致在实际工作中出现了"自侦、自捕、自诉"的状况，这便有违监督的原理，无法体现出监督的本来含义。为了体现"监督是旁观者的监视和督促"的基本特性，人民监督员的管理应当独立于人民检察院之外。就目前《规定》的人民监督员选任管理由司法行政机关负责来看，人民监督员制度的外部监督属性已经得到了进一步的凸显。但是，人民监督员监督案件的监督评议过程仍然由人民检察院组织施行，其外部监督的属性则有进一步努力拓展的空间。

3. 从制度的公信力上来看，人民监督员制度也应当转向为外部监督的形式

从目前的实际情况来看，人民监督员制度只能由检察机关的内部文件加以规定，人民监督员的选任与管理虽然由司法行政机关承担，但是，人民监督员的职责与监督程序只能由检察机关确定。这便极大地制约了监督员履行职务的独立性，难以得到民众的更多认同。由此，基于对制度公信力的考虑，应当将未来的人民监督员制度转化为真正的外部监督。

4. 应考虑时下，作为外部监督的人民监督员制度可能遭遇的问题

例如，有学者疑虑，如果将人民监督员制度确定为外部监督的话，会出现人民检察院可能会妨碍人民监督员对案件的知悉权这样的问题。但是，这一问题仅仅是一种怀疑，是目前司法公信力不够高的表现。这正如律师会见犯罪嫌疑人时虽然也会受到公安机关、检察机关的各种限制，但是，却不能因此否定律师对案件的知悉权对公安机关、检察机关的办案也具有某种监督作用一样。顺便指出的是，论者的上述担忧也要求，也体现在制度设计者逐步完善人民监督员制度的过程中，目前，无论是选任模式还是监督手段都尽可能地在赋予人

民监督员对案件的更多知悉权，从而使该项制度真正落到实处。另外需要注意的是，如何处理好人民监督员的监督与人大监督的关系。因为它涉及的是人民监督员的选任问题，目前的规定为了扩大人民监督员的普遍性和去精英化，人民监督员究竟从来自检察机关之外的哪些人员中选任，法律规定刻意地不作详细的明示。然而基于此，在目前部分省份的实践中，人民监督员人员名单中，所在地区人大代表的比例恰恰偶尔比较高，这便出现了部分学者所担心的人大代表的权限和责任等问题。对此，《选任管理办法》第 10 条明确规定，"司法行政机关应当发布人民监督员选任公告，接受公民自荐报名，商请有关单位和组织推荐人员报名参加人民监督员选任。人民代表大会常务委员会组成人员，人民法院、人民检察院、公安机关、国家安全机关、司法行政机关的在职工作人员和人民陪审员不参加人民监督员选任。"因而，这种担忧已然得到了解决。

### （二）准权力监督制度

就目前的实际情况来看，我国的人民监督员制度并不属于权利监督（群众监督）。一是两者的权利来源不同。我国宪法直接规定了人民群众具有举报、控告、揭发等权利，因此，群众监督的权利来源是宪法的直接规定。但是，人民监督员所享有的监督权并非来自宪法的规定，而是直接由人民检察院予以确认的。二是两者的监督保障不同。在实践中，群众监督的安全性存在较大的问题。与此相反，人民监督员在实施监督权时享有履职保障，不存在安全问题。三是两者的监督效果不同。因为群众监督多表现为象征意义上的监督，很难产生良好的监督效果。尽管宪法规定了人民群众的一系列权利，但是，问题的受理和处理都在职能部门。群众揭发了能否得到受理，受理了能否得到处理，处理了能否公正合理等均无特别的保障。而不同的是，人民监督员的监督意见对人民检察院处理自侦案件则具有较大的影响。

#### 1. 人民监督员制度并非是完全意义上的权力监督

人民监督员制度是否属于权力监督呢？答案是否定的。理由有二：一是两者在监督地位和效力上不同。人大作为国家权力机关，其监督地位是至高无上的，它对检察机关的监督是从国家权力的角度实施的，其监督效力由宪法所保护。而目前人民监督员的监督只属于民主监督，其效力是通过民主监督的方式启动检察机关对所决定事项的再议程序。二是两者在监督范围和方式上不同。尽管根据现行有关人民监督员制度的规定，人民监督员有权监督逮捕、撤销案件和不起诉三类职务犯罪案件，并且，人民监督员可以向承办人提出问题、可以听取有关人员陈述及律师意见，甚至可以要求人民检察院对案件进行复议，但是，不管怎样，"三类案件"的最终决定权仍然在检察机关，人民监督员的表决意见只是检察机关在决策时必须参考的重要意见，并不具有诉讼法意义上的必然后果。由此可知，尚难以把目前的人民监督员制度定位为权力监督。

2. 人民监督员制度应当朝着权利监督的方向努力

从司法进程来看，人民监督员制度应当如何定位，是将之确立为人人皆有的普通权利，从而使人民监督员制度成为权利监督（群众监督）的一种形式，还是使之成为真正对检察院处理自侦案件具有影响和约束力的权力监督（人大监督）呢？我们认为，应当采取后者的形式，即应当使人民监督员制度朝着权力监督的方向努力。

理由在于：一方面，从我国司法制度的现实来看，检察权的行使并不存在严格的司法审查。在诉讼领域，无论是针对犯罪嫌疑人的侦查行为还是强制措施，乃至最终是否提起公诉，检察机关都拥有自由裁量权。在此背景下，若想通过人民监督员制度对检察院自侦案件的处理产生实际的监督效果，只赋予人民监督员以现有的监督权恐怕是远远不够的，应当考虑给予这种监督以强制力，就是把人民监督员制度纳入人大监督的范畴，将其作为人大监督的组成部分。另一方面，从监督主体和客体双方的地位上看，当监督主体具有强于或者至少等同于监督客体的地位时，这种监督才易于产生效果。在我国历史上，凡成功的监督都以监督主体被赋予较高地位、较大权能为前提；反之，处于依附地位的有权无力或者无权无力的监督组织，都不可能实现有效监督。由此看来，为了不使未来的人民监督员制度流于形式，发挥出巨大的效果，从而真正起到监督作用，还是将人民监督员制度定位为权力监督为宜。也就是说，人民监督员的产生应当由人民代表大会选举产生，并赋予人民监督员的监督评议表决意见在一定情况下必须予以实行的权力。但就目前的相关规定来看，将人民监督员制度定位为"准权力监督"比较符合实证法意义下的法律定位。

（三）事前事后混合监督

在法学理论上，以监督主体对监督客体进行监督的时间为标准，可以将法律监督划分为事前监督和事后监督。事前监督是指监督主体对监督客体所进行的活动之前的监督；事后监督是指监督主体对监督客体所进行活动之后的监督。[①] 根据《规定》第 2 条的规定，在人民监督员实施监督的十一种情形案件中，"应当立案而不立案或者不应当立案而立案的""超期羁押或者延长羁押期限决定违法的""拟撤销案件的""拟不起诉案件的"都属于事前监督，而剩下的七种情形都属于事后监督。基于十一类案件中，事前监督与事后监督

① 沈宗灵主编：《法理学》，北京大学出版社 2014 年版，第 375 页。

4:7 的分野趋势，欲定位人民监督员制度是事前监督还是事后监督是复杂的，在目前形成的观点中，有学者基于诉讼期限的考虑，认为事前监督不利于维护犯罪嫌疑人的人权，因而人民监督员制度更应当被定位为事后监督，同时，基于检察院独立行使检察权的理由，将人民监督员制度定位为事前监督会与检察独立性相冲突。①

我们的观点是，定位人民监督员制度是为了更好地理解人民监督员监督评议的性质，而目前对于人民监督员制度的确立，更为重要的目标是体现出人民监督员监督评议检察工作的实践效果，只有当人民监督员监督评议起到确实的效果时，对当事人诉讼权利的保障才能落到实处。因而从功利主义的实用性考虑，事前监督和事后监督，于人民监督员制度而言都是可以采纳的。至于同检察权独立性的冲突问题，我们认为，人民监督员监督评议不是分享检察权，而是在于救济检察工作中的失误或漏洞，因而不存在所谓的冲突问题。

## 二、人民监督员制度的立法设想

人民监督员制度是我国继人民陪审制度和人民调解员制度之后，又一个能够充分体现人民属性的司法制度创新。通过十多年来的磨砺，已经有了长足的进步，尤其是《规定》《选任管理办法》相继出台以后，该制度已经日趋完善。只待条件成熟，提出人民监督员制度的立法建议，将是一个迫切而具有现实意义的课题。

（一）司改迎来了人民监督员制度立法化的契机

由于缺乏直接的法律依据，人民监督员制度从一开始就被学界诟病为"先天不足"。随着这一制度在全国的推行，相应规章制度的出台，逐渐缓和了一些问题。然而，这只是治标不治本的方法，欲让人民监督员制度健康发展，最理想的办法就是迅速制定相应程序法，使人民监督员制度拥有直接的法律依据。

虽然，也有部分观点认为，在现行的立法体系下，可以不依赖立法，转化思路解决。如 2006 年，经最高人民检察院同意，四川广安市及其所属五个区市县开始进行人民监督员制度的体制外试点，探索由广安市及其区、县人大常委会选任、管理人民监督员的新方式，并以人大常委会的名义实施监督。有学者指出，广安市的这一做法部分弥补了人民监督员制度法律依据欠缺的不足，

---

① 黄河：《人民监督员制度的定位——从法律监督分类的角度》，载《行政与法》2006 年第 4 期。

因为各级人大常委会作为各地的权力机关，其对当地检察院的监督是一种既符合宪法精神，又符合刑事诉讼法、人民检察院组织法的常态监督。但是，这种方式仅仅是重在解决人民监督员的选任机制，随着新规定的出台，人民监督员的选任早已外部化，广安方法解决的问题已然随着新规而不成问题；同时，所谓人大常委会的"常态"监督只是一种理想状态，真正的常态化的法律监督工作主要存在于人民检察院的检务工作之中。

2016 年 11 月 7 日，中央纪委监察部官网发布消息称中共中央办公厅印发《关于在北京市、山西省、浙江省开展国家监察体制改革试点方案》，正式向外界公布了本轮监察改革的基本目标和思路。2016 年 12 月 25 日，十二届全国人大常委会第二十五次会议高票通过在北京市、山西省、浙江省开展国家监察体制改革试点工作的决定，对三省市监察委由谁组成、如何产生、对谁负责等问题，都作出了明确规定，为监察体制改革扫清了法律障碍。2017 年 1 月 8 日，十八届中央纪委七次全会闭幕。国家领导人在工作报告中提及了今年监察体制改革的"时间表"：试点地区先完成检察机关相关部门的转隶，确保今年 3 月底完成省级监察委员会组建工作，6 月底完成市、县两级监察委员会组建工作。作为整合我国贪腐纠察检控系统的又一司法改革之创举，国家监察委员会已然在北京、山西、浙江三省市相继展开试点，因此，我国人民检察院的机构职能将进行调整，而未来将以更为中立的立场将职能回归至法律监督的基本业务上来。还需注意的是，国家监察委员会的成立，也为我国刑事诉讼法在司法改革大背景下的修正方向，既提出了新的要求，又提供了新的契机。其要求，必然是将国家监察委员会和刑事诉讼法结合，而契机，则是在刑事诉讼法中，需将侦查、控诉、监督环节进行修正或者重新设计。是故，人民监督员制度迟迟等待的法典化机遇则终于到来，而之前挡在人民监督员制度法典化的立法障碍也将基本消除。

鉴于此，我们认为将人民监督员制度法典化，是配合人民检察院更为有效地完成其法律监督之职能的必需，存在现实的立法需要。同时，在人民检察院的主持下，人民监督员制度也可以与国家监察委员会秉持自下而上、自上而下两个不同视角，共同形成针对职务犯罪等罪行的侦查、起诉、监督等刑事司法新体系，更好地在刑事司法领域实现我国民主集中制的内涵。

具体而言，以立法的形式固化人民监督员制度的存立基础，将有助于刑事司法中的公众参与问题，解决我国刑事诉讼中存在的侦查"神秘化"之现象。公众参与司法是司法民主的外在体现和内在要求的统一。在检察领域，公众参与检察，一方面体现司法的民主性，另一方面也体现了权利对权力的制约。在外部的公众参与和内部的检察民主的共同要求和作用下，检察机关找到了两者的结合点——人民监督员制度。人民监督员制度的产生、发展与完善的过程就是一幅公众积极参与司法、实现监督检察权、努力拓宽检察民主、促成检察体制符合国家民主政治建设进程，以推动检察机关严格依法办案的生动画卷。

（二）司改后的检察权仍需要寻求外部监督

根据目前刑事诉讼法、组织法等相关法律的规定，人民监督员主要对十一类人民检察院直接立案侦查的案件进行监督。随着国家监察委员会对职务类犯罪的侦检整合，人民检察院将在此类犯罪的侦查活动中，从"台前"退居"幕后"，补充侦查、案件最终的起诉决定、侦查工作的监督等问题，这些环节亦将成为人民监督员制度新的工作核心，即形成第二道监督防线，所谓"对监督工作的监督"。人民监督员制度的价值在于，这一制度有助于提高执法办案的透明度，改变检察机关在刑事诉讼中较为封闭运作的决策方式，破除民众对司法运作的神秘感，使"正义以看得见的方式实现"，在检察机关提高执法办案质量和水平、增进社会各界对检察工作的了解、认同和支持等方面发挥了应有的作用。吸收公众参与监督检察人员公正执法、提高执法质量，使以往相对封闭的检察机关打开了一个让普通民众了解检察体制运作的窗口。不断规范、完善的人民监督员制度在民众与检察机关（平民生活与司法活动）之间架起了一座有效的沟通桥梁。这一制度既能借助外部社会公众力量监督检察机关反腐败工作，也能增强检察机关反腐败工作的社会公信力，因此其既是社会现实的客观要求，也是改善这一社会现状的必然选择。理想状态下的权力（检察权）、监督权力（行政权、审判权等）是可以创造出良性工作环境的，但是如果用一种被监督者认为不受监督的权力去监督被监督者，不仅被监督者不认同，而且也无法保证监督权力处于具有公信力的运作模式中。人民监督员制度主动、有效地回应了法律监督权力如何保证公信力的质疑，其公众参与特色是在不改变已有法律总框架、保证检察机关公正司法的刚性的情况下，确保有外部力量监督监督者，既能规范检察权有效行使，也能强化检察权运作中的公信力，而最终实现检察民主，并推动以"诉讼民主"为核心内容的社会主义司法民主法治化改革的进程。

（三）人民监督员制度是对检察权最直接的外部监督

从司法实践的角度来看，人民监督员制度使人民的监督权由纸上静态的宪法文本转变为社会动态的法治实践，实现抽象原则的具体化行使，这种还权于民的法治理念，是人民监督员制度的直接法理基础。设立人民监督员制度，不仅与检察民主的进程密切相关，与反对检察专制和检察擅断不可分离，而且具有充分的宪法依据，是国家根本大法对检察民主的基本要求。人民监督员制度就是直接性、基础性的人民监督形式,保证了人民群众对检察机关检务工作的知情权、参与权、表达权和监督权的有机统一。把社会公众的认知角度、伦理道德、价值观念带到检察工作之中,与从事检察专业的检察官形成思维互补,从而让检察机关更好地体现出检察为民,维护社会主义公平正义的精神,使办案效果做到社会效果与法律效果的有机统一。人民监督员制度在一定程度上可以保障检察权这一公权力处于民主运作轨道上,让来源于人民的检察权始终处在人民监督的视野下运作,这也是现代法治理论中"人民主权原则""人民民主"及"人民当家做主"的本质要求。在人民监督员制度中,坚持、扩大检察民主,也可以让人民监督员能够更加具有公众代表性,人民监督员的监督活动更透明、更公开。

（四）人民监督员制度立法的改进方向

就检察机关实行人民监督员制度而言,从拓展人民监督员监督措施的角度分析,可以考虑的配套改革措施包括:一是要改进检察机关内部业绩考核制度及责任追究制。二是应完善参与旁听和讯问犯罪嫌疑人、询问证人、听取有关人员陈述、律师意见,评议、表决等具体的程序规则。三是须建立人民监督员纪律约束机制。人民监督员在参与案件办理时应遵守检察人员有关纪律规定,保守国家秘密和检察工作秘密,严禁泄露评议情况、私自会见被监督案件的当事人及委托人,防止先入为主的思想和防止人民监督员的腐败。要防止人民监督员越权办案,并对监督涉及的每一环节规定合理时限,以便兼顾效率。还有前文提出的域外经验中,诸如释明制度和听证制度,也可以有效提高和拓展人民监督员的业务能力和监督效果。

同时,鉴于人民监督员制度在实践中所取得的经验积累,可以将人民监督员制度逐渐移植到整个刑事司法体系之中,对公安机关的刑事侦查活动,司法行政机关的监所监管活动,人民法院的审判活动实行人民监督员制度,以此提升司法机关的公信力。在条件成熟之际,也可以将人民监督员制度拓展到社会综合治理的方方面面,如拓展到医疗纠纷、人民调解、政府信访等工作之中,维护社会稳定,促进社会主义民主法制健康发展。

# 第二节  人民监督员制度监督范围的拓展

人民监督员是特指对人民检察院直接受理立案侦查的案件中出现的"三类案件"和"八种情形"实行监督的公民。事实上,我国各行业、各机关都相应邀请了各种名义的人民监督员,其目的都是规范各行业、各机关的工作流程,提高行业、机关的公信力。在此,我们有必要重新审视域外的"太平绅士"制度，予以借鉴。

太平绅士（Justice of the Peace，JP，也译作治安法官）是一种源于英国，由政府委任民间人士担任维持社会治安，防止非法刑罚及处理一些简单的法律程序的职衔。成为太平绅士的人员无须任何学历或者资格认证的要求。目前英国的英格兰与威尔士，以及澳大利亚、新西兰、马来西亚、美国、新加坡、加拿大和我国香港地区皆有太平绅士制度。

现时的英格兰与威尔士的裁判法庭由三位太平绅士或裁判官共同负责审理轻微违法行为，可判处 5000 英镑以下的罚款及不超过 12 个月的监禁。目前英国大约有 30000 名无薪兼职治安法官，承担了大量的刑事案件审理工作。占英格兰及威尔士和北爱尔兰超过 95% 的刑事案件，才使职业法官得以专注一些重大或真正有法律争议的案件，实现法官专业化，成为世人眼中精英型法官的典范。裁判法庭设有一名有法律资历的书记，负责向法庭提出相关法律的建议。太平绅士或裁判官的人选从各个地区、各个阶层挑选。所有裁判官在赴任以前及在任期间，都要接受严格的训练。裁判官是非受薪的义务工作者，但可领取车马费及生活费。一般的非专业裁判官每年需担任至少 26 个半日的服务，但亦有人至少每周服务一日。同时，法庭亦设有少量的"区域法院法官"，可以单独审理案件而无须其他裁判官在席。

香港回归后，根据基本法，原有的太平绅士制度得以保留，但其职权有所规制，不再享有司法权。根据《太平绅士条例》规定，香港太平绅士分为官守太平绅士和非官守太平绅士、新界太平绅士三种，三者只是在产生程序和条件上有差异，与职能及地位没有分别。太平绅士的主要职能是巡视监狱、羁留中心及医院、感化院、老人院等场所，或探访任何被扣留者。通过巡视、探访及接受投诉，以确保相关机构的有效管理及合理服务，更可以确保在相关机构中，不会有任何人士被不公平对待或被剥夺合法权力。其具体职责与权力是：

1. 接受与监理有关人士的签署申请、宣誓及声明等，使该宣誓或声明具有法律效力。如每次六合彩开彩时负责监理开彩结果。

2. 签发令状或命令。当太平绅士接到投诉，且投诉人要求他们签发传票或令状时，太平绅士首先应查看投诉内容是否合理及合法，尤其是签发拘捕令时必须符合相关规定：有关投诉必须书面提出；有关投诉必须经过宣誓，宣誓后必须对投诉事项的真相作证；投诉人已在投诉书上以惯常签名方式签署；应在投诉书上签注，证明投诉人已在投诉书注明的日期和地点在他面前宣誓。

3. 巡视指定机构。巡视指定机构是香港太平绅士的主要职责。巡视活动包括由两名太平绅士（官守、非官守各一）同往监狱、羁留中心、劳役中心、医院等机构进行法定及行政访问。透过独立巡视的制度及事先又不知会被访机构的巡视时间，以确保住在上述地方人士的权利受到保障。

回归后，太平绅士的权限虽然有所规制，但如前文中提及，太平绅士源于"士绅"，一开始也是对社会有贡献之人士的委任，因而香港一般人视获委太平绅士为一种荣誉，一种身份象征。获委任太平绅士的人可在其名字后加上"JP"字样，作为个人正式衔头之一部分。因此香港有不少社区人士皆踊跃捐款或担任公职，以期获委任为太平绅士。据统计，截至 2005 年 7 月，全港总计有太平绅士 1400 多名。①

我国民众参与司法、社会治安综合治理，可以借鉴世界各地的太平绅士制度的经验，将各类监督员统一设置为"人民监督员"，在立法层面上加以规制，根据各机关、各行业的要求，选任标准不同的人民监督员承担职责。例如，让一定数量的具有一定法律专业知识的人员和其他普通大众一起组成"人民监督员"，替代人民陪审员，参与普通刑事案件的审理工作；让一定数量的具有一定医疗专业知识的人员和其他普通大众一起组成"人民监督员"，解决时下非常棘手的"医闹"、医患问题；等等。而对于司法领域，人民监督员制度可以从以下几个方向先行拓展：

## 一、对检察机关业务工作的监督拓展

检察机关不仅承担查办职务犯罪的工作任务，检察权具体还包括立案监督、诉讼监督、提起公诉等诸多职能。与此相适应，实行人民监督员制度，应当向其他检察职能适度拓展。

（一）《规定》中"十一种"监督情形的适当调整

实行人民监督员制度，本意是针对学界久有诟病的检察机关直接受理立案侦查的案件由谁来侦查或者侦查权归属检察机关以后由谁来实行外部监督的问题而采取的改革措施。说穿了也就是检察机关为了设法保留职务犯罪侦查权而寻求的外部监督，为此，检察机关也作了 30 多年的努力。时至今日，随着国家监察委员会的成立，职务犯罪侦查权将改由国家检察委员会行使，应运而生的则是附之于职务犯罪侦查权的人民监督员制度是否还需要继续实行成为实务工作者极为纠结的一个问题。事实上，与刑事犯案件由公安机关负责侦查，然后直接移送检察机关审查起诉的程序不同，监察机关通过对职务犯罪案件的调查，并作出移送检察机关的处置决定以后，检察机关仍存在对该案件进行审

---

① 姚秀兰：《香港太平绅士："源与流"》，载《华中科技大学学报》2009 年（第 23 卷）第 1 期。

查，决定是否侦查或者补充侦查、决定是否提起公诉的问题。

跳出职务犯罪侦查权的归属问题，检察机关可以站在更为理性的高度重新审视人民监督员制度。检察权与监察权进行权力分割需要进行有机的衔接，相互之间存在一个权力分界的界线，检察权在对职务犯罪案件提起公诉的程序中仍然享有职务犯罪的部分侦查权或者补充侦查权，以及审查逮捕权和审查起诉权，实行人民监督员制度实有必要而非应予取消，但是，对于"三类案件"和"十一种情形"的监督重心应当作出适当的调整。

1. 监督的重点应当聚焦于"拟不起诉的"案件

不起诉是人民检察院对案件审查后依法作出的处理结果，其性质是人民检察院对其认定的不应追究、不需要追究或者无法追究刑事责任的犯罪嫌疑人所作出的一种诉讼处分，它的法律效力在于不将案件交付人民法院审判，从而在审查起诉阶段终止刑事诉讼程序。与有罪或无罪案件必须经过法院审判不同，检察机关单方对案件作出不起诉决定，显然会引起社会各界的争议，域外各国都对不起诉制度进行了额外的规制，如美国的公民审查委员会制度、日本的检察审查会制度、英国治安法官制度和我国香港地区的廉署咨讯委员会制度等，或聚焦于检察机关的不起诉决定，或承担着案件是否起诉或者不起诉的"过滤"功能。

就我国的人民监督员制度而言，其监督的重点不应仅聚焦于职务犯罪的不起诉案件，还应当拓展至对所有刑事案件"拟不起诉的"情形的监督，以此夯实人民检察院法律监督地位的又一基石。

2. 监督的侧重点是"犯罪嫌疑人不服逮捕的"案件

如前所述，逮捕权多属于检察机关，它是刑事诉讼中暂时剥夺犯罪嫌疑人、被告人人身权利的一种最严厉的强制措施，在某种程度上决定着案件的最终去向。从依法保障犯罪嫌疑人诉讼权利的角度出发，不仅"犯罪嫌疑人不服逮捕的"案件应当纳入人民监督员监督的范畴，还应当将犯罪嫌疑人申请取保候审，变相不服逮捕的情形纳入人民监督员监督的范围。

3. 兼顾"拟撤销案件的"和"八种情形"的监督

就"拟撤销案件的"和"八种情形"的监督而言，随着监察委员会的成立和职务犯罪侦查权限的转移，监督的重心和压力对于检察机关来讲会相应的减轻。但是，除了"采取指定居所监视居住强制措施违法的"一种情形可能消失以外，其他"七种情形"和"拟撤销案件的"共计八种情形仍然可能出现在检察机关受理职务犯罪案件的审查、侦查或者补充侦查、决定是否逮捕、起诉的诉讼过程之中，假如出现违法情形，检察机关仍然应当接受人民监督员的监督评议。

（二）对控告申诉检察业务的监督拓展

检察机关控告申诉检察部门的主要工作职责是处理来信来访；受理控告、举报、申诉、接受犯罪嫌疑人自首；管理、初核举报线索，审查不立案的举报线索；审查办理对公、检、法三机关及其工作人员阻碍辩护人、诉讼代理人依法行使诉讼权利的控告或申诉；审查办理对检察机关办理案件中的违法行为的申诉或者控告；办理刑事申诉、国家赔偿案件；开展司法救助工作等。

近几年来，群众涉法信访居高不下，对社会稳定及党和政府的形象造成了一定的负面影响，其中涉及检察机关的上访也占了较大比例。究其原因，除了检察机关确实存在执法不公和信访接待工作存在薄弱环节等自身原因以外，主要在于：一是群众法律意识逐渐增强，维权意识浓烈却证据意识淡薄，能够申明自己的主张，却无法用证据来证明。二是信访涉及范围泛杂，即有涉法涉诉又有非涉法涉诉，往往是涉检信访问题与非涉检信访问题相互交织，有的还与历史遗留问题纠结在一起，处理难度越来越大。三是有些信访对诉求的要求过高，合理诉求中通常掺杂着许多不当要求，谋求上访利益的最大化。四是有些信访群众信官不信法，不相信基层检察院和普通检察干警，造成越级上访，甚至赴京上访现象。五是修改后的民事诉讼法不仅将民事诉讼监督的范围拓展至民事调解、民事执行等民事诉讼活动的全过程，而且设置了当事人不服法院生效裁判的权利救济顺序，将检察监督置于人民法院的再审环节之后，检察机关成为当事人权利救济的最后途径，造成了民事诉讼涉检信访井喷的现象。且呈现信访维稳压力向上级检察机关汇聚的趋势。

实践中，各地检察机关采取了点名信访、领导包案、邀请律师介入、听证制度等一系列措施，缓解了涉检信访工作的极大压力，但是仍然存在一部分重复访、无理访、缠访闹访、越级访等问题难以得到彻底地解决。对于这部分信访申诉案件，公说公有理、婆说婆有理，检察机关单方的释法说理显然无法让当事人信服，甚至有些检察机关认为的无理访，缠访闹访了一二十年且永无休止。在此环节引入人民监督员制度，可以让人民监督员从民众的普世价值对其进行分析判断，提出合理的处理意见，终结掉事实上的无理访等问题。

（三）对民事行政抗诉案件的监督拓展

随着我国经济、社会的不断发展，民事行政诉讼案件亦呈现逐年递增的趋势，与此相适应，当事人请求检察机关提请民事行政抗诉的申诉案件亦居高不下。一般而言，人民法院不可能轻易错判，这就对检察机关办案人员的能力水平提出了更高的要求。然而，对于人民检察院不同意提请民事行政抗诉的申诉人一方而言，往往不愿意轻易放弃申诉权利，容易造成重复访、缠访闹访现象。此时适时引入人民监督员制度，可以让人民监督员充当居中"裁判者"的角色，或者要求人民检察院提起抗诉，或者劝解申诉人息诉息访。

实践中，人民检察院各个部门从不同的视角出发，践行改革，相继出台了人民监督员制度、听证会议制度、公开审查制度等措施。这些制度各有利弊，且内容相互交集，但其目的和意义是一致的。由于不同条线均是从自身利益、自己的角度思考较多，难免存在冲突，建议将这些不同的制度统一归纳到人民监督员制度之下，有助于相互融合，取长补短，消除片面的部门权利之争，发挥出人民监督员制度的最大优势和作用。

## 二、对公安机关侦查工作的监督拓展

人民监督员制度设立之初衷是从外部监督人民检察院查办职务犯罪案件的侦查起诉工作，然而从实务部门反映的情况来看，我国公民和舆论更为关心的是，公安部门不予立案或者违法立案等情况。虽然立案监督被交付于人民检察院监督处理，但这种"司法部门监督司法部门"的方式，仍然不能得到群众的广泛认可，至少存在质疑。据有关学者统计，这些质疑主要包括：一是公安机关不报不立，坐等报案，即有的公安机关即使知道发生了犯罪事实，但没有报案或控告人而不予立案；二是公安机关不破不立，在以抓获犯罪嫌疑人作为破案标准的情况下，未抓到人就不予立案，有的公安机关不按照办案程序及时办理立案手续，而是先行侦查，在侦查无果的情况下，为了不影响破案率，便干脆不立案；三是以罚代刑，降格处理，即对于应当立案追究刑事责任的行为人以行政处罚代替刑事处罚；四是先立后撤，公安机关接到检察院的通知后虽然立了案，但对犯罪嫌疑人进行取保候审，期限届满后即予撤案，大事化小，小事化了。[①]

有鉴于公众反映出来的这些疑虑，我们可以尝试，将人民监督员的监督范畴拓展到公安机关不当立案的情形。另外，基于检察机关法律监督工作重心的回归，立案监督权作为法律明确赋予检察机关的一项法律监督职权，更应加强刑事立案监督，以作为检察机关法律监督的重要职能，与侦查监督、审判监督、刑事判决裁定监督和执行监督共同构成刑事诉讼监督体系。

所谓刑事立案监督，是指人民检察院对公安机关应当立案的案件没有依法立案，以及刑事立案活动是否合法所进行的法律监督，对被害人不服公安机关不立案决定向检察机关申诉的案件进行监督，是检察机关刑事立案监督的重要

---

① 参见胡立新、何志刚：《论公安机关刑事立案的监督》，载《人民检察》2002年第10期。

内容之一。根据《刑事诉讼规则》第 33 条的规定，被害人认为公安机关对应当立案侦查的案件不立案侦查，向人民检察院提出的，人民检察院应当受理，并根据事实和法律，进行必要的审查。该规定赋予检察机关立案监督调查权，明确了调查工作是立案监督工作的有机组成部分，其作用有三：一是通过刑事立案监督中的调查工作，可以使检察机关客观、真实地了解案件情况，更好地履行法律监督职能，保护被害人的合法权益。二是随着我国社会主义法制建设进程的日益深入，公民法律意识普遍提高，对政法机关提出了更高的要求，检察机关开展立案监督调查工作对提高办案水平意义重大。三是立案监督调查工作使人民检察院对公安机关的立案活动掌握充分依据，是检察机关完成刑事诉讼监督任务的保证之一。

（一）从人民监督员制度的视角来看，刑事立案监督的再监督完全可以成为其监督工作的第二个工作重心

从诉讼法的进本原则来看：

首先，要明确职责，应当准确地认识到开展监督的对象主要是进行立案监督调查工作的检察机关，唯有必要时考虑经由人民检察院询问公安机关，而人民监督员刑事立案监督工作的开展则可以放在线索受理和初步审查以后，调查的对象是涉及案件是否成立的事实情况和法律适用情况。

其次，是要注意规范程序。此项监督是检察机关对被害人提供的情况进行审查后，认为需要对公安机关不当立案情形展开调查而进行的一种监督工作。以公安机关不予立案为例，其程序大抵可以按照以下程序，即人民监督员进行初步审查后，向人民检察院立案监督部门询问对该案件不予立案的监督意见，经立案监督部门负责人审核并报请检察长批准后启动人民监督员监督程序，然后根据调查情况决定是否要求检察机关释明其向公安机关发出《说明不立案理由通知书》，最后向公安承办人员核实。如若不予立案合理，则不需要再次进行释明工作。这样，一方面可以避免调查工作扩大化，另一方面可以促进检察机关公正执法，提高办案效率。

再次，作为对监督工作的再监督，人民监督员应当准确把握调查工作的重点。第一，可以要求审阅人民检察院调查了解公安机关掌握的有关材料，注意发现被害人向检察机关提供的材料与公安机关掌握的材料之间的差异性，找出案件的突破口。第二，正如本节第一部分提出的，案件实体部分的监督也应纳入监督范畴，如人民监督员可以根据不同案件的具体情况，围绕行为人的行为是否构成犯罪，对证据材料进行分析与甄别，以群众的外部视角，审视立案是否得当。第三，在实践中公安机关因证据不足不立案的情形较多，对于此类案件在监督过程中要拓宽视野，必要时，可以运用间接证据和群众的理性判断弥

补直接证据的不足。

最后，要把握监督的尺度，保证监督权力不被滥用。立案监督工作不免会进行调查，从而直接影响案件的司法流程，作为一线干警，在外勤现场往往有自己更为直观的判断，应当在相信司法公信力的基础上，准确把握监督的尺度，要以公安机关是否应该立案为标准、要以二次监督的谦抑性为原则，而不是对所有不立案都持有不信任的态度。

（二）从诉讼法的具体措施来看，应当在立法上赋予人民监督员有关职权，进一步规定立案监督的法律效力和违反监督的法律后果

1. 向公安机关调取案卷权

人民监督员可以适时调取所在检察院同级或下级公安机关的治安处罚案卷、社区矫正案卷，同时规定调阅案卷的法律程序和时限。

2. 保障人民监督员监督权利

撤销原有的对检察机关工作人员的监督处分权，适度加强人民监督员监督过程中的权利保障。因为这种处分权不是行政处分，它只适用于不构成犯罪的一般违法行为。例如，人民监督员对于侦查人员不执行检察机关下达的立案通知书的，人民监督员可以建议所在检察机关对其予以告诫，对于不听从告诫的，可以建议所在检察机关责令有关人员停止一定时期的侦查权，并提出更换侦查人员。

3. 特定条件下的有限刑事侦查参与权

随着司法体系的整合变动，刑事立案监督工作，无论是人民检察院（作为第一道监督之主体）还是人民监督员（作为第二道监督之主体），均不能拥有充分的侦查职能，因而往往存在缺乏监督对象、评议缺少依据等问题，而使监督工作不能形成有效结果。是故，在特定条件下给予有限的刑事侦查参与权，则可以缓解这一问题。

另外，对于公安机关的侦查活动和"拟撤销案件的"处理决定亦可以引入人民监督员制度，其监督内容可以参照《规定》中"三类案件"和"八种情形"的监督范围框定，并遵守上述立案监督中的再监督原则。即先由人民检察院侦查监督部门先行进行监督，必要时再引入人民监督员制度对人民检察院的侦查监督实行再监督。

## 三、对监管场所的监督拓展

此处所称的监管场所既包括监狱，也包括公安机关监督管理场所。公安机关监管场所是公安机关管辖的，依法对犯罪嫌疑人、被告人、罪犯、违法人员和肇事肇祸不负刑事责任的精神病人进行警戒看管、执行刑罚、行政处罚、教

育、特定疾病治疗、心理及行为矫治的监管场所，包括看守所、拘留所、收容教育所、强制隔离戒毒所、戒毒康复场所和安康医院。

本书以看守所为例，对引入人民监督员制度提些建议。看守所是对罪犯和犯罪嫌疑人临时羁押的场所，主要关押处在侦查、预审、起诉、审判阶段的未决犯。羁押性强制措施直接关系到犯罪嫌疑人、被告人人身自由的剥夺，而人身自由又是人权的核心内容。与一国保障人权的程度紧密相关，并反映了一个国家刑事强制措施制度的法治水平。[①]　而近年来，看守所内不断曝光的在押人员非正常死亡事件以及各种问题，深刻暴露出我国现行看守所管理体制存在的种种弊端，引发了社会公众对看守所广泛的关注与思考，改革的呼声不断高涨。此时引入人民监督员巡视制度，有助于提高看守所的管理水平，切实维护被羁押人员的人权。

仿效我国香港地区太平绅士制度，人民监督员任意探访看守所中的被羁押者，通过巡视、探访及接受投诉，确保不会有任何的被羁押者被剥夺合法权利，或者遭遇不公平的对待。鉴于看守所的特殊地位，在目前的条件下，可以经由有关司法机关组织前往，而禁止其事先不知会就任意探访。

监狱是关押依法被判处死刑缓期二年执行、无期徒刑、有期徒刑等已判犯的场所。羁押的氛围较看守所宽松一些。人民监督员的巡视可以事先不予知会就任意探访任何被关押的人员。但是为了减轻监狱的负担，人民监督员每次的巡视可以规定应当由 3 人以上结伴而行。

另外，通过人民监督员的巡视，还可以对减刑、假释、暂予监外执行等情形实行监督。

## 四、对人民法院审判活动的监督拓展

人民监督员制度能否将其监督范畴拓展到法院的部分审判活动之中？我们认为是切实可行的。对于人民法院实行人民监督员制度，可以聚焦于审判执行环节和当事人不服人民法院终审判决的刑事申诉案件。

（一）人民监督员制度对审判执行环节的监督

以法院的民事执行为例，有学者指出，民事执行活动是法院工作的重点更是难点，是最容易发生违法犯罪问题的环节，也是社会关注的焦点。[②] 对法院民事案件执行活动进行检察监督既确保了法院依法公正执行的客观需要，有利

---

① 吴涛：《浅谈羁押场所中立化：一种双向保护——保障人权与打击犯罪视角的分析》，载《克拉玛依学刊》2009 年第 6 期。

② 王军：《对法院民事执行活动的检察监督初探》，载《检察实践》2001 年第 3 期。

于排除各种阻力解决"执行难"问题，又有利于维护当事人的合法权益，维护法制的统一和尊严，提高司法公信力，在一定程度上缓和群众上访的现象，同时，更是检察机关审判监督职能的体现。基于此，人民监督员制度亦可以"对监督者的监督"这样的法律定位出现，更好地实现检察机关对法院审判活动进行监督程序的设计初衷。

1. 执行环节存在的主要问题

从目前我国法院审理，尤其是执行部分暴露的大量问题看，违法执行、执行不公，在各地法院不同程度存在，在有的地方还相当严重。具体而言，执行活动存在的主要问题有：

（1）执行乱程序违法多。以罚款、拘留、逮捕作为强制执行手段、强迫执行和解、滥用执行权力。

（2）执行案外人财产造成案外人重大经济损失。

（3）执行费用、财产处理问题突出。任意收费、提高收费标准、收费不开收据。

（4）执行的财物不妥当保管、不及时处理，扩大了当事人的损失。

（5）片面追求执结率，乱中止执行案件。

（6）对外地当事人申请执行、外地法院委托执行的案件不执行或拖延执行或者阻碍、抗拒执行的行为等。①

2. 审判执行环节实行人民监督员制度的工作原则

有鉴于前述问题的存在，首先，我们应当确立人民监督员监督法院执行活动的工作原则。比照检察机关法律监督职能要求，人民监督员对法院执行活动监督的原则主要可以设置为：

（1）违法性原则。发现执行活动存在违法行为方可启动监督程序。

（2）公正性原则。人民监督员要站在国家法制的立场上，秉公监督，充分发挥公众参与司法的理念。

（3）以事后监督为主的原则。人民监督员监督是执行程序结束或某一法律文书，如中止执行、变更被执行人裁定等作出之后，而不应是程序进行之中。程序结束是指某一阶段程序，如受理、准备程序之后，而不是全部执行完毕。

（4）不直接处理问题的原则。对执行活动存在的问题，应是督促法院启动内部监督程序自行纠正，检察机关不直接处理。

（5）被动性原则。除对国家、社会公益事业重大违法外，当事人不控告、不请求的检察机关不主动实施监督。

---

① 王军：《对法院民事执行活动的检察监督初探》，载《检察实践》2001 年第 3 期。

（6）平衡司法效率原则。这种效率要求表现在两个方面，一方面作为第二道监督程序，配合检察机关，共同提高对法院执行案件的监督速度和质量，同时应当考虑节约监督，以及程序法上的期间问题；另一方面，还要体现在对法院执行效率上，推进法院提高执行率。

各项具体原则共同构成人民监督员监督法院执行案件的基本原则，该整体不能任意割裂和曲解。

3. 人民监督员制度对审判执行环节的主要监督事项

应当针对目前出现的执行案件的主要问题实行人民监督员监督范畴的拓展。初步设想，人民监督员监督法院执行案件的范围可以设置为：

（1）执行依据错误。错误执行了未发生法律效力或不具有法律约束力的文书，如执行了正在上诉期的判决、裁定或执行了当事人案外达成的和解书，又或执行了非法定仲裁机关制作的裁定书等。

（2）执行行为范围错误，即执行裁定确定的范围超出了作为执行根据的法律文书及法律文书所规定的范围。一般而言，以财产执行为例，这种错误主要指不按生效法律文书所确定的标的额度执行；或者错误地执行了案外人或同案其他当事人的财产；或者未按法律规定保留公民自身及其他当事人的财产；还可以是错误地执行了按法律规定保留公民自身及其抚养的亲属必要的生活费和生活资料。

（3）执行过程中作出的错误裁定和决定。作出的错误裁定有独立的认定事实和运用法律的事实，损害当事人的合法利益，作出的决定具有对当事人错误罚款、拘留及逮捕的内容。

（4）执行中的违规违法操作和不作为。例如，以拘留、逮捕作为强制执行手段，以罚代刑的，故意给当事人造成损失的。又如，对符合法律规定应予受理申请执行的仲裁裁决、公证机关赋予强制执行效力的债权文书或者是行政机关的具体行政行为，法院以种种借口不受理不执行，或执行错了而拒绝执行回转的。

（5）执行财产处理错误。违法变价、折价出售或低价自购执行财物的。

（6）随着我国司法的进步，这种情况已成为少数，但执行人员挪用、侵占执行款物、贪污受贿、滥用职权等，仍未完全消除，因而也可以纳入人民监督员监督法院执行的范畴之中。

（7）其他需要监督的违法违纪行为。

（二）人民监督员制度对当事人不服法院终审判决的刑事申诉案件的监督

申诉权是我国宪法赋予公民的一项基本权利。刑事申诉是指对人民检察院诉讼终结的刑事处理决定以及对人民法院已经发生法律效力的刑事判决、裁定（含刑事附带民事判决、裁定）不服的申诉。具有刑事申诉主体资格的原案当事人及其法定代理人、近亲属；受委托的律师也可以代理申诉。

申诉最迟应在被告人刑罚执行完毕后两年内向人民法院提出。但具有下列情形之一的，刑事案件申诉人超过两年提出申诉，人民法院应当受理：

1. 可能对原审被告人宣告无罪的；
2. 原审被告人在规定的期限内向人民法院提出申诉，人民法院未受理的；
3. 属于疑难、复杂、重大案件的。

刑事诉讼是案件当事人最后的救济途径，可以向人民法院或者人民检察院提出申请。

从近几年来媒体披露的多起无罪案件来看，案件当事人及其家属均是多年上访，申诉无门，或者久拖不决。在此环节上引入人民监督员制度，可以严格杜绝错案的发生，维护当事人的合法权利。当然，在实际运作过程中，可以由人民检察院先行启动审判监督程序，只有当申诉人对人民检察院作出的申诉处理意见仍然不服时，才可以启动人民监督员再监督程序。

## 五、关于人民监督员制度效力问题的拓展

从现行《规定》来看，人民监督员对"三类案件"和"八种情形"的监督评议表决意见不享有决定权，只享有向人民检察院提出建议、提供参考的权利。综合本章内容，我们认为，在某些处理环节上，应当赋予人民监督员监督评议意见的最终决定权。

如人民监督员对于"拟不起诉的"案件实行监督，评议意见不被采纳的可以提请复议，复议不被采纳的，人民监督员可以对复议决定重新组织监督小组进行评议，且再次评议表决的意见应当成为人民检察院必须执行的最终决定。

此类监督效力可以延伸至对公安机关应当立案而不立案或者不应当立案而立案的，对终审案件的刑事申诉环节，对民事行政抗审案件以及对审判执行环节等监督事项方面。

当然，赋予人民监督员制度最终的决定权，应当设置极为严格的程序和条件。只有当人民监督员监督评议表决的意见不被采纳，提请复议的意见仍然不被采纳的前提下，大多数人民监督员仍有异议的，可以重新组织监督评议小组，再次组成的监督评议小组应当召集 11 名以上且为单数的人民监督员重新进行评议，只有当超过 80% 的参加重新评议的人民监督员表决意见一致的结论，才能予以决定权，被监督的司法机关必须执行。

　　总体而言，我们认为，十多年砥砺前行的人民监督员制度，在面对司法改革、诉讼法修改等契机的出现，拓展人民监督员的监督范畴，将其从对传统的检察工作监督，抬升到刑事案件侦查、起诉、审判和民事行政案件抗诉、再诉之监督的新高度是合理、合法的，也是符合法制潮流和实践需求的。总有一天，也可以在条件成熟的前提下，继续将人民监督员制度发扬光大，将其渗透到社会的各行各业，建立符合我国国情的全方位的社会主义人民监督员制度。

附件一：

# 最高人民检察院　司法部
## 关于印发《关于人民监督员选任管理方式
## 改革试点工作的意见》的通知

各省、自治区、直辖市人民检察院、司法厅（局），新疆生产建设兵团人民检察院、司法局：

　　根据中央司法体制改革部署，经中央领导同志和中央政法委批准，由司法行政机关负责选任管理人民监督员，开展人民监督员选任管理方式改革试点。现将最高人民检察院、司法部《关于人民监督员选任管理方式改革试点工作的意见》印发给你们。最高人民检察院、司法部经研究，确定北京、吉林、浙江、安徽、福建、山东、湖北、广西、重庆、宁夏为开展人民监督员选任管理方式改革试点的省（区、市）。请试点省（区、市）结合本地实际情况，研究制定试点方案，报最高人民检察院、司法部备案后组织实施。

最高人民检察院　司法部
2014 年 9 月 4 日

## 关于人民监督员选任管理方式
## 改革试点工作的意见

　　党的十八届三中全会《决定》明确提出："广泛实行人民监督员制度，拓宽人民群众有序参与司法渠道。"中央办公厅、国务院办公厅印发的《关于深化司法体制和社会体制改革的意见及其贯彻实施分工方案》（中办发〔2014〕24 号）对改革人民监督员选任管理方式作出明确部署。经最高人民检察院、司法部研究，报中央领导同志和中央政法委同意，由司法行政机关负责选任管理人民监督员，开展人民监督员选任管理方式改革试点。现就试点工作提出以下意见。

### 一、充分认识人民监督员选任管理方式改革的重要意义

　　人民监督员制度是人民检察院主动接受社会监督的一种外部监督制度。符

合条件的公民通过选任程序成为人民监督员，人民检察院采取随机抽选方式，组织人民监督员对直接受理立案侦查案件提出意见，进行监督，促进司法公正。自 2003 年检察机关探索开展人民监督员工作以来，取得了明显成效。

人民监督员的选任管理是人民监督员制度的基础性工作。改革人民监督员选任管理方式，由司法行政机关负责人民监督员的选任和培训、考核、奖惩等管理工作，是深化司法体制改革的一项重要举措，有利于充分发挥司法行政职能，提高人民监督员制度公信力，加强对检察权力运行的监督制约，提升检察机关法律监督能力，对于拓宽人民群众有序参与司法渠道，建立公正高效权威的中国特色社会主义司法制度具有重要的意义。

人民检察院、司法行政机关要从全局和战略高度，充分认识人民监督员选任管理方式改革的重要意义，把思想和行动统一到中央司法体制改革决策部署上来，积极稳妥推进试点工作，确保试点工作取得实效。

## 二、试点工作的总体要求

人民监督员选任管理方式改革试点工作，要坚持党的领导和中国特色社会主义方向，认真贯彻落实中央关于司法体制改革的部署，立足中国国情，遵循司法规律，加强组织领导，密切协调配合，积极稳妥推进，建立健全工作体制机制，健全完善人民监督员选任管理制度，充分发挥人民监督员作用，拓宽人民群众有序参与司法渠道，促进人民检察院依法公正行使检察权。

## 三、试点的主要内容

（一）人民监督员的设置和选任机关

人民监督员分为省级人民检察院人民监督员和设区的市级人民检察院人民监督员。省级人民检察院人民监督员监督省级人民检察院办理的案件，由省级司法行政机关负责选任；设区的市级人民检察院人民监督员监督设区的市级人民检察院和县级人民检察院办理的案件，由设区的市级司法行政机关负责选任。直辖市人民检察院人民监督员监督直辖市各级人民检察院办理的案件，由直辖市司法行政机关统一负责选任。县级司法行政机关按照上级司法行政机关的要求，承担本行政区域内人民监督员选任的具体组织工作。省、设区的市、县级人民检察院对人民监督员选任工作予以配合协助。

（二）人民监督员的选任条件

人民监督员应当具备较高的政治素质，具有广泛的代表性和扎实的群众基础。人民监督员的选任条件，应从以下几个方面把握：

1. 拥护中华人民共和国宪法，年满二十三周岁，品行良好、公道正派，身体健康，具有高中以上文化程度的中国公民可以担任人民监督员。

2. 受过刑事处罚或者正在受到刑事追究的，或者受过行政拘留处罚的，或者被开除公职或者开除留用的，不得担任人民监督员。

3. 党委、政府及其组成部门的负责人，人民代表大会常务委员会组成人员，人民法院、人民检察院、公安机关、国家安全机关、司法行政机关的在职工作人员，人民陪审员，以及其他因职务原因可能影响履行人民监督员职责的人员，不宜担任人民监督员。

4. 人民监督员每届任期五年，连续任职不得超过两届。省级人民检察院人民监督员和设区的市级人民检察院人民监督员不得兼任。

（三）人民监督员的选任程序

选任人民监督员一般应遵循下列程序：

1. 确定名额。省级和设区的市级司法行政机关应当与同级人民检察院协商，根据本辖区案件数量、人口、地域、民族等因素合理确定人民监督员的名额及分布。

2. 组织报名。省级和设区的市级司法行政机关应当至迟在选任工作开始前一个月向社会公告所需选任的人民监督员的名额、选任条件、推荐（申请）期限、程序等相关事项；协调有关机关、团体、企事业单位和基层组织推荐人民监督员人选，接受公民自荐报名。

3. 审查公示。省级和设区的市级司法行政机关对推荐和自荐人选进行审查，提出拟任人民监督员人选并向社会公示。拟任人选中，机关、团体、事业单位工作人员一般不应超过选任总数的50%。

4. 公布名单。拟任人选经过公示无异议或者经审查异议不成立的，由司法行政机关作出选任决定、颁发证书并向社会公布。司法行政机关应当制作人民监督员名册送同级人民检察院。

在本《意见》下发时原人民监督员任期未届满的试点地区，省级和设区的市级司法行政机关应当商同级人民检察院，对人民监督员重新进行审查公示，对符合条件且愿意留任的人民监督员予以确认，并颁发证书。必要时，应当进行补选。

（四）人民监督员的管理

1. 司法行政机关应当对人民监督员进行初任培训，同级人民检察院予以协助。根据需要，司法行政机关可以会同同级人民检察院对人民监督员进行专项业务培训。

2. 司法行政机关应当建立人民监督员信息库，并与人民检察院实现信息共享。人民检察院办理的案件需要人民监督员进行监督的，由省级和设区的市级人民检察院在人民监督员信息库中以随机抽选方式产生参加人员名单后，司法行政机关应当及时告知该人民监督员并提供相关便利。县级人民检察院纳入监督范围的案件由设区的市级人民检察院统一组织抽选人民监督员进行案件监督工作。

3. 司法行政机关应当建立人民监督员考核制度，及时掌握人民监督员履行职责的数量、能力等基本情况。人民检察院应当向同级司法行政机关通报人民监督员履行职责基本情况。

4. 人民监督员应当认真履行职责，自觉接受司法行政机关的管理。人民监督员有不认真履行职责，违反保密规定，妨碍案件公正处理等情形的，司法行政机关应当对其进行劝诫，人民检察院可以向司法行政机关提出处理建议。人民监督员有不适合继续任职情形的，由作出选任决定的司法行政机关免除其人民监督员资格，书面通知同级人民检察院和被免职者本人及其所在单位、居住地基层组织，并向社会公布。

## 四、改革试点的实施步骤

（一）制定试点方案。试点省（区、市）司法厅（局）和人民检察院要在充分调查研究的基础上，根据本《意见》要求，结合本地实际，共同研究制定试点工作实施方案，报司法部、最高人民检察院备案。

（二）开展试点工作。试点省（区、市）司法行政机关和人民检察院应当根据工作方案，认真组织开展人民监督员选任工作。选任工作结束后，及时组织开展初任培训，并根据需要开展专项业务培训。要认真总结推广试点经验，及时评估方案实施效果，健全完善相关制度规范。

（三）总结试点工作。人民监督员选任管理方式改革试点工作为期一年左右。试点省（区、市）司法厅（局）和人民检察院要及时对试点工作进行认真评估，总结取得的经验，分析存在的问题，提出改进和完善的意见建议，形成工作报告报司法部、最高人民检察院。

## 五、试点工作组织领导和保障措施

（一）加强组织领导。人民检察院、司法行政机关要高度重视人民监督员选任管理方式改革试点工作，把试点工作摆上重要议事日程，切实加强领导，周密部署，精心实施。司法行政机关要明确试点工作机构，组成法制、基层等相关机构人员参加的工作班子，建立健全工作机制，切实承担起试点工作。要坚持积极稳妥原则，扎实有序推进试点工作，确保试点工作取得实效。

（二）加强协调配合。人民检察院、司法行政机关要认真履行各自职责，密切沟通协调，互相支持配合，形成工作合力。司法行政机关要建立健全人民监督员选任管理各项制度，人民检察院要健全完善人民监督员职责权限、工作程序和履职保障等制度，使人民监督员选任管理与使用紧密衔接，切实发挥人民监督员的作用。

（三）强化保障措施。司法行政机关、人民检察院要协调编制、财政等相关部门，及时解决选任管理人民监督员涉及的机构、人员和经费保障问题，将选任管理人民监督员相关工作经费纳入司法行政业务经费预算。

（四）加强督促指导。试点省（区、市）人民检察院、司法厅（局）要在做好本级试点工作的同时，抓好对下级试点工作的检查指导，督促落实工作措施，及时掌握工作进展情况，认真总结推广试点经验，研究解决试点中遇到的困难问题，确保试点工作稳步扎实开展。试点工作开展情况及遇到的问题，要及时报最高人民检察院和司法部。

司法部办公厅

2014 年 9 月 10 日印发

# 最高人民检察院　司法部
## 关于印发《深化人民监督员制度改革方案》的通知

各省、自治区、直辖市人民检察院、司法厅（局），新疆生产建设兵团人民检察院、司法局：

《深化人民监督员制度改革方案》（以下简称《方案》）已经 2015 年 2 月 27 日中央全面深化改革领导小组第十次会议审议通过，现印发你们，请结合实际认真贯彻落实。

正在开展人民监督员监督范围、监督程序改革和人民监督员选任管理方式改革试点的 10 个省（区、市），要注意做好当前试点工作与《方案》的衔接，按照新的要求深入推进试点工作。其余各省（区、市）要结合本地实际，深入调研，积极探索，为下一步全面深化改革做好充分准备。条件成熟的地方，可研究制定具体的实施方案，在报最高人民检察院、司法部备案后组织实施。

人民监督员监督范围、监督程序改革和人民监督员选任管理方式改革试点结束后，最高人民检察院、司法部将认真总结试点经验和各地做法，按照《方案》要求，对人民监督员选任管理方式、监督范围、监督程序、知情权保障等方面的改革进行具体部署，全面开展深化人民监督员制度改革工作。届时，最高人民检察院、司法部将联合下发《人民监督员选任管理办法》，最高人民检察院将修订下发《关于实行人民监督员制度的规定》。

各地在贯彻落实中遇到的重要情况和问题，请及时分别报告最高人民检察院、司法部。

最高人民检察院　司法部
2015 年 3 月 7 日

## 深化人民监督员制度改革方案

为贯彻落实党的十八届三中、四中全会关于人民监督员制度的改革要求，现就深化人民监督员制度改革工作提出方案如下：

## 一、指导思想和总体目标

以党的十八大和十八届三中、四中全会精神为指导，深入贯彻习近平总书记系列重要讲话精神，按照中央关于全面深化改革、全面推进依法治国的战略部署，以健全确保依法独立公正行使检察权的外部监督制约机制为目标，改革人民监督员选任和管理方式，扩大人民监督员监督范围，完善人民监督员监督程序，进一步拓宽人民群众有序参与司法渠道，充分保障人民群众对检察工作的知情权、参与权、表达权、监督权，推进人民监督员制度法制化，提高检察工作透明度和司法公信力。

## 二、重点任务

（一）改革人民监督员选任机制

1. 人民监督员的选任机关。人民监督员由司法行政机关负责选任，省级和设区的市级司法行政机关分别选任同级人民检察院人民监督员。

2. 人民监督员的设置。省级人民检察院和设区的市级人民检察院设置人民监督员。省级人民检察院人民监督员监督省级人民检察院办理的案件。设区的市级人民检察院人民监督员监督设区的市级人民检察院和县级人民检察院办理的案件。直辖市人民检察院人民监督员监督直辖市各级人民检察院办理的案件。

3. 人民监督员的选任条件。人民监督员应当是年满二十三周岁，拥护中华人民共和国宪法，遵守法律，品行良好，身体健康，具有高中以上文化程度的中国公民，具备较高的政治素质、广泛的代表性和扎实的群众基础。人民监督员每届任期五年，连续任职不得超过两届。省级人民检察院人民监督员和设区的市级人民检察院人民监督员不得互相兼任。

4. 人民监督员的选任程序。省级和设区的市级司法行政机关与同级人民检察院协商，根据本辖区案件数量、人口、地域、民族等因素合理确定人民监督员的名额及分布。省级和设区的市级司法行政机关协调有关机关、团体、企事业单位和基层组织推荐人民监督员人选，并接受公民自荐报名，对推荐和自荐人选进行审查，提出拟任人民监督员人选并向社会公示。拟任人选中，机关、团体、事业单位工作人员一般不超过选任总数的50％。对拟任人选经公示无异议或者经审查异议不成立的，作出选任决定、颁发证书并向社会公布。

（二）改革人民监督员管理方式

1. 司法行政机关负责对人民监督员进行初任培训，同级人民检察院予以协助。司法行政机关可以会同同级人民检察院对人民监督员进行专项业务培训。

2. 司法行政机关建立人民监督员信息库，并与人民检察院信息共享。

3. 司法行政机关建立人民监督员考核制度，及时掌握人民监督员的履职情况。人民检察院应向同级司法行政机关通报人民监督员履职情况。对不认真履职的人民监督员，司法行政机关应当进行劝诫。

4. 人民监督员履行监督职责期间，应当作出保密承诺，遵守国家法律、法规和有关纪律规定，不得泄露案件涉及的国家秘密、商业秘密、个人隐私和未成年人犯罪的信息。

5. 人民监督员有违反保密规定、妨碍案件公正处理等不适合继续任职情形的，人民检察院可以向司法行政机关提出处理建议，由司法行政机关决定免除其人民监督员资格，并书面通知同级人民检察院和被免职者本人、推荐单位或组织，向社会公布。

（三）拓展人民监督员监督案件范围

人民监督员对人民检察院办理直接受理立案侦查案件的下列情形实施监督：

1. 应当立案而不立案或者不应当立案而立案的；

2. 超期羁押或者检察机关延长羁押期限决定不正确的；

3. 违法搜查、扣押、冻结或者违法处理扣押、冻结款物的；

4. 拟撤销案件的；

5. 拟不起诉的；

6. 应当给予刑事赔偿而不依法予以赔偿的；

7. 检察人员在办案中有徇私舞弊、贪赃枉法、刑讯逼供、暴力取证等违法违纪情况的；

8. 犯罪嫌疑人不服逮捕决定的；

9. 采取指定居所监视居住强制措施违法的；

10. 阻碍律师或其他诉讼参与人依法行使诉讼权利的；

11. 应当退还取保候审保证金而不退还的。

（四）完善人民监督员监督程序

1. 规范参与案件监督的人民监督员的产生程序。参与具体案件监督的人民监督员，由组织案件监督的人民检察院会同司法行政机关从人民监督员信息库中随机抽选产生。被抽选出的人员是本案当事人近亲属、与本案有利害关系或者担任过本案诉讼参与人的，不得担任该案件的人民监督员。抽选结果确定后，司法行政机关应当及时告知被抽选出的人民监督员，说明相关事项，并为其开展监督工作提供相应便利。

2. 完善案件材料提供和案情介绍程序。案件监督前，应向人民监督员提供充分的有关案件事实、证据和法律适用等材料；案件监督中，应全面客观地介绍案件事实、证据认定、法律适用以及对案件处理的不同观点和意见。必要时，人民监督员可以通过收听收看讯问犯罪嫌疑人相关录音录像了解当事人的意见。

3. 完善人民监督员评议表决和检察机关审查处理程序。人民监督员对所监督案件独立进行评议和表决，制作《人民监督员表决意见书》，说明表决情况、结果和理由。承办案件的人民检察院应当对人民监督员的表决意见进行审查。检察长不同意人民监督员表决意见的，应当提交检察委员会讨论决定。检察委员会应当根据案件事实和法律规定，全面审查、认真研究人民监督员的评议和表决意见，依法作出决定。检察长或者检察委员会的处理决定应及时告知参加监督的人民监督员。检察委员会的最终处理决定与人民监督员表决意见不一致的，应当向参加监督的人民监督员作出必要的说明。

4. 设置复议程序。人民检察院处理决定未采纳多数人民监督员评议表决意见，经反馈说明后，多数人民监督员仍有异议的，可以提请人民检察院复议一次。

（五）完善人民监督员知情权保障机制

1. 建立职务犯罪案件台账制度。为便于人民监督员掌握案件办理情况，发现监督线索，检察机关应对职务犯罪立案情况，对犯罪嫌疑人采取强制措施情况，扣押财物的保管、处理、移送、退还情况，以及刑事赔偿案件办理情况建立相应台账，供人民监督员查阅。

2. 建立人民监督员监督事项告知制度。检察机关接待职务犯罪案件举报人、申诉人时，应告知其在案件处理完毕后，对处理结果有不同意见的，可以向人民监督员反映。检察机关在查办职务犯罪案件的侦查、审查逮捕、审查起诉等诉讼环节第一次讯问犯罪嫌疑人时，执行搜查、扣押时以及执行冻结后，应向举报人、申诉人、犯罪嫌疑人及其近亲属告知有关人民监督员监督事项的内容。

3. 建立人民监督员参与案件跟踪回访、执法检查等机制。检察机关开展职务犯罪案件跟踪回访、执法检查、执法评查等工作，可以邀请、组织人民监督员参加。在查封、扣押职务犯罪案件犯罪嫌疑人财物和文件时，可以邀请人民监督员现场监督。

（六）推进人民监督员制度立法

检察机关和司法行政机关应充分总结人民监督员制度实施经验，加强对相关问题的研究论证，不断完善人民监督员制度，适时提出立法建议，推进人民监督员制度法制化。

## 三、工作要求

（一）加强组织领导。检察机关、司法行政机关要从全局和战略高度，充分认识深化人民监督员制度改革的重要意义，把思想和行动统一到中央司法体制改革决策部署上来，将其摆上重要议事日程，切实加强领导，明确责任，周密部署，精心组织，推动人民监督员制度不断健全和完善。

（二）加强协调配合。检察机关、司法行政机关要认真履行各自职责，密切沟通协调，互相支持配合，形成工作合力。司法行政机关要建立健全人民监督员选任管理各项制度，检察机关要健全完善人民监督员职责权限、工作程序和履职保障等制度，使人民监督员选任管理与使用紧密衔接，切实发挥人民监督员的作用。

（三）强化保障措施。司法行政机关、检察机关要及时就深化人民监督员制度改革工作向党委、人大报告，积极争取支持。选任管理人民监督员相关工作经费纳入司法行政业务经费预算予以保障。

（四）加强督促指导。省级人民检察院和司法行政机关要在做好本级改革工作的同时，加强对下督促指导，及时掌握改革推进情况，研究解决有关困难和问题，确保人民监督员制度改革扎实有序开展。

（五）注重宣传引导。要注重对实践经验和改革成果的总结和推广，通过报刊、广播、电视、网络等媒体及时宣传人民监督员制度改革的好经验、好做法和取得的成效，不断扩大人民监督员制度的社会影响，为深化人民监督员制度改革营造良好的舆论氛围。

附件三：

# 最高人民检察院关于人民监督员监督工作的规定

（2015 年 12 月 21 日最高人民检察院第十二届检察委员会第四十六次会议通过）

### 第一章 总 则

**第一条** 为了建立健全人民监督员制度，加强对人民检察院办理直接受理立案侦查案件工作的监督，健全检察权运行的外部监督制约机制，规范司法行为，促进司法公正，结合检察工作实际，制定本规定。

**第二条** 人民监督员认为人民检察院办理直接受理立案侦查案件工作中存在下列情形之一的，可以实施监督：

（一）应当立案而不立案或者不应当立案而立案的；

（二）超期羁押或者延长羁押期限决定违法的；

（三）采取指定居所监视居住强制措施违法的；

（四）违法搜查、查封、扣押、冻结或者违法处理查封、扣押、冻结财物的；

（五）阻碍当事人及其辩护人、诉讼代理人依法行使诉讼权利的；

（六）应当退还取保候审保证金而不退还的；

（七）应当给予刑事赔偿而不依法予以赔偿的；

（八）检察人员在办案中有徇私舞弊、贪赃枉法、刑讯逼供、暴力取证等违法违纪情况的。

人民监督员对当事人及其辩护人、诉讼代理人或者控告人、举报人、申诉人认为人民检察院办理直接受理立案侦查案件工作中存在前款情形之一的，可以实施监督。

人民监督员对人民检察院办理直接受理立案侦查案件工作中的下列情形可以实施监督：

（一）拟撤销案件的；

（二）拟不起诉的；

（三）犯罪嫌疑人不服逮捕决定的。

**第三条** 人民监督员依法、独立、公正履行监督职责。

人民监督员行使监督权受法律保护。

**第四条** 人民检察院应当保障人民监督员履行监督职责，认真对待人民监督员提出的意见和建议。

**第五条** 各级人民检察院应当明确专门机构、配备专人负责人民监督员工作。

## 第二章 监督工作程序
### 第一节 一般规定

**第六条** 省级以下人民检察院办理的应当接受人民监督员监督的案件，由上一级人民检察院组织人民监督员进行监督。

省、自治区、直辖市人民检察院办理的或者根据下级人民检察院的报请作出决定的案件，应当接受人民监督员监督的，由本院组织人民监督员进行监督。

**第七条** 人民检察院应当根据案件诉讼程序、办案期限等情况，及时接受人民监督员的监督，不得因人民监督员的监督而超过法定办案期限；犯罪嫌疑人在押的，不得因人民监督员的监督而超期羁押。

### 第二节 监督程序的启动

**第八条** 人民监督员认为人民检察院办理的案件具有本规定第二条第一款情形之一，要求启动人民监督员监督程序的，由人民检察院人民监督员办事机构受理。

当事人及其辩护人、诉讼代理人或者控告人、举报人、申诉人认为人民检察院办理的案件具有本规定第二条第一款情形之一或者第三款第三项情形，申请启动人民监督员监督程序的，由人民检察院控告检察部门受理。

**第九条** 人民检察院控告检察部门统一对启动人民监督员监督程序的要求或者申请进行审查。属于本院管辖且属于人民监督员监督情形的，按照控告、举报、申诉案件工作程序直接办理或者转交其他部门办理，并及时反馈人民监督员办事机构登记备案；属于本院管辖，具有下列情形之一的，报送作出决定的人民检察院处理；不属于本院管辖的，移送有管辖权的人民检察院处理：

（一）应当立案而上一级人民检察院审查决定不予立案的；

（二）延长羁押期限决定违法的；

（三）对涉嫌特别重大贿赂犯罪案件的犯罪嫌疑人采取指定居所监视居住强制措施违法的；

（四）犯罪嫌疑人不服逮捕决定的。

**第十条** 人民检察院控告检察部门或者其他承办部门应当及时对监督事项进行审查，提出处理意见，答复人民监督员或者申请人，并反馈人民监督员办事机构。

人民监督员或者申请人对人民检察院的答复意见有异议的，经检察长批准，控告检察部门或者其他承办部门应当将处理意见及主要证据目录、相关法律规定等材料及时移送本院人民监督员办事机构，或者通过本院人民监督员办事机构报送上一级人民检察院，并做好接受监督评议的准备。

第十一条　人民检察院办理的案件具有本规定第二条第三款第一项、第二项情形之一的，经检察长批准，案件承办部门应当在作出拟处理决定之日起三日以内将拟处理决定及主要证据目录、相关法律规定等材料移送本院人民监督员办事机构，或者通过本院人民监督员办事机构报送上一级人民检察院，并做好接受监督评议的准备。

第十二条　人民监督员办事机构收到案件承办部门移送的拟接受人民监督员监督评议的案件材料后，应当及时审查。材料不齐备的，可以要求案件承办部门补充。

第十三条　上级人民检察院发现下级人民检察院应当接受人民监督员监督而未接受监督的，可以责令下级人民检察院依照本规定启动人民监督员监督程序。

### 第三节　监督评议程序

第十四条　监督评议案件，应当有三名以上单数的人民监督员参加。重大案件或者在当地有重大影响的案件，应当有五名以上单数的人民监督员参加案件监督评议工作。

参加案件监督评议的人民监督员的抽选、确定与回避，按照《人民监督员选任管理办法》办理。

第十五条　案件监督评议工作应当依照下列步骤进行：

（一）人民监督员办事机构向人民监督员提交拟处理意见（决定）书及有关材料，并告知应当遵守的纪律规定和保密要求；

（二）案件承办人向人民监督员介绍案情和当事人、辩护人意见，说明拟处理意见（决定）的理由和依据；

（三）案件承办人回答人民监督员提出的问题；

（四）人民监督员进行评议和表决。

第十六条　案件监督评议中，案件承办人可以向人民监督员出示相关案件材料，或者播放相关视听资料。

第十七条　人民监督员推举一人主持评议和表决工作。人民监督员根据案件情况独立进行评议和表决。

人民监督员在评议时，可以对案件事实、证据和法律适用情况、办案程序、是否同意检察机关拟处理意见（决定）及案件的社会反映等充分发表意见。

人民监督员在评议后，应当形成书面表决意见，说明表决情况、结果和理由。书面表决意见应当由人民监督员署名。

人民监督员进行评议和表决时，案件承办人应当回避。

**第十八条** 组织案件监督的人民检察院人民监督员办事机构应当及时将人民监督员评议情况和表决意见移送本院案件承办部门或者承办案件的人民检察院。

**第十九条** 人民检察院应当认真研究人民监督员的评议和表决意见，根据案件事实和法律规定，依法作出决定。

**第二十条** 组织案件监督的人民检察院人民监督员办事机构应当在本院或者承办案件的人民检察院作出决定之日起三日以内，将决定告知参加监督评议的人民监督员。决定与人民监督员表决意见不一致的，人民监督员办事机构应当会同案件承办部门向参加监督评议的人民监督员作出必要的说明。

### 第四节 复议程序

**第二十一条** 人民检察院的决定经反馈后，参加监督评议的多数人民监督员仍有异议的，可以在反馈之日起三日以内向组织案件监督的人民检察院提出复议。

**第二十二条** 组织案件监督的人民检察院人民监督员办事机构统一受理人民监督员提出的复议要求，交由本院相关部门重新审查。

**第二十三条** 负责审查的案件承办部门应当另行指定检察人员及时、全面进行审查，提出审查意见报本院检察长或者检察委员会研究决定。

**第二十四条** 组织案件监督的人民检察院应当在收到人民监督员提出的复议要求之日起三十日以内作出复议决定，并于复议决定作出之日起三日以内反馈要求复议的人民监督员和承办案件的人民检察院。

**第二十五条** 原处理决定与复议决定不一致的，由作出原处理决定的人民检察院依法及时予以变更或者撤销。

**第二十六条** 人民检察院作出的复议决定为最终决定。复议决定与人民监督员的表决意见仍不一致的，负责复议的人民检察院应当向提出复议的人民监督员说明理由。

### 第三章 人民监督员履行职责的保障

**第二十七条** 人民检察院应当向人民监督员通报检察机关重大工作部署、决策和其他检察工作情况。

**第二十八条** 人民检察院应当对直接受理立案侦查案件的立案情况，对犯罪嫌疑人采取强制措施情况，查封、扣押、冻结涉案财物的处理情况，以及刑事赔偿案件办理情况等程序性信息建立台账，供人民监督员查阅。

第二十九条　人民检察院对直接受理立案侦查案件开展跟踪回访、执法检查、案件评查工作，或者举行案件公开审查等活动，可以邀请人民监督员参加。

第三十条　人民检察院在办理直接受理立案侦查案件中，应当在第一次讯问犯罪嫌疑人或者对其采取强制措施时告知犯罪嫌疑人有关人民监督员监督事项。人民检察院在接待属于本院办理的直接受理立案侦查案件的控告人、举报人、申诉人时，应当告知其有关人民监督员监督事项。

第三十一条　被告知人向案件承办部门提出人民监督员监督申请的，案件承办部门应当及时将该申请事项及相关材料移送本院控告检察部门按照本规定办理。

第三十二条　人民检察院应当为人民监督员提供履行监督职责所必需的工作场所以及其他必要条件。

第三十三条　人民检察院应当严格按照本规定接受人民监督员的监督，不得诱导、限制、规避人民监督员对案件的监督，不得干扰人民监督员对案件的评议和表决，不得泄露人民监督员的评议、表决情况。

第三十四条　人民监督员因参加监督评议工作所产生的费用，由组织案件监督的人民检察院的同级司法行政机关按照《人民监督员选任管理办法》予以保障。

第三十五条　人民检察院开展人民监督员工作所必需的经费，列入人民检察院检察业务经费保障范围。

### 第四章　人民监督员办事机构的职责

第三十六条　人民监督员办事机构应当履行下列职责：

（一）协助司法行政机关做好人民监督员选任管理工作；

（二）受理案件监督材料，组织人民监督员监督案件，通报案件监督情况，反馈监督案件处理结果；

（三）协助做好人民监督员参加案件跟踪回访、执法检查、案件评查、案件公开审查等活动的相关工作；

（四）承办检察长和上级人民检察院人民监督员办事机构交办的其他相关工作。

第三十七条　人民监督员监督工作有关文书及材料，由人民监督员办事机构按照监督工作流程归档。需要相关业务部门归档的，由业务部门按照《人民检察院诉讼文书立卷归档办法》等规定办理。

## 第五章 附 则

**第三十八条** 本规定所称"省级以下人民检察院"，不包括省级人民检察院。

**第三十九条** 本规定自发布之日起施行。2010年10月29日最高人民检察院发布的《最高人民检察院关于实行人民监督员制度的规定》同时废止。

# 最高人民检察院　司法部
## 关于印发《人民监督员选任管理办法》的通知

司发〔2016〕9 号

各省、自治区、直辖市人民检察院、司法厅（局），新疆生产建设兵团人民检察院、司法局：

　　为贯彻落实党的十八届三中、四中全会关于人民监督员制度改革的要求，根据中央全面深化改革领导小组审议通过的《深化人民监督员制度改革方案》，在认真总结试点经验的基础上，最高人民检察院、司法部研究制定了《人民监督员选任管理办法》，已经中央政法委员会批准，现印发你们，请结合实际认真贯彻落实。

　　各地在贯彻落实中遇到的重要情况和问题，请及时分别报告最高人民检察院、司法部。

最高人民检察院　司法部

2016 年 7 月 5 日

## 人民监督员选任管理办法

　　**第一条**　为了规范人民监督员选任和管理工作，完善人民监督员制度，健全检察权行使的外部监督制约机制，制定本办法。

　　**第二条**　选任和管理人民监督员应当坚持依法民主、公开公正、科学高效的原则，建设一支具备较高政治素质，具有广泛代表性和扎实群众基础的人民监督员队伍，保障和促进人民监督员行使监督权，发挥人民监督员监督作用。

　　**第三条**　人民监督员的选任和培训、考核等管理工作由司法行政机关负责，人民检察院予以配合协助。

　　司法行政机关、人民检察院应当建立工作协调机制，为人民监督员履职提供相应服务，确保人民监督员选任、管理和使用相衔接，保障人民监督员依法充分履行职责。

第四条 人民监督员由省级和设区的市级司法行政机关负责选任管理。县级司法行政机关按照上级司法行政机关的要求，协助做好本行政区域内人民监督员选任和管理具体工作。

司法行政机关应当健全工作机构，选配工作人员，完善制度机制，保障人民监督员选任和管理工作顺利开展。

第五条 人民监督员分为省级人民检察院人民监督员和设区的市级人民检察院人民监督员。

省级人民检察院人民监督员监督省级和设区的市级人民检察院办理直接受理立案侦查的案件。其中，直辖市人民检察院人民监督员监督直辖市各级人民检察院办理直接受理立案侦查的案件。设区的市级人民检察院人民监督员监督县级人民检察院办理直接受理立案侦查的案件。

第六条 人民监督员每届任期五年，连续担任人民监督员不超过两届。

人民监督员不得同时担任两个以上人民检察院人民监督员。

第七条 人民监督员依法行使监督权受法律保护。

人民监督员应当严格遵守法律和有关纪律规定，按照规定的权限和程序，独立公正地对列入监督范围的案件进行监督。不得有下列情形：

（一）妨碍案件公正处理；

（二）泄露案件涉及的国家秘密、商业秘密、个人隐私和未成年人犯罪信息；

（三）披露其他依照法律法规和有关规定不应当公开的案件信息。

第八条 拥护中华人民共和国宪法、品行良好、公道正派、身体健康的年满23周岁的中国公民，可以担任人民监督员。人民监督员应当具有高中以上文化学历。

因犯罪受过刑事处罚的或者被开除公职的人员，不得担任人民监督员。

第九条 司法行政机关应当会同人民检察院，确定人民监督员的名额及分布，辖区内每个县（市、区）人民监督员名额不少于3名。

第十条 司法行政机关应当发布人民监督员选任公告，接受公民自荐报名，商请有关单位和组织推荐人员报名参加人民监督员选任。

人民代表大会常务委员会组成人员，人民法院、人民检察院、公安机关、国家安全机关、司法行政机关的在职工作人员和人民陪审员不参加人民监督员选任。

第十一条 司法行政机关应当采取到所在单位、社区实地走访了解、听取群众代表和基层组织意见、组织进行面谈等多种形式，考察确定人民监督员人选，并进行公示。

人民监督员人选中具有公务员或者事业单位在编工作人员身份的人员，一般不超过选任名额的 50%。

第十二条　人民监督员人选经过公示无异议或者经审查异议不成立的，由司法行政机关作出人民监督员选任决定、颁发证书，向社会公布。

第十三条　司法行政机关应当建立人民监督员信息库，与人民检察院实现信息共享。

司法行政机关、人民检察院应当公开人民监督员的姓名和联系方式，畅通群众向人民监督员反映情况的渠道。

第十四条　人民检察院办理的案件需要人民监督员进行监督评议的，人民检察院应当在开展监督评议三个工作日前将需要的人数、评议时间、地点以及其他有关事项通知司法行政机关。

第十五条　司法行政机关从人民监督员信息库中随机抽选，联络确定参加监督评议的人民监督员，并通报检察机关。

第十六条　人民监督员是监督案件当事人近亲属、与监督案件有利害关系或者担任过监督案件诉讼参与人的，应当自行回避。

人民检察院发现人民监督员有需要回避情形的，应当及时通知司法行政机关决定人民监督员回避，或者要求人民监督员自行回避。

第十七条　司法行政机关会同人民检察院组织开展人民监督员初任培训和专项业务培训。

人民监督员应当按照要求参加培训。

第十八条　司法行政机关应当建立人民监督员履职台帐，对人民监督员进行年度考核和任期考核。考核结果作为对人民监督员表彰奖励、免除资格或者续任的重要依据。

人民检察院应当定期将人民监督员参加监督评议情况和其他履职情况通报司法行政机关。

第十九条　对于在履职中有显著成绩的人民监督员，司法行政机关应当给予表扬。

第二十条　人民监督员具有下列情形之一的，作出选任决定的司法行政机关应当免除其人民监督员资格：

（一）丧失中华人民共和国国籍的；

（二）违法犯罪的；

（三）丧失行为能力的；

（四）在选任中弄虚作假，提供不实材料的；

（五）年度考核不合格的；

（六）违反本办法第七条第二款规定的。

**第二十一条**　人民监督员因工作变动不能担任人民监督员，或者因身体健康原因不能正常履职，或者出现其他影响履职的重大事项的，应当及时向作出选任决定的司法行政机关辞去担任的人民监督员。

**第二十二条**　司法行政机关应当及时将考核结果、免除资格决定书面通知人民监督员本人及其工作单位、推荐单位，并通报人民检察院。

**第二十三条**　司法行政机关应当将人民监督员选任管理及履职相关工作经费申报纳入同级财政经费预算，严格经费管理。

人民监督员因参加监督评议工作而支出的交通、就餐等费用，由司法行政机关按相关规定予以补助。

**第二十四条**　本办法所称的设区的市，包括地区、自治州、盟以及未设区的地级市。

**第二十五条**　本办法自发布之日起施行。

# 后　记

撰写《人民监督员制度实践与展望》一书的初衷是几位作者凑合在一起，想编集一本关于人民监督员制度实践操作或培训指南一类的书籍。

撰写之际，恰逢国家关于监察委员会创立的重大改革措施，对我们的写作带来了重大的冲击，一度沉寂于人民监督员制度是否仍有需要继续存在的矛盾之中。经过一段时间的反思之后，我们站在更为理性的角度，对人民监督员制度进行了慎重的思考，认为人民监督员制度经过检察机关 14 年的实践检验，不失为一项深得民心民意的改革举措，不仅不应该取消，而且希望有所展翼。

我国是社会主义制度的国家，依法治国是国家和人民不断追求的崇高目标。实行人民监督员制度，其有利之处在于：一是体现宪法理念。《宪法》第 2 条开宗明义："中华人民共和国的一切权力属于人民。"检察权来源于人民，应当接受人民的监督。二是通过人民监督员的监督，有助于司法机关不断地改进工作方式和工作态度，倒逼司法机关不断地提高自身的办案能力，提高司法公信力。三是人民群众通过人民监督员制度的形式介入司法，有助于人民群众深入了解我国司法现状，在一定程度上消除为世人所诟病的刑事诉讼中的"神秘化"色彩，并同时对广大群众起到再次普法教育的效果。

撰写此书是集体的共同创作，灵感来自于各自的实务工作，再从理论上作一些总结和探索，进而进一步地去指导实践。

在撰写此书的过程中，得到了嘉兴市两级检察机关和司法行政机关领导和同志们的大力支持，尤其是得到了中国检察出版社史朝霞主任的鼎力支持与鼓励，在此一并表示感谢。

由于我们的水平有限，难免存在错误与不足之处，希望读者海涵并予以批评指正。

作　者

2017 年 3 月 6 日